辽宁日报社
历史书系

1948—2023

《共产党员》刊史

本书编委会

编著

辽宁人民出版社

图书在版编目（CIP）数据

《共产党员》刊史 / 本书编委会编著 . -- 沈阳：
辽宁人民出版社，2024. 12. -- （辽宁日报社历史书系）.
ISBN 978-7-205-11405-3

Ⅰ . G219.29

中国国家版本馆 CIP 数据核字第 2024PQ8142 号

出版发行：辽宁人民出版社
　　　　地址：沈阳市和平区十一纬路 25 号　邮编：110003
　　　　电话：024-23284325（邮　购）　024-23284300（发行部）
　　　　http://www.lnpph.com.cn
印　　　刷：辽宁新华印务有限公司
幅面尺寸：185mm×260mm
印　　张：16.25
字　　数：272 千字
出版时间：2024 年 12 月第 1 版
印刷时间：2024 年 12 月第 1 次印刷
责任编辑：娄　瓴
装帧设计：丁末末
责任校对：吴艳杰
书　　号：ISBN 978-7-205-11405-3

定　　价：128.00 元

総序

我们的历史

江河滔滔，其来有自；江河渺渺，其归有方。

新闻事业是党的事业重要组成部分。一代又一代的新闻工作者，从实现民族独立、人民解放开始，经历了社会主义革命和建设、改革开放的历史阶段，更有幸的是走进了新时代。我们这个群体，既是实现中华民族伟大复兴的参与者，又是这壮阔历史的记录者。这特殊的身份带给我们别样的荣耀。

今天的新闻，明天的史记。如何以记录者的角色参与历史？时值《辽宁日报》创刊七十周年之际，组织编撰《辽宁日报社历史书系》，既是对新闻工作的梳理，更是历史现场的还原，这一过程里，我们这一代新闻工作者，精神为70年的风云所激荡，为新闻工作者的初心与奋斗所感动，为前辈的创新和创造而骄傲。在记录历史的同时，创造了自己的历史，70年来，一代代新闻工作者将自身价值的实现深深融入国家和民族的命运，并沉淀出自身的传统，我们的荣耀即源于此。

本书系包括三卷，即《辽宁日报史》一卷，记录了《辽宁日报》1954年创刊以来的发展历程。《东北日报史》一卷，为《东北日报》时期的老同志于1986年组织撰写，1987年定名为《东北日报简史》，以内部资料形式印制，追述了《东北日报》1945年创刊到1954年停刊9年间的发展过程。作为《辽宁日报》的前身，短短9年的《东北日报》极其重要，简史中记录的内容也异常珍贵。第三卷即《〈共产党员〉刊史》，《共产党员》杂志创刊于1948年，其前身分别是《翻身乐》《新农村》《好党员》，为在全国拥有广泛影响的党刊之一。

党报和党刊的历史，是新闻工作者的奋斗史。从一张报纸到一个传媒集团，我们的事业不断壮大。一代又一代新闻名家、一个又一个新闻精品，累积成我们的传统和品格，其中包含着坚定信仰、守护初心使命、永葆理想主义精神、坚守文化价值等丰富内涵。

翻看发黄的纸上一行行文字，默读一篇篇稿子，仿佛看见前辈坐在农民的土炕上，在幽暗的灯光下写稿，或在地头和车间里，专注地采访，也仿佛看见伏案的老编辑头发花白，稿纸上的文字被勾得通红。这些历史的瞬间每每让人心潮澎湃，书系三卷所记录的全部历史成就，都由这样的瞬间构成。

谨以此礼敬 70 年过往，以此热望未来！

《辽宁日报社历史书系》编委会

2024 年 9 月

序言

我们在路上

田学礼

筚路蓝缕，创业维艰。

《共产党员》杂志从破土萌芽，到苗壮成长；从一本"口袋书""小册子"，成长为发行量名列全国前茅的地方党刊；从一本刊物壮大为包括《共产党员》《党建文汇》《党支部书记》《刊授党校》《党史纵横》及中华先锋网等"五刊一网"的辽宁党刊群……可以说，《共产党员》走过的历程，也是我们党百年历程、70 多年执政历程、40 多年改革开放历程的一个历史缩影。

《共产党员》杂志的办刊史可追溯到 1948 年 3 月由中共中央东北局宣传部创办的《翻身乐》杂志。1949 年 7 月，为适应全党中心工作的调整，《翻身乐》更名为《新农村》；1958 年 9 月，《新农村》更名为《好党员》，为中共辽宁省委机关刊物；1961年 2 月，《好党员》与 1956 年 8 月创办的《共产党员》合并，定名为《共产党员》，刊名沿用至今。76 年来，《共产党员》杂志见证了我们党领导人民建立新中国、推进社会主义建设、进行改革开放的伟大进程，见证了老工业基地建立、发展、改革和全面振兴的艰辛实践，为辽宁发展凝聚了强大的精神力量。

76 年来，《共产党员》杂志始终坚持"党刊姓党"，高扬党的旗帜，宣传党的理论。《共产党员》杂志自觉地向下扎根、向上生长，紧跟党的步伐，积极宣传党的理论、路线、方针、政策，成为广大党员干部进行理论学习的好教材。实践证明，只有坚定政治方向、站稳政治立场，始终与党中央保持高度一致，坚决维护党中央权威和集中统一领导，才能履行好党刊职责使命，宣传好党的主张、传播好党的声音，在任何时候、任何情况下都能正确发出党的声音。

76 年来，《共产党员》杂志始终坚持服务发展振兴实践，引领党员群众，凝聚精神动力。新中国成立初期，《新农村》杂志围绕土地改革、抗美援朝、农业合作化运动等战略决策，持续开展宣传报道。改革开放初期，《共产党员》杂志发起历时半年的"共产党员可不可以带头先富起来"的大讨论，成为辽沈大地思想解放的先声。党的十八大以来，《共产党员》杂志聚焦宣传决胜全面小康和决战脱贫攻坚、中国共产党成立 100 周年，聚焦宣传习近平总书记关于东北、辽宁振兴发展的重要讲话和指示批示精神，聚焦坚持党要管党、全面从严治党，聚焦推进辽宁全面振兴新突破三年行动等重大主题，开展了高密度、大容量集中宣传。实践证明，只有向中心聚焦、为大局聚力，时刻围绕中心、服务中心、宣传中心，才能更好地保持和发挥强大的宣传优势，为实现辽宁全面振兴鼓与呼。

76 年来，《共产党员》杂志始终把服务基层党组织和党员干部群众作为根本价值追求，自觉地践行党的初心使命、根本宗旨，用心用情用力服务好基层党建工作，服务好基层读者，努力把党的理论、党的主张、党的声音传播到基层党员的心坎上。从 1978 年起，《共产党员》杂志先后组织了对"真理斗士"张志新、老山前线英雄、大兴安岭扑火英雄等英模的宣传，相关报道多次被《人民日报》《光明日报》等中央媒体及全国省级党报党刊转载。进入新世纪以来，《共产党员》杂志先后组织了对"当代雷锋"郭明义、"时代楷模"毛丰美等重大典型的深度宣传报道，再一次挖掘整理、隆重宣传党的优秀领导干部张鸣岐，在全国产生了广泛影响。实践证明，必须毫不动摇把内容生产作为核心竞争力，全面提升内容品质、丰富内容表达、拓展内容呈现，努力使每一条讯息、每一篇文章、每一个版面、每一次策划、每一场战役报道都成为有文化品位、有审美价值、有传播影响的精品。

在人类的历史长河中，76 年可谓弹指一挥间。但是对于一本杂志，那沧桑的岁月铭刻着多少风和雨的记忆。回首往昔，我们眼前不由地闪现出一张张前辈先贤的面孔，他们用笔杆记录历史的波澜，用铁肩担起正义的使命，用妙手书写共产党人的风采，用脚步丈量壮丽的山河。憧憬未来，我们信心满怀，因为强国建设、民族复兴的宏图伟业为我们施展抱负搭建了更为广阔的舞台。尽管在未来发展的道路上还会遇到艰难和困苦、曲折和挑战，但我们坚信，风骨传家，精神以立，党刊人一定会矢志不移地朝着既定目标奋勇前行。我们应该而且能够做到不愧前人，我们应该而且必须做到不负来者！

"晴空一鹤排云上，便引诗情到碧霄。"76 年前的那颗种子已经长成参天大树，始终向阳而生、逐光而行的我们将继续不忘初心，牢记使命，凝心聚力，攻坚克难，为开创党刊更加美好的明天而不懈奋斗！

2024 年 7 月

目录

共产党员

第一篇

———

东北解放时期
和向社会主义过渡时期的
《翻身乐》和《新农村》杂志

（1948 年 3 月至 1956 年 9 月）

第一章

辽宁党刊的源头
——《翻身乐》杂志

| 第一节 |

辽宁党刊的源头——《翻身乐》杂志

一、《翻身乐》杂志的筹备与创建

《翻身乐》杂志创刊于 1948 年 3 月。

1946 年 6 月全面内战爆发后，党领导的人民军队经过一年的作战，先后粉碎了国民党军队的全面进攻和重点进攻，共歼敌 112 万人，自己的总兵力发展到 190 多万人，战争形势发生了重大变化。从 1947 年 7 月开始，人民解放战争转入全国性战略进攻和战略反攻。

随着人民解放战争的进行，各解放区普遍深入地开展了土地制度改革的运动，解放区各级党政领导机关派出大批土改工作队深入农村，发动农民群众，组织贫农团和农会，控诉地主、惩办恶霸、分配土地，迅速形成土地制度改革的热潮。土地制度改革，是中国共产党领导中国人民从根本上摧毁中国封建制度根基的社会大变革，使亿万农民在政治上、经济上获得解放，并由此迸发出巨大的革命热情，他们踊跃参军参战，担负巨大的战争勤务，并以粮草、被服等物资支援自己的子弟兵，为人民解放战争提供了源源不断的人力、物力支持。

在开展土地制度改革的同时，各解放区针对一些地方党组织特别是农村基层党组织中存在的思想不纯、作风不纯和成分不纯的问题，进行了整党工作，查阶级、查思想、查作风，整顿组织、整顿思想、整顿作风，采取党内党外结合等办法，解决基层党组织存在的突出问题。经过整党，农村基层党组织在思想上、政治上和组织上都有很大进步，党同群众的联系更加密切，为争取土改和战争胜利提供了重要保证。

由于人民解放战争和土地改革的胜利，东北人民群众在政治上、经济上翻了身，在文化上的需求也不断提高。针对东北解放区人民群众对共产党和人民军队缺乏了解的情况，中共中央东北局先后创办了一些当地报刊，及时报道解放战争的胜利形势及在解放区实施的各项政策。1947年底，东北解放区已有《东北行政导报》《东北邮电》《东北经济》《东北文化》《东北文艺》《东北画报》《文学战线》《知识》等刊物，东北局宣传部感到还缺少一种能让工农群众读得懂的通俗刊物，决定出版《翻身乐》。筹备工作从1947年末开始，参与筹划工作的主要负责人是东北新华书店总经理李文，负责编务的是书店编辑部主任李一黎，工作人员先后有徐今明、刘林、金汤、邹志坚、刘颖等。

1948年3月1日，《翻身乐》杂志在哈尔滨正式创刊。杂志为32开，月刊。翻身乐杂志社编辑部负责编辑，东北新华书店负责出版和发行。东北局宣传部委托东北新华书店编审部领导编辑和出版发行工作。编制为3人。刊头题字和封面由著名版画家古元书写和绘画。1948年6月，在《中共中央东北局宣传部组织机构一览表》中明确：翻身乐杂志社同东北日报、广播电台、新华总分社、东北书店、东影等11个单位同属东北局宣传部的直属机构，由宣传部干教科（后改为干教处）具体指导。

《翻身乐》杂志创刊号的编辑出版标志着辽宁党刊由此应运而生。

二、《翻身乐》杂志的办刊宗旨和办刊特色

创刊初期，东北解放区群众的文化水平比较低，鉴于这一实际情况，杂志办成了"只要识一千字就能看懂"、不识字听别人念也能听懂的通俗刊物。杂志所载的文章特别注重口语化，且短小精悍，除特约稿件外，最长不超过1500字。

在《翻身乐》杂志创刊号"发刊词"及第3期"投稿办法"中，把杂志"是干啥的，站在哪一边，给谁办事情的，谁们来办"写得明明白白，用非常直白的话语明确回

《翻身乐》杂志创刊号封面

答了"为了谁""依靠谁""我是谁"的问题:

"为了谁"——"是和翻了身的农民、工人和战士站在一边的,专门替广大的劳动哥们办事""为的帮咱们开脑筋、学文化、明白道理""只要识一千字就能看懂""如果不识字,就请识字的来念来教";

"依靠谁"——《翻身乐》就是和大家站在一起来努力,办好这两件大事情"一件是前方打仗,消灭蒋介石匪军;再一件是后方彻底平分土地,以后发展大生产,支援前线";

"我是谁"——"《翻身乐》是咱们翻身工、农、兵自个的刊物""在《翻身乐》里看翻身,学翻身,在《翻身乐》里获得翻身的文化果实和快乐"。

1948年6月1日,中共中央东北局宣传部决定,《翻身乐》从第4期起读者对象由原来的工农兵改为"区、村干部"。第4期"编者的话"说:"本来打算把这个刊物作为翻了身的工农大众们的读物,帮助他们从《翻身乐》里来学政治学文化,但根据我们了解,要做好普及工农大众们的政治文化教育,要帮助他们办好事,主要的要依靠散布在广大农村与城镇中的区、村一级的干部,假使能把区、村干部在政治上文化上提高一步,他们既懂得党的政策,又懂得按照本区本村的实际情况办事,又有很好的工作作风,很密切和群众打成一片,虚心向群众学习,那么他们可以成为广大群众的教师和群众热烈欢迎的朋友了!""各级党的领导机关应体会毛主席所说的,他们(区、村干部)是极可贵的财富,今后应当加强对他们的教育,使他们在工作中不断获得进步。因此,帮助他们学习不仅是杂志的责任,也是全党迫切的任务。"

1948年7月1日,杂志开辟了《党建》等专栏,这在当时党组织尚未完全公开的情况下,使杂志逐渐成长为主要为党建工作服务的党刊,成为党联系广大群众的桥梁。广大党员、广大干部、青年知识分子视刊物为了解党的知识、开阔政治视野的良师益友。

《翻身乐》杂志最大的特点就是群众性和通俗性,杂志中都是老百姓喜闻乐见的东北方言、口语和讽刺漫画,随处可见诸如"唠嗑""憋拉憋屈""自个儿"等词汇,讲身边人身边事,没有架子,不讳土气,形式活泼。如《革命要干到底》《为啥妇女也要当权办事》《唠一唠民主选举》《种地为啥要换茬》《不给老百姓好好办事真对不

見面話

「翻身樂」這個名字，大家都很熟，而這個小刊物，卻還是第一次和大家見面。因此先要表明一下態度，這個「翻身樂」是幹啥的？站在哪一邊？給誰辦事情的？誰們來辦？

咱們的一聽這個名字—「翻身樂」，就知道它是和勞動哥們有關係。今天只有窮哥們纔翻身，咱們的「翻身樂」是幹啥的？

翻起身來窮哥們早晌剝削他們的地主富農，分地分房又分財的，這就叫做翻身了。工農裏的工人第一下也纔翻起身來了。日子也好起來了，工人和農民為了要讓共產黨、跟着咱們的領袖毛主席走。……

……好多農青年子弟，都加入了人民解放軍，成為光榮的人民戰士。工人和戰士站在一邊的，是和翻了身的農民，這個「翻身樂」是和勞動哥們辦事的，專門替窮大伙的勞動哥們辦事。

目前啥事最重要呢？有兩件大事情：一件是前方打勝仗，消滅蔣介石匪軍，再一件是後方澈底平分土地，消滅蔣介石匪，以後，發展大生產，支援前線，只有把這兩件事情做好。咱們就真正澈底翻身了，永遠能過好日子。

這個「翻身樂」，就是咱們翻身的道理和辦法。只要認識一千字就能看懂，如果不識字，就要請大家辦好事情：

——咱們翻身，這是有各種文字稿材料。明白道理和故事。或者請到人寫出來的稿子，或有必須把翻身的一切事情，都可以寫出來，寄給我，工人農民，大家來編，大家來寫，大家愛護和讚揚「翻身樂」。……

……是咱們勞動哥們大家的。在「翻身樂」裏獲得翻身的文化營養和快樂。

——這個刊物得由栽種的人來辦，需要大家辦，大家來寫，大家有意見提，有疑問、就問，有自己或者是未編寫的歌謠、故事、謎語和其他材料，只要是識一千字就能看懂，明白很多道理，就會替大家辦好事情。

翻身樂
再一件是後方澈底平分土地……

上 《翻身乐》杂志创刊号"见面话"
下 《翻身乐》杂志创刊号目录

起老百姓》《领导一放松，支部就垮台》，等等。

从《翻身乐》杂志的栏目设置看，有时事类的《天下大事》，有经验类的《工作经验》《工作研究》，有科学类的《一万个为什么》《农村小医院》《卫生常识》，有启示类的《有问必答》《大众习作》，有征文类的《我的思想检讨》，有编辑部主办的《纸上座谈会》，有编读往来的《问事处》，还有很多文艺类的如《大鼓词》《秧歌剧》。除此之外，还有教育系列和讽刺系列的连环画，有评论类和通讯类体裁的文章。

因贴近实际、贴近生活、贴近群众，《翻身乐》杂志受到广大读者的普遍欢迎。老编辑朱起曾撰文回忆：当时大家对《翻身乐》可欢迎了，乡邮一来，村干部第一句话就是："《翻身乐》来没来？"来了识字的争着抢着看，不识字的就让我们念给他们听。念完一遍还让再念，听起来没个够。我曾问村干部："你们为啥这么喜欢《翻身乐》？"他们回答："它跟咱们心贴心。"

1948 年 9 月下旬，东北局宣传部决定派孟奚到编辑部主持工作。《翻身乐》杂志直接由东北局宣传部领导。9 月 27 日，孟奚主持召开了《翻身乐》杂志编委会，参加会议的有东北局宣传部陈星，新华书店东北总店的李文、李一黎，编辑部的徐今明、刘林、陈芳岐和彭华宁。会上讨论研究了《翻身乐》杂志的对象、任务、性质和编辑方法。

对象：农村的区、村干部与相当此一程度城镇的群众工作干部。

任务：供给较有系统的浅近革命理论与科学文化知识，借以提高区、村干部之政治文化水平；贯彻、解释党的各种政策及交流典型的工作经验，以改进区、村干部之工作作风，并充实提高区、村干部之工作能力；进行有重点的农民思想意识之改造工作，以逐渐加强其为人民服务之革命人生观的教育。

性质：本刊系由东北局宣传部直接领导的，着重区、村干部思想教育而带有工作指导性通俗化的群众综合读物。

编辑方法：在内容上，一定须与当前的实际运动紧密结合，每期要有一个思想重心，不仅提出问题，而且要能解决问题。在文字上，一定要真正做到通俗化、大众化，不仅使读者喜于接受，而且能够完全消化。在编辑方法上，不是主观的教条的灌输，而是根据实际情况针对读者的思想要求，做到由事实到原则，由具体到抽象，由近到远，由简单到复杂。刊载的文章要短小精悍，有充实的内容，除特殊约稿外，最多不超过 1500 字。会议决定编辑部工作人员轮流下乡，搞调查研究，选定联系点和发展通讯员。

三、报道东北解放战争和支前运动

在中共中央的正确领导下，经过两年多的浴血奋战，东北战场上敌我力量对比发生了根本变化。东北解放区已拥有 97% 以上的土地和 86% 以上的人口，并控制了 95% 的铁路线，广大地区连成一片。东北野战军经过扩充和休整，已拥有正规军 70 万人，地方部队 33 万人，并有一支颇具威力的炮兵部队。国民党军虽仍有 55 万人，但被分割在长春、沈阳、锦州等孤立地区内。由于北宁铁路若干地段和营口为解放军所控制，长春、沈阳国民党军通向关内的交通已被切断，补给全靠空运，满足不了所需，处境十分困难。人民解放军进行战略决战的时机已经成熟。中央军委决定在东北战场同国民党军进行战略决战。

为充分反映解放战争的进展情况和人民群众积极支援前线情况，《翻身乐》杂志在《天下大事》栏目及时刊登相关文章，对鼓舞人心、促进解放战争的胜利起到了十分重要的作用。

《翻身乐》创刊号第一篇文章《毛主席告咱们干啥》，用通俗的口语简短地介绍了毛主席 1947 年 12 月 25 日写的《目前形势和我们的任务》。文中指出："现在人民解放军已经转入进攻，蒋介石快要完蛋了，咱们应当格外努力，彻底实行土地改革，团结全国老百姓，一个劲儿打下去，一直打到南京，打倒蒋介石独裁政府，建立新中国。"

在《天下大事》栏目连续刊登解放战争节节胜利的消息。创刊号刊登了《我军半年消灭蒋匪七十五万》《东北解放军冬季大胜利》等文章。其中，《东北解放军冬季大胜利》报道："东北解放军从冬季作战以来，打一仗胜一仗，捉蒋匪副师长曹泽民以下八千多名，缴获炮五十五门和机步枪七千多支，其他各种东西老鼻子啦，堆积得像山一样。"第 5 期《东北解放军打胜仗 长春边上消灭六千敌人》写道："在我们解放区，是用打胜仗来反对蒋介石独裁卖国的。在五月份里，我们又打了不少胜仗。""在热河，咱队伍正向承德前进，一路上蒋匪军死的死，降的降，有的胆子小的，先就撒腿溜了。""五月二十五，咱打下隆化城，消灭匪军一千六百多。"第 9 期刊登《东北打了大胜仗　全部解放在眼前》写道："我们东北人民解放军，在十月十五日打下了锦州，消灭了守城敌军十万人，造成了东北伟大的胜利；接着长春国民党军队六十军全军起义，新七军几万人全部投降，长春被我解放。五天里面，不断传来伟大的胜利消息。"这一期还刊登了华君武的漫画《人民解放军大胜利》。

深入报道解放区人民的支前运动。在中共中央东北局的领导下，东北人民响应党的"一切为了支援前线""一切为了战争胜利"的号召，以前所未有的积极性和创造精神，克服重重困难，进行了各类支前工作，做到了"要钱给钱，要物出物，要人有人"，为支援全国解放战争作出了重要贡献。辽沈战役开始前，中共中央东北局在向各省委发出的《关于动员与领导人民备战中几项任务的指示》中指出："东北大规模的歼灭敌人的战争已经开始，敌人亦必将作拼死的抵抗和挣扎，这是一次有决定意义的战争，东北局号召全党克服一切困难勇敢地坚决地动员与领导东北人民，支援此次伟大的战役，以便减轻主力一切不必要的负担，造成主力更加机动集中攻坚敌人的有利条件。"《翻身乐》在创刊号《十六万人参军》一文中报道："咱们晋冀鲁豫解放区最近有三十多万人报名参军，经过大家的审查和照顾劳力，得到批准参军的有十六万人　这些人可以说都是呱呱叫的好成份，咱贫雇农占着六成多，中农占三成九。其中共产党员和区、村干部占二成。"第 2 期《打老蒋咱要出一份力量》讲述辑安五区（今集安）从小受苦的刘大娘分了房子和土地、有了吃穿后，把大儿子和丈夫送去参军的故事。

四、报道土地制度改革与大生产运动

随着解放战争的不断胜利，全国三分之二的解放区实行了土地改革，实现了耕者有其田。但是，也有的地区由于战事紧张和其他原因，还没有深入进行土地改革。1947 年 7 月，中共中央在西柏坡召开全国土地会议，分析中国土地制度的情况，总结全国各解放区土地改革的基本经验，制定了《中国土地法大纲》。1947 年 11 月 3 日至 21 日，中共中央东北局在哈尔滨召开省委书记联席会议，结合东北解放区的实际情况，对如何贯彻《中国土地法大纲》作出相应的规定。根据会议决定，东北局发布了《告农民书》，向广大农民通俗地宣传解释党的政策，号召农民起来自己当权办事，来一个彻底消灭封建、彻底平分土地运动，安下富根，发展生产，支援前线，争取胜利。在中共中央东北局的统一领导下，各地迅速掀起了平分土地运动高潮。

为积极配合土地制度改革，《翻身乐》杂志在创刊之初刊登了大量宣传土地制度改革的稿件。创刊号《翻身故事》栏目刊登的《土地法是穷人的翻身法宝》中说，"供灶王爷，你给他磕八千六百个头，没有吃的人还是没有吃的，倒是土地法大纲能使咱们有吃有穿"，《一坰地是多少方弓》采用两位农民大哥对话的形式，宣传农村分完土地后的丈量标准问题。第 2 期刊登的《怎样把日子过得更好》对土地制度改革的重要意义作了细致阐释："平分土地、消灭封建，是咱们的翻身大事""听说还有一些人，在胡猜乱想的瞎害怕，不敢发财，不敢多种地，怕以后再被分，这种想法都是不对的，这次分地是为了消灭封建剥削，用自己劳动发的财，为什么分呢？现在大家都一样有地了，谁劳动生产的得归谁，就是地主今后自己劳动发财也不再分了。"第 2 期《搬回乡下翻身安家》作者吴恩重通过其父亲在土改前后的变化表达对共产党的感恩之情："一辈子净是给人做工或租点地种，几十年也没有挣着一点地，这回共产党领导我们翻身，不但有地，还能有房子住。"

东北解放区老区土地改革工作基本结束后，农村中新的生产关系使农业生产力获得了极大解放，为农业生产发展创造了良好的条件。1948 年初，中共中央东北局、东北行政委员会发出了开展大生产运动的指示，明确提出在土地改革完成后，组织与领导生产，是农村压倒一切的中心工作，要求各级党政机关和广大干部全力加强对农业生产的领导。第 2 期《互助合作搞生产　插具换工好处多》说："工换工，不放松，干活多，还省工。咱要好好想办法，把全屯人力、牲口全都组织起来，编成互助组，大伙加劲干，才能不扔一亩地，多上多铲多蹚，保管今年秋收多打粮食。"第 4 期刊登《大家有底，才高兴生产》报道拜泉县在乾元区建国乡进行春耕试点取得的初步经验。第 5 期《干完活一定要算账》，对春耕完结后"清账还工"前群众的顾虑给予分析解答，消除群众顾虑。

根据东北行政委员会的指示，1948 年上半年，各省政府先后发布了关于统一颁发土地执照的命令和确定财产私有权的指示，对已经分配的一切封建的土地财产，承认其为个人私有财产，一律予以保护，不得侵犯；允许个人自由经营和处理，并发给地照和房照，确定地权和房权。《翻身乐》杂志对此也进行了深入宣传报道。第9期刊发《为啥要评地发照？》《评地发照是个简单的事情吗？——村干部应该注意的两个问题》《怎样丈量土地》等文章，介绍评地发照的意义及方式方法。其中，《为啥要评地发照？》对评地发照的目的意义进行了详细分析：咱们老解放区的土地眼下已经平分好了，分给谁的土地这就是谁的财产了。俗语说"地凭文契官凭印"，有了土地没有个凭据，心里就有点不牢靠，所以民主政府就发给咱们地照，这就有了个凭据，这也就是说，政府在法律上保护了咱们的财产不受别人侵占啦，比方以后有些坏蛋想钻空子捣鬼，熊咱们的土地，那咱就可以凭着地照和他打官司。《怎样丈量土地》则图文并茂地介绍了评地办法，对三角形、四角形、梯形等不同地块，既画出图形，又列出计算公式，并配发生动实用的算法歌谣，具有很强的指导性。

1948年11月9日，中共中央东北局发布了《关于新区土地改革的指示》，对新区土地改革的政策作了具体规定，要求各级党组织加强领导，严格执行新区土地政策，注意防止老区土改中出现的"左"的错误，保证新区土改顺利完成。

新区土改摧毁了农村的封建统治，初步建立了以贫雇农为骨干，团结全体中农的区、村政权（农会）。在土地改革过程中，涌现了大量积极分子，培养了大批新干部，其中大多数是受地主阶级压迫深重的翻身农民和贫困的知识分子。土改极大地激发了广大翻身农民的革命热情，他们踊跃参军支前，主动参与剿匪、清查匪特，巩固后方。

五、服务区、村干部思想教育

随着解放战争的胜利发展，解放区的不断扩大，土地改革运动的不断深入，中国共产党的威望越来越高，党的队伍迅速壮大。但是，由于长期的战争环境，缺少对党员的思想政治教育和严格的组织生活，加之部分党员对国内主要矛盾的变化缺乏思想认识，思想不纯、组织不纯、官僚主义问题比较严重。

《翻身乐》的读者对象改变为"区、村干部"后，为使区、村干部提高思想水平和业务水平，深入了解党的政策，掌握工作方式方法，《翻身乐》刊登了大量服务区、村干部思想教育方面的文章。

针对一些区、村干部认为当干部"吃苦""受气""得罪人""耽误工夫"，因而工作"干得不起劲"的思想倾向，《翻身乐》第 5 期发表社论《纪念"七一"怎样做一个好的区、村干部》，提出："第一，我们是人民的勤务员，是替人民当长工的，我们就要一心一意为老百姓办好事，做好了不夸功，做错了不埋怨，百折不回。""第二，区、村干部就得老老实实的办事，说话做工作，都得老实。"针对部分村干部造假报告欺骗上级的情况，第 6 期刊登《一个村支文书的自我检讨》，报道呼兰大用区一个村书记在抢产抢蹚中向上级汇报时"坐家估计数字假汇报"，在县委领导到村里调查情况发现造假后，这位村文书认识到了错误："我太不应该了，造假报告欺骗上级，又不深入调查研究，对工作不负责任，太对不起老百姓了。今后我一定要本着实事求是的精神来执行任务，决不能再犯这种错误了。"

1948 年 11 月 2 日，东北全境解放。为配合这一形势，第 10 期刊登评论《认清时局，做个模范干部》。这篇评论批评了部分干部在东北解放后出现的各种错误思想和松劲情绪，要求干部要好好学习，提高工作能力，服从组织调动，争取做个模范干部。文章针对东北解放后，一些同志存在的诸如"蒋介石这下可算完蛋啦，眼下也就没啥困难了，等着过太平日子吧"这种错误思想，明确指出："只看到东北这块地场的蒋匪完全消灭了，却没有看到全中国还没有最后解放。全中国没有完全解放，那光咱们东北这块地场解放了还是不保险的。"在第 11 期北其（时任社长孟奚笔名）撰写的《怎样起模范作用？》中指出："啥叫模范作用呢？模范作用就是带头。""凡是革命工作，干部站在头前，把群众带领起来，大伙一块堆都往好道奔，叫大伙都过好日子。"刘化民撰写的《怎样改正领导上的缺点？——亮河区领导工作的检讨》针对尚志县亮河区在进行评地发照中，有些区工作队员和村干部情绪不高、不愿当干部的情况，分析了原因，提出了改动办法："对干部应该抱着爱护、互尊互助的态度"，"要加强区的集体领导"，"要解决村干部在工作上的困难，布置工作的时候，除了进行思想教育，说明为什么要做这个工作？向他们交清底，还要教给他们工作办法，要跟村干部好好讨论，尊重村干部的意见"。

随着解放战争的节节胜利，解放区不断扩大，需要大批优秀干部去新区开辟工作。为此，《翻身乐》第 11 期刊登《爱护干部，培养干部》的社论，提出要教育培养更多更好的干部，迎接即将到来的全国大胜利："东北完全解放了，全国胜利眼瞅着也就快要到来了！我们现在虽然有了成千成万的干部，但和时局比较起来，我们干部还是进步得太慢，还是赶不上趟，还是不够用。所以我们就要加油进步，不但自个进步，更要帮助、教育那些落在我们后边的同志一块进步！"

为提高区、村干部的思想理论水平、更快进步，《翻身乐》加强了对学习的宣传报道。针对一些同志"学习不如工作要紧，不学习也一样工作"等不重视学习的错误想法，第8期刊登《学习上的几个问题》，指出："光工作不学习不行，不学习不了解政策，工作没底，眼光短小，做不好工作还不算，还会犯错误。""只有一面工作一面学习，工作、学习才能都有进步。"第8期刊登《不学习做不好工作》《马德山同志的学习方法》等文章。第9期刊登《张云志两口子比赛学习》《工农干部的学习榜样》，第11期刊登《不学习连话都不会说了》，第12期刊登《干部要学习文化》。第21期刊登河北省涞水县县委书记王恺学习文化经验的文章《我怎样学习文化的？》。王恺农民出身，从小没念过书，他当干部的时候，也受过不识字的苦处，后来他肯用功学习，很快提高了文化，当了县委书记。王恺学习文化的经验，可以作为文化水平低的区、村干部学习的参考。第21期刊登《学习迷》一文，讲述尚志县22岁的吴凤积极学习的故事："他的学习，是一贯的积极，没犯过啥冷热病。他的笔记本子，每天都在兜里装着，无论到哪，看见不认识的字都记到小本子上，回去问教员陈老实。"

六、报道公开建党工作

过去，东北地区党组织也像全国许多地区一样，采用秘密建党方式，以致出现党员数量不足、质量有限、党的基层组织薄弱和党员思想较封闭等问题。新中国成立前夕，东北各地相继解放，成为全国最早解放的地区。为了完成从革命党到执政党的转换，就必须创新党的建设方式。东北地区解放较早，中国共产党对于公开建党方式，也就最早在东北地区探索。东北地区公开建党进程，主要经历了零星发展、大量发展和巩固发展几个阶段。根据中共中央和东北局建设"一个强大的群众性的党"的指示，1948年春，平分土地运动结束后，东北局正式提出了公开的积极的建党方针，东北各地党组织遵照东北局指示精神，率先开展了公开建党的工作。东北根据地和解放区公开建党，从"地下走向地上"，壮大党的队伍，提高党的力量，这是中国共产党成立以来，组织建设工作的一种创新。

公开建党，使党的状况从秘密走向公开，党员的先锋模范作用得到充分发挥，在群众中产生了感召力和带动力，加深了党与人民的鱼水之情，为根据地建立巩固筑起了坚实的战斗堡垒。据不完全统计，到1948年末，仅辽吉、安东两省农村就发展新党员近2万名，建立农村支部1000余个。

为配合与服务公开建党工作，《翻身乐》杂志在这一时期刊发了大量有关公开建党的相关文章。针对一些地方不注意党的建设和发展党的问题，1948年7月《翻身乐》杂志第5期新开辟了《党建》专栏，并在"投稿办法"中专门就公开建党内容向读者约稿："建党问题：新、老党员，非党群众在公开党、发展党中间的各种思想反映与认识。"当期发表《中国共产党的历史》《什么是共产党？》《生产中注意建设党》等文章，其中，《什么是共产党？》从三个方面阐明什么是共产党："第一，共产党是有严密组织的。""第二，共产党是有严明的纪律的。""第三，共产党是领导革命的参谋部。"第6期刊登文章《为什么要公开党》，通过回答为什么要公开党、公开有什么好处等问题，打通区、村共产党员的思想顾虑："公开党有什么好处呢？一句话，就是使咱们党和千千万万的老百姓团结的（得）更紧，使咱们党能更好的（地）替老百姓办事，党公开了之后，咱们党里好的和缺点的地方，老百姓都可以看得到随时给提意见，咱党好的地方就再求好上加好，缺点的地方就不断地改正，这样一来咱党和老百姓的关系就更密切了。""咱们党的同志同老百姓紧密地结合在一起，力量就更大，就没有什么不能打败的敌人和不能克服的困难了。"第7期继续围绕公开建党内容，第一次以6个版面刊登了《公开建党的几点经验》长篇通讯。文章分析探讨了"开头群众啥也不懂，要好好宣传教育""不宣传，不教育，一定碰钉子""怎样宣传教育？""能说会唠的打头报名，怎么办？""光靠大会解决不了问题"等几点经验。第8期刊登了《辽吉两个支部公开建党的经验》，依据几个支部在整党建党中出现的普遍性问题，总结出"要群众考虑好了再报名""整党的时候也叫群众参加""发展后要抓紧教育"等经验。

加强对党建工作的宣传。《翻身乐》杂志第15期《支部怎样领导村政权？》写道，"眼下有不少屯子，正在建政，村政权的组织比以前健全了，干部也多了，任何工作，今后都要有领导，有分工，逐渐走上正轨才行；党的支部更应加强对政权的领导"，提出"领导不是包办""也不是放任不管"等办法。第15期刊登的《小五站支部的工作为啥落后了？》主要反映党员对支部有意见，支部在领导工作上犯了严重的官僚主义，结果弄得党员对支部很不满意，这些不满意的情况支部也不了解，不检讨，所以支部与党员的关系就越离越远，工作受到了很大损害。文章编者提出："像小五站支部的这种情况，可能别的地方也有，如果有的话，希望能够很快检讨、纠正。"同时提出："支部工作搞坏了，当然支部委员应该在领导上负主要责任""小五站支部的确在领导上缺点很多，可是党员思想上也有毛病（比如受了一点委屈就泄气不干了，这也是不对的），只有上边的领导干部和下边的党员大家伙都来进行检讨，这样的话，革命工作才能办得更好。"第17期刊登的《你看，那个办法好？——支部怎样领导群众生产？》对"怎样才算是真正的领导呢"给出答案："支部先要有个底，这就是说，支部先要好好计划一下，把上级交给咱们的生产任务以及怎样完成这些任务，事先支部委员先要开个会，仔仔细细讨论一下"，"按照这个计划去老老实实的干，进行'具体领导'"，"要和群众打成一片，给群众想办法解决困难"，"要把屯子的好劳力组织起来进行生产"，等等。第23期刊登《为什么要进行批评和自我批评》，引用毛主席的话："房子是应该经常打扫的，不打扫就会积满了灰尘，脸是应常洗的，不洗也就会灰尘满面。我们同志的思想，我们党的工作，也会发生灰尘的，也应该打扫和洗涤。"文章提出："批评的目的，就是为了打扫咱们的错误和缺点，把革命工作搞得更好。"

在典型宣传方面，《翻身乐》杂志第2期刊登《女劳动模范房明理》，讲述蛟河县出身贫困雇农成分的女劳动模范房明理的故事。第6期刊登《咱屯的党员没比的！》，报道香坊区义发源屯支部"组织生活很经常、很健全，干啥工作支部都能起领导作用，个体党员领头干，所以屯里什么工作都做得比较好，党在群众中的威信很高"。第19期刊登《模范干部赵子明》，报道称"赵子明是兴隆村的主席，这次被选为延寿县模范干部"，"因为他不管做啥事，都很耐心，认真，不发脾气，不摆架子，最后很好地完成了任务，所以全屯不论大人小孩，没有人说老赵不好的"。第24期刊登《支部书记关成久》，讲述双城县进化区农丰村关成久的故事。关成久原为雇农，1949年2月公开建党后，当选了党支部书记。他对全村生产领导得好，群众都特别拥护他：他给群众想办法，度过了粮荒；向群众交底，打通思想；教育改造二流子；

对支部工作领导的好。

七、《翻身乐》搬迁至沈阳

辽沈战役胜利后，党中央明确提出：东北局目前最紧急的工作除继续争取瓦解敌军与巩固并准备逐步改造起义及投降的部队外，还应立即动员大批得力干部，不仅去接管长春，而且要准备接管沈阳、抚顺、本溪。1948 年 10 月，陈云率领近4000 名抽调干部开始接管沈阳及其周围的工业城市。11 月 2 日，沈阳解放当天，大批干部进入沈阳。11 月 3 日，沈阳特别市军事管制委员会成立。

11 月 21 日，翻身乐杂志社随东北局机关和东北书店搬迁到沈阳，地址在沈阳市马路湾东北书店。从此，《翻身乐》掀开了工作新篇章。

1948 年 12 月，翻身乐杂志社组成了新的编委会，编委会成员除了杂志社领导外，还有四位县委宣传部长：辽宁省辽阳县委宣传部长、辽西省锦西县委宣传部长、吉林省蛟河县委宣传部长、黑龙江省双城县委宣传部长。这在当时是一个创举。1948 年底至 1949 年初，编辑力量逐渐加强，相继调来多名同志负责编辑工作。

1948 年 12 月 30 日，毛泽东同志为新华社写的新年献词中发出"将革命进行到底"的伟大号召。为此，《翻身乐》杂志第 13、14 期合刊发表社论《革命要革到底》："新年给我们带来了伟大的胜利。""在一九四八年里，我们完全解放了东北！现在，眼瞅着华北也就快要完全解放了！在今年，我们的解放大军，将要一齐南下，渡过长江，彻底消灭蒋匪帮。革命成功的日子，就在咱们的眼前，这一点，就连我们的敌人，也都看得明明白白的了。"第 13、14 期合刊还发表了《东北大军进关打胜仗》："东北人民解放军在消灭了东北四十七万蒋匪军、解放全东北以后，还没有休息上二十天，就接到进关去配合华北的人民解放军消灭傅作义，解放全华北的命令。咱们队伍听了，个个高兴，立刻赶忙收拾行装武器。""咱们队伍走过的地方，老百姓都出来欢迎，特别是关里的老乡，更是满脸喜气，不拘大城小镇、村庄屯子，都搭起松柏枝的彩牌楼，挂着旗子，贴着标语，标语上写着'欢迎东北解放军入关'。"《打进关里去，解放全中国》中面对部分同志对进关打仗的不理解，在进行了充分的讨论后，提出："全靠山南河北，关里关外的人民和解放军联合起来打天下，东北才有今

翻身乐杂志社迁入沈阳后的办公地——
沈阳市马路湾东北书店

天。""关里老同志撇家舍业，到关外来帮助咱们东北穷哥们翻身，这三年吃了多少
苦！现在咱们解放了，咱们也该打进关里去帮助全国穷兄弟翻身才是正理。"

　　1949年3月，《翻身乐》杂志创刊一周年，东北局宣传部部长李大章同志为杂志
撰写文章《大家动手把〈翻身乐〉办得更好一些》。李大章说，为了使《翻身乐》杂
志"真正成为区、村干部一个最亲切、最喜爱的读物"，各地各级党委，特别是县、
区党委的宣传部门要做好组织稿件、搞好发行、反映情况的工作。

　　《翻身乐》杂志创刊之初就确立了开门办刊思想。创刊号"见面话"说："既然这
《翻身乐》是大家的，就需要大家来办，大家来写，大家有意见就提，有疑问就问，
有自己或者是大伙一起编写的歌谣、鼓词、故事、谜语和其他材料，甚至有必须要
说的一句半句话，都可以写出来，或者请别人写出来，寄给我们。"因此，在办刊过
程中，《翻身乐》"尽量多采用下边的稿子"，编辑部从第18期开始发起了"纸上座
谈会"的倡议。第18期'翻身乐座谈会'以"在今年生产运动中对二流子、尖头怎
样处理？"为主题，编辑把尚志县帽儿山区刘殿卿等9位作者的来稿编为座谈会发
言的形式，最后由编者作总结发言。这一期有关改造"二流子"的文章和画，占了
将近半本，体现了编辑部"一期要有一个中心"的思想。第20期用10个版面刊载
了第二次座谈会，由尚志县乌吉密区于占久等49位同志围绕"换工小组怎样才能不

垮台"主题展开热烈讨论。第 22 期刊载的第三次座谈会围绕"怎样来破除迷信"主题进行讨论，共有 60 人参加。

为使广大区、村干部认清当前形势，警惕部分干部和群众的错误思想，《翻身乐》杂志第 18 期《天下大事》栏目刊登《世界老百姓一齐保和平》《全世界人民团结起来，就能打垮世界反动派的战争阴谋！》等文章，第 19 期马奇撰写的文章《防备敌人的破坏阴谋》提出"现在东北真没有敌人了吗？""不！敌人还是有的，认为东北没有敌人了，这就叫做'太平观念'。这些同志以为把敌人的军队消灭了，我们老百姓当了权，这就'天下太平'没有问题了。就没成（承）想我们消灭了的，只是一些'明'里的敌人，另外还有一些'暗'地的敌人，今天还在那里活动、破坏，跟咱们作对。咱们一下子还没有看见，就说'没有了'这种'太平'思想是非常危险的！"

1949 年 5 月 18 日和 6 月 4 日，东北局宣传部两次召开部务会议决定："《翻身乐》杂志从'七一'起改为旬刊。以农村干部为主要对象，提高指导作用，进一步通俗化，必须加强县、区、村干部和农村支部的联系，建立基层通讯网，加强编辑工作。"

| 第二节 |
从《翻身乐》杂志到《新农村》杂志

一、《翻身乐》改刊名为《新农村》

1949 年 7 月，《翻身乐》确定更改刊名为《新农村》。7 月，出版第 1 期《新农村》杂志。在第 1 期《新农村》杂志刊登的《大家齐动手　办好〈新农村〉——给县区干部同志的一封信》中说："这个《新农村》，是在东北局宣传部直接领导下，专给农村中区、村干部办的刊物；根据每个时期的任务和各地情况，谈政策、谈工作经验，谈革命基本知识，以便帮助区、村干部同志，在政治觉悟上，工作能力上，政策水平上，文化程度上，逐步提高。"这个刊物是县区党委及其宣教部门"对区、村干部进行帮助和教育"的"最好助手"，"特别还要作区、村干部本身的学习助手"。

信的结尾阐明了《新农村》杂志的当前任务：《新农村》开头就处在新的工作环境中，城市领导乡村的时期既已开始，城市和乡村，工业和农业的关系，就已开

1949 年 7 月《新农村》杂志创刊

始起了新的大变化，因此，我们在乡村工作中的任务和做法也不得不随着有所转变，那我们处理乡村问题时的思想观点作风呢？当然也不能老一套了。这也就是说，我们要在新的城乡关系中，树立新观点，创造新做法，去完成建设新农村的新任务。而《新农村》杂志的当前任务也正是在这里。"

东北局宣传部干教科在《干教科的工作业务与今年七个月的工作计划要点（草案）》中对《新农村》杂志提出要求：加强《新农村》同各地农村党员的联系，并提高该杂志的指导作用；通过《新农村》杂志，有系统地总结一两个县或一两个区的党员干部和党支部的工作与思想情况；协同《新农村》和书店的编辑部审编若干适合农村干部党员的课本和读物。在干教科八月份的"工作计划"中又提出，为了准备东北局宣传部召开的宣传会议所需的材料，要求"《新农村》编辑部正式讨论一次农村干部教育的内容和方法问题，征集些意见"。

对于《新农村》杂志的性质是否和《翻身乐》杂志一样的问题，《新农村》杂志第 3 期《问事处》专栏予以回答："《新农村》是以区级干部为主的，区、村干部的教育读物。是在城乡关系下面，树立新观点，创造新方法。用城乡结合的新方法来领导农村工作和农业生产，来建设新农村。"

1950 年 6 月，新农村杂志社召开通讯员座谈会，中共中央东北局宣传部长李卓然要求："《新农村》要成为宣传党和政府的政策、法令、教育农村干部和农民群众的武器；要成为党的喉舌，反映群众正确意见，帮助他们解决问题。"

《新农村》杂志创办初期为 10 日刊，每月 5 日、15 日、25 日出版。从 1949 年 12 月第 16 期开始，由 10 日刊恢复为半月刊，每月 5 日、20 日出版，篇幅由原来的 36 页增加到 48 页或 54 页，仍由东北新华书店出版发行。《新农村》杂志第 4 期封面由原来的单幅画改为新闻照片，之后大部分封面都保持这种风格。从 1951 年 3 月第 47 期开始，《新农村》杂志改由本社出版，发行仍由东北新华书店发行部负责，社址迁移到沈阳市南市区南新街，不久与东北局宣传部合署办公。从 1952 年开始，《新农村》杂志由过去的总分期号改为以年分期，出版单位由原来的新农村杂志社改为东北人民出版社。

二、宣传党的政策及典型经验

1949年3月，党的七届二中全会指出，今后的工作重心，从农村转到城市，城市领导农村，又要城乡兼顾。面对新的形势任务，《新农村》杂志适时刊登《在新的城乡关系中怎样领导农业生产》指出："新的城乡关系，就是城市领导农村，并帮助农村。""一位区干部不信工业领导农业的重要意义，参观了国营农场，看见一架机器能抵上几付马犁，回到区上到处宣传：'这下脑筋才转过来，甘心称工人为大哥！'""只有工业发展了，多开工厂，多造机器，将来种地使用机器，才能大大地提高农业生产的技术，工厂能生产更多的工业品，价钱便宜了，人民生活便能改善。没有发达的工业来帮助，农业生产便不能进步；只有工业发展了，才能把落后的农业国变成进步的工业国。"

自从编辑部提出"《新农村》是以区级干部为主"以后，有关区级干部的学习、工作经验、工作作风和典型人物的报道分量明显增加。在《新农村》杂志第7期公布的来稿统计数字中，从3月的315篇上升到6月的706篇，区、村干部（特别是区干部）来稿所占比重越来越大。如针对部分干部和群众的麻痹思想，突出宣传毛泽东主席在新政协筹备会成立大会上讲话精神，在第3期发表社论《提高警党性，除奸防特！》，第4期发表短评《深入检查麻痹思想》；关于转变工作作风方面，第21期发表北其文章《谈谈群众路线》，第24期以《怎样转变区的领导作风》为题开展讨论，指出"强迫命令、包办代替作风要彻底纠正"，"单打一的工作方法不对头"，"不分轻重缓急的方法也不对头"，"加强工作计划性，工作要有中心，还要有配合，健全部门工作"；关于工作经验内容，第24期刊登《区、村代表会应注意的两个问题》，第25期刊发了《刘振生同志的工作方法好》。

在突出宣传报道区干部学习方面，《翻身乐》杂志第6期刊登《怎样把区干部的学习组织好？》一组文章。第7期刊登《谈谈领导学习上的两个问题》，第18期刊登《谈谈学习经验》，第22期全文转载基层通讯员李贵在黑龙江日报通讯干事会上的《我是怎样学习写稿的》发言。李贵同志是农民出身的通讯员，他扛过大活，一天书没念，参加工作以后，一边工作，一边学文化，学写稿，本刊曾多次采用他的来信来稿，文章发表以后，在区、村干部中引起很大反响。

三、欢庆中华人民共和国成立

1949 年 9 月 21 日，中国人民政治协商会议第一届全体会议在北平隆重开幕。毛泽东主席在开幕词中豪迈地宣告："占人类总数四分之一的中国人民从此站起来了。"会议一致通过了《中国人民政治协商会议共同纲领》《中华人民共和国中央人民政府组织法》等文件，选举产生了中央人民政府委员会和第一届中国人民政治协商会议全国委员会。10 月 1 日，中央人民政府举行第一次会议，宣布中华人民共和国中央人民政府成立。当日下午 3 时，首都北京隆重举行了开国大典，向全世界庄严宣告了中华人民共和国成立。

为庆祝中华人民共和国成立，《新农村》杂志第 10 期出版了国庆专刊，专刊第一篇文章刊登《毛主席在中国人民政治协商会议第一届全体会议上的开幕词》。时任社长孟奚撰写了《人民自己的年代来到了》，《天下大事》栏目刊登《中国人民政治协商会议开幕》《我们真正翻了身——在人民政协会议农民团体首席代表张晔的发言》《给人民政治协商会议的贺信》等文章，华君武创作的《旧中国灭亡，新中国诞生》的大幅漫画，以对开页两个版发表。除此之外，还刊登了代国歌《义勇军进行曲》以及文艺歌曲《歌唱咱们的共和国》、小演唱《她是东方大亮星——庆祝新中国》等作品。

第二章

向社会主义过渡时期

新中国成立后，在中国共产党的坚强领导下，中共中央东北局带领东北人民巩固新生的人民政权，积极进行社会主义革命和建设，使东北成为国家重要的工业基地，为新中国各项事业的发展作出了突出贡献。这一时期，《新农村》杂志紧紧围绕党和国家的中心工作进行深入宣传报道。

| 第一节 |

毛泽东同志为《新农村》题写刊名

1950 年 9 月 15 日至 25 日，新中国第一届全国出版会议在北京召开，会议的主要议程是把出版工作重点放在出版有营养的通俗刊物上。新农村杂志社社长孟奚以全国第一份通俗性政治读物的社长身份，在大会上作了《〈新农村〉的方向与经验》的典型报告。报告朴实无华，发人深思，具有很强的感染力和说服力，受到了参会人员的广泛好评。会议期间，孟奚萌发了请毛泽东同志为刊物题写刊名的念头，并给毛泽东同志写了一封信。信中写道："《新农村》是综合性的通俗刊物，每半月出一期，主要对象是东北农村区、村干部。从 1948 年创刊以来，宣传了党的政策、天下大事和科学知识，对读者的思想、工作、学习指导上，起了一定的指导作用，受到了广大区、村干部的热爱和欢迎，是区、村干部不可或缺的一本刊物，恳切希望毛主席为本刊题写刊名。"

此信是通过中共中央宣传部部长陆定一同志转呈毛主席的。陆定一同志见信后，

新農村

毛泽东同志为《新农村》杂志题写刊名

立即在竖写的信纸右侧写道："主席，《新农村》是全国办得好的杂志，受到了农村干部的欢迎，请主席题刊名。"

毛泽东同志见信后欣然命笔，在信纸的上端用行书题写了两幅"新农村"，供杂志社同志挑选。杂志在第 41 期正式刊用了毛泽东同志的题字。

这是新中国成立后，毛泽东同志第一次为地方党刊题词，充分显示了他对农村工作和东北人民的高度重视与亲切关怀，更体现了他对地方党刊事业的特殊情感。

| 第二节 |

《新农村》杂志的办刊方向与经验

一、《新农村》的编辑工作

1950 年 10 月 4 日、1951 年 5 月 20 日，《人民日报》接连发表了时任社长孟奚的文章《〈新农村〉的方向与经验》及《通俗期刊〈新农村〉的编辑工作》，对《新农村》杂志的办刊经验作了总结。

第一，关于结合实际的问题。要使一个刊物能够结合实际，首先要明确刊物的对象和方针。《翻身乐》创刊之初，认为对象"越多越好"，工农兵学都有，事实上一本杂志只能容纳 3 万多字，什么问题都谈，必然谈不深，结果什么问题都解决不了。因此，1949 年 7 月，决定专以农村的区、村干部为主要对象，更改刊名为《新农村》。但农村的实际问题也很广泛，经过实践探索，逐渐从"什么问题都解决"转到只抓住几个主要的问题，即农业生产与干部思想教育。这样一来，有了比较固定的读者群众。

结合实际就需要编辑人员充分掌握群众的思想动态，比较全面地了解农村情况。结合实际必须要掌握政策，要使刊物不发生政策性的错误，首先编辑人员要端正自己的政治观点，对政策进行深入钻研，每期刊物出版前后，编辑要用三天时间专门学习政策。

第二，关于通俗化问题。有些同志把通俗化仅仅看作是一个"技术问题"，认为只要采用群众喜闻乐见的形式，运用群众语言，把"我们"改成"咱们"，把"干什么"改成"干啥"，就算是通俗化了。这只是一方面。毛主席曾说过"严重的问题是教育农民"，对农民的教育和对知识分子的教育是两回事，农民有个特点，"眼见为实，耳听是虚"，要"样子"看。所以，光靠讲道理不行，一定要把道理和他们的实际生活强有力地结合起来，这样农民才服气。根据这个情况，在工作上，编辑部提出了四个原则：

一是从事实到原则。举个例子说，给农民解释社会主义，曾像对知识分子一样，说"各尽所能，各取所值"，虽然用了非常通俗的解释，可道理越讲越糊涂，没有达到教育农民的目的。后来改变了方法，从苏联农民的生活讲起，说苏联农民今天的生活水平已如何高，住洋房、喝牛奶，家里都有电话，可是农民却反映说："咱们下地站在村当中一吆喝就行了，打电话多麻烦。""牛奶酸不溜溜的，喝那有啥味？"后来，杂志发表了《一个苏联的集体农庄一年有多少收入？》的小文章，介绍了一个苏联集体农民的实际收入，折合成中国的钱是多少。这篇文章普遍受到了读者的欢迎。为什么同样介绍苏联农民的生活，前一种方式受到反对而后一种受到欢迎？这是因为，后一种介绍和他们的生活距离近，前一种距离远。从与农民最接近的实际问题谈起，最后得出的结论说：这就是社会主义。这样的教育方式，作用很大。

二是从具体到抽象。比如自然科学，编辑部曾像给小学生编课本似的，从日、月、星谈起，既有秩序又有进度，可是农民不喜欢，因为这样讲起来问题很抽象，他们觉得不需要，与他们的关系不大。后来，编辑部改变了方式，先从一个具体问题谈起：比如要讲空气，就从"白菜窖里为啥闷死人"谈起，先谈事实，后谈道理，这样一来，他们很"服气"，说："可不是咋的，就是这样子。"要谈下雨的道理，就先谈"锅盖上有龙王爷吗？"既打破了农民的迷信思想，又传播了科学知识，比单纯讲道理作用大得多。

三是从近到远。这主要用在政治和时事教育上，尤其是时事，单纯的报纸新闻解决不了问题。比如讲联合国开了个什么会，农民不知道联合国是什么；讲审判日本细菌战犯，这和他们的生活距离很远，当然就不十分关心了。于是，编辑部就从日本战犯在东北到处搜集老鼠，火车过某一段铁路要放下窗帘（即过去细菌制造工厂地区）讲起。这些事情农民都很熟悉，但不知道"为什么"。编辑部就告诉农民：这就是日本战犯过去在东北制造杀人的细菌，现在这批战犯已经被苏联逮住了，要求人民审判，大家说怎么办？这样一来，大家都举手赞成。

四是从简单到复杂。带有原则性的理论教育，一开头就把原则条文和理论根据摆出来是行不通的，要先从最简单的问题谈起，好像画图画一样，先画单线条的，然后再慢慢添上阴影和光线。有许多带有理论性的文章，都是这样写的。对每一篇文章都有两个要求：解决了什么问题？能不能解决这个问题？

第三，与读者的联系问题。为服务读者，刊物上特辟一栏《问事处》，为读者解答疑难问题，做法是"有问必答"，有些有价值的、带有普遍性的，就在《问事处》公开发表，一般都采取个别回信。读者对"问答"这一形式颇感兴趣。因为问答这个形式简单明了，直截了当；根据农民干部的水平和特点，他们喜欢是就是，不是就不是，不大喜欢长篇大论地讲道理。只要一针见血地"点"到了问题的要害，即使几句话，也可以解决问题。提问题把握两点：一是这些问题必须是从群众中来的，不能坐在办公室里设想、捏造。二是从群众中拿来的问题，要能够加以分析，哪些是带有普遍性的，哪些是个别的。从读者的意见表看，图画及文艺形式（如短剧、大鼓、故事、诗歌等）的作品受读者欢迎，重要的原因也在于结合了实际。

作为《翻身乐》和《新农村》杂志的主要奠基人，孟奚为刊物的发展作出了重要贡献。孟奚，1917年出生于陕西省泾阳县。陕西省立西安师范学校毕业。1931年参加革命工作。1937年，在国民党统治区的西安，孟奚作为西安爱好文艺的革命青年团体西北青年文艺工作者协会的常委，主编宣传抗日救亡的文艺刊物《沙河》。1938年，参与编辑《青年战线》杂志。《青年战线》杂志于1938年3月创刊于西安，旬刊，由青年战线社编辑发行。在当时，这是一种很有影响力的青年刊物。离开《青年战线》杂志之后，孟奚来到延安，先后在中国人民抗日军事政治大学和鲁迅艺术学院学习和工作。1940年，孟奚来到太行山区，主要从事文化工作，创办并主编《青年与儿童》杂志。该杂志由中共中央北方局青年工作委员会主办，是以晋察冀抗日革命根据地的青少年为读者对象的综合性刊物。杂志的文章具有很强的针对性、指导性，加之封面采用套色印刷，图案大多由战斗在太行山上的美术家绘制，因而在太行山区有比较大的影响力。1945年，孟奚被调到东北，做过一段时间的县委领导工作。1948年9月，调到翻身乐杂志社任社长。孟奚长期在党的宣传和出版战线上工作，作出了突出的贡献。1978年9月，任人民文学出版社副社长。1983年7月，孟奚在人民文学出版社副社长任上退休，2000年在北京逝世。

二、加强与通讯员的密切联系

创刊之初，杂志社就特别注重将读者需求与工作实际相联系，为区、村干部提供帮助。实践证明，广大通讯员不仅是刊物的服务对象、忠实读者，也是杂志社的信息员和有力支柱。在通讯员的支持下，编辑部能不断地呼吸到黑土地上最新鲜的空气，发表的文章可以有的放矢。

为进一步加强和改进通讯工作，积极发展通讯网，把刊物办好办活，在东北局宣传部领导与关怀下，新农村杂志社于1951年5月下旬在沈阳召开了第一次通讯员座谈会。参加会议的有全东北（含原热河省、内蒙古东部地区）的20位通讯员。他们有的是县委组织部、宣传部负责同志，有的是区、村干部，都是通讯员中的骨干，为刊物作出过重要贡献。会议表彰了先进典型刘风岐同志。

刘风岐当时是松江省宾县三区区委书记。起初，他给杂志社写的稿件都被退稿，但他毫不气馁，对退回的稿件和退稿信，反复琢磨，从中受到启迪。于是，他把写稿和本职工作紧密地联系起来，从写稿中提高了工作能力；从工作中找材料，总结经验，再写出来的稿子就不空洞了，能生动反映干部和群众的心声和工作中的实际问题。他不仅自己认真阅读刊物，还带动区、村干部订阅刊物，使《新农村》成为全区区、村干部工作上的得力助手。

会议期间，中共中央东北局常委、宣传部部长李卓然到会并发表了两次热情洋溢的讲话，先后讲了 6 个问题：

一是要明确办刊的方向和任务。李卓然指出，《新农村》要成为宣传党和政府政策法令、教育农村干部和农民群众的武器；要成为团结农村力量、巩固人民政权、推动农业生产、提高农村文化的武器；要成为党的喉舌，反映群众正确意见，帮助他们解决问题。

二是要把刊物办得深入浅出。李卓然指出，要办好这样一个刊物，确实不容易。目前农村区、村干部和农民群众的文化水平还很低，大多数还是文盲。这就要编辑同志有较高的马列主义、毛泽东思想水平，要善于围绕每一个实际问题来说明道理和政策，把道理讲得很通俗，真正做到深入浅出，看得深些，说得浅些。

三是要学习群众语言。李卓然指出，要把道理说得很通俗，就要学习群众语言。群众语言通常是简明有力、句子短、话不多，形象生动地就把意思很好地表达出来了。现在《新农村》上有些文章写得很好，但有的语言就不群众化。如果我们不学习生动的、丰富的、有思想的群众语言，就很难办好这样的杂志。

四是要密切联系群众。李卓然指出，编辑部的同志要深入实际，经常了解和研究区、村工作以及农民群众心目中的实际问题。为了能经常保持与群众的联系，就要广泛地建立农村通讯网，加强与区、村干部的联系。我们决不能满足于表面上的通讯工作，要使通讯工作能代表群众的意见。

五是要批评脱离群众的坏作风。李卓然指出，我们的《新农村》不仅要表扬好人好事，而且要批评强迫命令等脱离群众的作风。通过开展批评和自我批评，帮助干部把强迫命令等坏作风改掉。首先从上边做起，从自己做起，使批评和自我批评养成一种良好的风气，成为教育干部、群众与推动工作的武器。

六是提出对省委、县委的殷切希望。李卓然指出，《新农村》通讯员多了，杂志社的联系工作也多了。社内干部少，怎么办呢？这就需要各级党政领导机关，特别是宣传教育部门来帮助，在省委、县委委托一个或两个同志帮助组织和处理《新农村》的稿件，并经常同他们所属地区的通讯员联系。

座谈会后不久，杂志社合并到宣传部内办公，并成为宣传部农村干部教育的职能部门。为了更好地完成部里交办的任务，杂志社改进和加强了通讯工作，每期刊物发稿后，编辑人员大都要深入农村，调查研究，熟悉农村生活，学习群众语言，促进通讯网的建设。经过一段时间努力，很多县委宣传部都增设了《新农村》杂志通讯干事。他们不仅经常向杂志社撰写和推荐稿件，还推动一些区、村组织起《新农村》杂志读书组。

《新农村》杂志创办以来，每期结合东北农村工作发展实际情况，配合每一阶段的农村政治任务，宣传党和人民政府的各种政策，对区、村干部的思想、工作、学习指导上起了一定的作用，逐渐成为东北地区广大区、村干部，党员和农民群众政治生活、文化生活和生产上离不开的好参谋。1950年刊物发行量从年初的7万多份增加到近15万份。

| 第三节 |

报道巩固新生人民政权、恢复全省国民经济

新中国成立初期，巩固新生的人民政权，建立和稳定社会经济秩序，为恢复和发展生产事业提供安定的社会环境，是各级党委、政府和人民的首要任务。

当时国民党残余势力和流散的军警、特务等各类反革命分子并未全部肃清，这些反革命分子不甘心自己的失败，继续进行各种破坏捣乱活动。为了巩固新生的人民政权，保证国民经济的恢复和发展，1950年10月10日，中共中央发出《关于镇压反革命活动的指示》，要求在全国范围内开展一场大张旗鼓的镇压反革命运动，重点打击特务、土匪、恶霸、反动党团骨干及反动会道门头子，为巩固新生政权，保证各项社会改革和经济恢复工作的顺利进行提供了保障。

1951年《新农村》杂志第43期刊登了洪涛的文章《防奸、防特、防匪 巩固人民民主专政》。刊登了李岳的文章《加强民兵工作》，指出："从朝鲜战争以来，有些暗藏匪特开始活动，有些反动地主，也兴洋展翅不老实起来，他们阴谋捣乱、翻把，破坏咱们贫雇中农的生产劳动果实和国家财产，因此咱们的民兵、自卫队，就要做好防奸防特防匪，看守公路、桥梁、仓库，保护国家财产，管制地富，防止他们的造谣和翻把活动，保卫咱们的房产、粮食和牲畜等胜利果实，不让任何反革命分子破坏和侵犯。"

抗美援朝战争开始后，一些反革命分子到处造谣，进行各种破坏活动，在城市

里搞反动武装、密谋暴动，妄想准备接收；在乡下操纵和组织封建会门，敲诈钱财，强奸妇女，搞翻把，如东北有的反动地主梦想"变天报仇"，趁机翻把，往回要车马、土地和房子。为巩固人民民主专政，保住胜利果实，《新农村》杂志第51期刊登文章《坚决镇压反革命》，以问答的形式解答了"咱们东北是老解放区啦，哪能还有反革命分子呢？"的问题。文章列举了东北反革命分子的种种恶行，并深刻指出，东北人民不可麻痹大意，务必时刻警惕，长期同反革命分子进行斗争，这样，才能使人民安居乐业，才能顺利进行一切建设；第52期全文刊登《中华人民共和国惩治反革命条例》，同时配合条例刊登相关解读文章；第53期刊登文章《关于镇压反革命的几个问题》《民兵在镇压反革命工作中都应当干些啥？》《反革命分子的出路在哪里？》，连环画《特务跑不了》等；第58期刊登《不要上反革命分子的当》；第60期刊登《我抓了一个反革命分子——记一个小英雄张成斌的谈话》等文章。

1950年6月，党的七届三中全会向全党全国提出了"为争取国家财政经济状况的基本好转而斗争"的号召，要求在三年时间内，实现国家财政和经济状况的基本好转，为有计划的经济建设创造条件。从新中国成立到1952年底，在党中央和中共中央东北局的领导下，东北人民依靠工人阶级和广大群众高度的劳动积极性和创造性，在胜利完成土地改革、没收官僚资本、镇压反革命、健全人民民主专政国家制度、发展新民主主义经济以及胜利完成繁重的社会改革和支援抗美援朝战争的同时，胜利完成了恢复国民经济任务，工农业生产达到了历史最高水平。这一切都为开展有计划的经济建设和社会主义改造准备了条件。

宣传中共中央关于农业生产的方针政策。1951年《新农村》第47期刊登《中央人民政府政务院关于1951年农林生产的决定》《农业生产问答——供区、村干部学习并向农民宣传解释用》《在选种上要做到那几点？——东北人民政府农林部队选种的具体要求》《今年推广的三大作物八大品种都是啥？》等文章；第48期刊登《中共中央指示各级党委保证完成今年农业生产任务》；第61期刊登《东北的农业生产，已经超过了解放前的最高水平》《多种棉花，卖给国家》等；第65期刊登有关爱国增产公约方面的文章，如《一件大事——为一亩地多打五升粮而奋斗》《全国农业劳动模范代表订立爱国增产公约》《响应韩恩等劳模代表的号召　保证实行八项爱国增产公约》；第66期刊登《增产节约应该形成一种社会风气》。1952年第2期刊登《增产节约问答》《孟庆余互助组节约粮食扩大再生产》《赵春富互助组怎样开展了增产节约运动》；第3期刊登《认清革命远景，正确地领导农民发展生产》《增产节约运动开展起来了》等。

宣传工农联盟。1951年《新农村》杂志第61期刊登《加强工农联盟建设新中国》《工农联盟一条心》《看，工人阶级的力量多伟大》《咱们多出布匹，好让农民兄弟有衣穿》；第63期刊登《工农联盟团结紧，共同建设新社会——工人农民座谈会记录》，大鼓《工农兄弟会面记》；第64期刊登《关于工农联盟的几个问题》。

宣传改进技术开展增产运动的经验做法。1951年《新农村》杂志第47期刊登《怎样种棉花》《怎样种亚麻》《"苞米杂交"真能多打粮——介绍黑龙江省劳模魏景堂的增产经验》；第49期刊登《怎样增加单位产量》《沙溜子地，变良田》《洼地也能变成好地》《旱田改水田打粮多》等有具体指导性的文章；第65期刊登《高振互助组用什么办法提高了单位面积产量？》《每亩地要增产五升粮》。1952年第1期刊登《多打粮食的窍门在哪里？》，介绍了具体的"秋翻地""改良土壤""选种试种"等方法；第5期刊登《打破靠天吃饭思想，早种、细作，定能防旱——南华村老农座谈防旱经验介绍》；第15期刊登《高坎村农业生产合作社的小麦是怎样得到丰收的？》；第23期刊登《我们应当从肇源县的增产运动中学习些什么？》《我是怎样领导全村实行新耕作法的》。

围绕爱国主义农业生产大竞赛刊登系列文章。1951年《新农村》杂志第45期刊登《展开爱国主义的农业生产大竞赛——劳模的应战和挑战书》《怎样开展爱国主义的农业生产大竞赛》《劳模陈廷山互助组是怎样发展生产的》《不学新技术怎样领导好生产！》《怎样学习农业技术》等文章，营造发展农业生产的浓厚氛围；第48期刊登《山西著名农业劳模李顺达互助组向全国互助组提出挑战》《向李顺达互助组应战》；第60期刊登《爱国丰产大竞赛——全国有四千多个互助组和两千七百个劳动模范向李顺达互助组应战》，对爱国丰产大竞赛进行了总结。1952年第8期刊登《1951年爱国丰产竞赛中东北区都有哪些丰产模范受奖？》，对丰产模范进行了宣传；1952年5月，围绕五一国际劳动节，《新农村》刊登系列文章，如《积极参加爱国增产竞赛运动》《1951年东北工业农业生产发展情况图解》《怎样办好农业生产合作社》《怎样把三大季互助组巩固和逐渐提高到常年互助组？》等。

1952年，政务院作出《关于1952年农业生产的决定》，要求"集中力量提高单位面积产量"。《新农村》杂志1952年第8期到12期，突出进行了有关开展爱国增产运动的宣传报道。如第10期刊登《加强对爱国增产运动的领导》《蔡云互助组怎样修订了爱国增产计划？》《组织起来搞好爱国增产》等文章；第11期刊登《向工人阶级学习，搞好爱国增产》《只有充分发动群众，才能把爱国增产竞赛开展起来》等文章。

宣传妇女在生产中发挥的重要作用。为纪念"三八"国际劳动妇女节，1951年第46期刊登《东北妇联号召全东北农村妇女向成记号屯妇女学习》《吉林省敦化县成记号屯妇女向全省农村妇女挑战，保证做好今年的生产》《成记号屯妇女参加生产的几点经验》《各地妇女坚决要搞好生产向成记号屯妇女应战》《女村长傅亚东是怎样发动妇女参加生产的》《女劳模郭淑贞是怎样发展生产的》《劳动妇女的好榜样——王连生》等文章。

| 第四节 |

报道抗美援朝

1950年6月25日，朝鲜内战爆发。美国立即进行武装干涉，6月26日，美国调动其驻日本的空军和海军部队侵入朝鲜；同时派遣其驻菲律宾的海军第七舰队侵入台湾海峡。随后，美国政府调整对台政策，把侵占台湾作为一项长期政策确定下来。美国的行径不仅严重威胁着中国的国家安全，而且在关键时刻阻挠了中国统一的进程。

面对严峻的形势，中共中央政治局作出"抗美援朝，保家卫国"的决策，组建以彭德怀为司令员兼政治委员的中国人民志愿军。10月19日，中国人民志愿军跨过鸭绿江，与朝鲜人民一起共同抵御入侵之敌。在中共中央和中共中央东北局的领导下，东北人民发扬爱国主义和国际主义精神，一面进行经济的恢复工作，一面开展了"抗美援朝，保家卫国"的伟大运动，在人力、物力等方面进行了充分的动员，为支援抗美援朝战争作出了积极贡献。

1950年《新农村》杂志从第39期起，对抗美援朝保家卫国进行了大量的宣传报道。中心思想有四个方面：美帝侵朝、侵华（历史和现实的）暴行；中朝人民的友谊和唇亡齿寒的关系；美帝是纸老虎不可怕，原子弹不可怕，两个阵营对比还是人民力量大；巩固人民民主专政。除刊登评论文章外，主要采用快板剧、歌谣、鼓词、连环画、时事问答等群众喜闻乐见的形式进行宣传，并发表了大量的群众来信和座谈会发言。

《新农村》杂志在这一时期及时地记录了战事战局及美帝侵朝、侵华暴行。1950年《新农村》杂志第 39 期刊登《为啥我们要支援朝鲜人民反对美帝国主义侵略》《美帝侵华简史》；第 55 期刊登《怎样认识朝鲜战争》；第 56 期刊登《关于朝鲜停战谈判的几个问题与答复》《美国人民反对杜鲁门侵略朝鲜》。1952 年第 5 期刊登《制止美国侵略者在朝鲜散布细菌的滔天罪行》；第 6 期刊登《严厉制裁美国侵略者散布细菌的罪行》《坚决打垮美帝细菌战》《搞好环境卫生，扑灭美帝散布的毒虫》；第 7 期刊登《美国侵略者进行细菌战，只有加速它的死亡》《开展爱国的卫生防疫运动，打败美国侵略者的细菌战》《提高单位面积产量，打击美国强盗——为美国侵略者散布细菌毒虫的罪行给全东北农民的一封信》《我们有信心，有力量彻底粉碎美国侵略者的细菌战——高坎村农民给韩恩的一封回信》等文章。

抗美援朝战争中，志愿军不畏强敌，不怕困难，英勇善战，取得了光辉战绩，《新农村》杂志用比较多的篇幅宣传了中朝人民的伟大斗争。1950 年第 40 期刊登《抗美援朝保家卫国》《朝鲜人民过去是怎样援助我们打日本的？》《一个英勇的朝鲜小姑娘》《老刘出战勤》；第 41 期刊登《保家卫国》；第 42 期刊登《平壤解放了》《四个月来的朝鲜战争》《中国人民志愿部队到了朝鲜以后》等文章；第 43 期刊登《抗美援朝保家卫国（农民课本）》，共分为"光荣的英勇的抗美援朝志愿军""决不让美国鬼子抢夺我们的翻身日子""援助朝鲜兄弟就是保卫我们自己"等 20 课，一次登完。第 49 期刊登《亲妈妈——一个朝鲜族老大娘爱护志愿军伤兵的故事》；第 59 期刊登《蔡大娘抓特务》。在第 60 期刊登的《一年来，中朝人民部队的光辉战绩》中指出：自从 1950 年 10 月志愿军跨过鸭绿江和朝鲜人民并肩作战以来，使美帝国主义受到了严重的损失。从去年 10 月 25 日起到今年 8 月 20 日止，一共消灭美李匪军 29 万余人。打落美国飞机 1070 架，打伤美国飞机 412 架。

1951 年在中国人民抗美援朝总会的号召下，东北各行各业、各阶层人民积极参加生产建设，支援前线。广大农民开展爱国丰产竞赛运动，纷纷组织生产突击队，抢种抢收，多打粮食，增加收入，购买飞机大炮，支援前线。1951年《新农村》第43期刊登《抗美援朝，加紧生产——各地劳模响应韩恩号召，表示生产决心》；第55期以漫画的形式刊登的《搞好爱国生产，捐献飞机大炮》中发出"人人都来抗美援朝，捐献武器支援志愿军"的号召。在第60期刊登的《全国人民热烈捐献飞机大炮》中统计：从6月到8月29日止，全国人民已捐献飞机2398架，大炮170门，高射炮84门，坦克5辆。第65期刊登《努力增产节约，支援中国人民志愿军》《为什么增产节约是加强抗美援朝和国家建设的根本办法？》；第65期封面的内容是"增加生产，厉行节约，支援中国人民志愿军"。

1952年第1期春节文娱活动材料特辑中，以群众"增加生产厉行节约支持中国人民志愿军"为主题设计封面，首篇文章为《增产节约，抗美援朝》；《新农村》杂志1952年第14期刊登《两年来朝鲜战场形势图》，对战争的四个阶段进行分析总结，介绍了1952年的抗美援朝斗争，获得很大的胜利。上甘岭战役充分说明我军力量的强大，我军战士具有高度爱国主义、国际主义和革命英雄主义的精神。1953年第1期刊登《继续加强抗美援朝工作》，为农村今后怎样加强抗美援朝工作指明方向：一是必须继续深入抗美援朝的思想教育；二是必须加强爱国增产节约运动；三是做好一切拥军优属工作。

《新农村》杂志1953年第1期刊登了中国人民第二届赴朝慰问团第七分团代表、中共绥化民吉村（全国模范村）支部书记王喜明赴朝慰问中对中国人民志愿军的亲身感受——《加紧支援我们最可爱的人》，文中介绍：最可爱的人——中国人民志愿军，他们不光是英勇作战，还有高度的爱国主义和国际主义精神；他们在朝鲜和朝鲜的老百姓相处的很好，还给朝鲜老百姓插秧、收割、打场。因此，朝鲜老百姓都说："哪里有志愿军，哪里就多打粮。"在青黄不接的时候，志愿军为了救济朝鲜老百姓每天只吃两顿饭，有时还吃不饱。志愿军热爱朝鲜老百姓，朝鲜老百姓也非常关心志愿军。

1953年4月，抗美援朝战争进入谈判阶段，《新农村》杂志第8期刊登《为争取和平解决朝鲜问题而斗争》，分析形势，表明立场。

1953年7月27日，朝鲜停战协定在朝鲜板门店正式签字，全世界人民渴望的朝鲜停战实现了。《新农村》杂志1953年第15期刊登《朝鲜停战协定签字了》，并以

1953 年 10 月，新农村杂志社派记者参加赴朝慰问团

问答的形式回答了"朝鲜停战协定的主要内容是什么""朝鲜停战协定为什么能够实现""朝鲜停战协定签字，说明了什么问题""朝鲜停战协定签字，是不是朝鲜问题的最后解决呢""在停战协定签字后，我们应如何进一步争取朝鲜问题的和平解决"等问题。

《新农村》杂志 1953 年第 18 期刊登《伟大的胜利》中提出，我们东北全体农村工作同志和广大农民要和全国人民一道，要十分珍惜和极力巩固我们英勇的志愿军用鲜血和生命争取来的伟大胜利，我们要学习志愿军英勇、顽强、无畏的精神，搞好农业生产，用增产粮食、节约粮食的实际行动，来支援工业建设和国防建设。同时，我们还要继续深入地开展抗美援朝运动，继续支援朝鲜人民和中朝人民部队，一直到朝鲜人民重新建立和恢复了他们的和平生活，一直到朝鲜问题得到和平解决为止。

1953 年 10 月 10 日，新农村杂志社派记者高愈勋同志为中国人民第三届赴朝慰问团第七分团的随团记者，到朝鲜慰问朝鲜人民、朝鲜人民军和中国人民志愿军，历时两个多月，访问了朝鲜人民、中朝军队官兵和战斗英雄，写的稿子中有五篇分别发表在《东北日报》和《吉林日报》上。

| 第五节 |

报道工业化建设、进行社会主义改造

一、报道工业化建设

1953 年，我国开始了以实施发展国民经济第一个五年计划为中心的大规模经济建设。在全国的大力支援和苏联的帮助下，经东北人民的辛勤劳动和艰苦奋斗，东北工业发展迅速。在第一个五年计划期间，仅辽宁就初步形成了以冶金、机械、化工、石油、煤炭、电力、建材等工业为主体的重工业基地。东北工业基地的建成，为支援国家进一步开展大规模的经济建设，实现社会主义工业化和国防现代化，奠定了坚实的技术基础和物质基础。

《新农村》杂志 1953 年第 1 期首篇文章《迎接伟大的 1953 年》中对当前的形势和任务作了阐述："经济恢复时期已经基本结束，大规模的有计划的经济建设时期已经到来，在继续抗美援朝的条件下，第一个国家五年计划就要在伟大的 1953 年开始实行了。也就是说，从今天起，我们就进入了为国家工业化而斗争的新时期。"

《新农村》杂志 1953 年第 7 期刊登《关于国家大规模经济建设问题》中对"进行大规模经济建设，为什么必须把实现国家工业化当做头等重要的任务"问题进行了回答：第一，实现国家工业化可以使我国工农业生产大大地发展起来，全国人民的生活得到改善；第二，实现国家工业化，可以使我国人民民主政权更加巩固；第三，实现国家工业化，可以更加增强国家的国防力量；第四，实现国家工业化，就能保障我们国家在经济上得到完全的独立。文中还回答了"要想使国家工业化，为什么必须先发展重工业"问题：重工业就是生产"生产资料"的工业，只有发展了重工业，特别是机器制造工业才能为国家工业化打下底子，使我们的国家早日走向工业化。只有使重工业发展了，才能使我国整个生产事业，大大地发展起来，建设成一个独立、富强的国家。

中央人民政府委员会在 1953 年 2 月 12 日通过了 1953 年的国家预算，表明我国开始进入有计划的大规模建设的新阶段。《新农村》杂志 1953 年第 7 期刊登《和平与建设的预算——我国 1953 年的国家预算》，以图解的形式说明计划中的工业生产量和农业生产量。1954 年第 23 期发表了《为了我们永久的幸福——谈谈为什么要发展重工业的问题》，从三个方面说明只有着重发展重工业，才能保证国家的经济独立，保证国防巩固，保证人民生活不断改善，保证在我国建成社会主义。

1953 年到 1957 年，国家实施第一个五年计划，将重工业建设的任务放在东北，确定"第一个五年计划的中心任务之一是基本上完成以鞍山钢铁联合企业为中心的东北工业基地的新建、改建，其中包括抚顺、阜新的煤矿工业，本溪的钢铁工业和沈阳的机器制造业"。为配合国家工业建设的宣传，《新农村》杂志从 1953 年第 18 期开始策划了"在国家工业化道路上前进"专题，分别报道了《雄伟壮丽的祖国钢都——鞍山》《我国第一座近代化的大型轧钢厂》《我国第一座无缝钢管厂》等。1955 年第 7 期刊登《一座汽车工业城——介绍我国正在建设中的第一汽车制造厂》。1955 年第 8 期刊登《祖国工业的一个大粮仓——介绍我国最大的阜新海州露天煤矿》，介绍了阜新海州露天煤矿的建设情况；第 18 期杂志封底以图文并茂的形式宣传了鞍钢建设两年多的成就：大型轧钢厂 1955 年上半年生产的产品比上一年同期增加了 142%。

《新农村》杂志还浓墨重彩地报道了农业劳模访问鞍钢的情况。1954 年 1 月 24 日，东北六省 21 位农民代表——著名的农业劳动模范访问了鞍山的许多工厂，与鞍山的工人们进行联欢。1954 年第 3 期选取了一部分农业劳动模范访问鞍钢的感想，发表了《巩固工农联盟，建设我们伟大的祖国——东北农业劳动模范访问鞍钢的感想》，文章共分三个部分表达参观感受："参观了鞍钢的三大工程，我们看到了祖国社会主义工业化的光辉前途""农业离不开工业的领导和援助""要学习工人阶级伟大创造、艰苦奋斗的精神，搞好互助合作，多打粮食，支援国家社会主义工业化。"

东北为建成独立、完整的工业体系和国民经济体系，为我国的改革开放和现代化建设作出了历史性的重大贡献。"一五"结束时，仅辽宁的固定资产原值就占全国的 27.5%，居全国第一位，工业总产值占全国的 16%，居全国第二位。辽宁成为新中国成立以后最早建成的全国重工业基地和军事工业基地。这一时期，《新农村》杂志为在国家建成工业基地的宣传作出了应有贡献。

二、报道农业的社会主义改造

1953 年 8 月，中共中央提出了"逐步实现国家对农业、手工业和资本主义工商业的社会主义改造"的过渡时期总路线。在过渡时期总路线的指引下，东北开展了对农业、手工业和资本主义工商业全面的社会主义改造。

《新农村》杂志 1953 年第 22 期全文转载人民日报社论《必须大张旗鼓地向农民宣传过渡时期的总路线》，第 23 期刊登周平、李普有关宣传过渡时期总路线的文章，第 24 期转载了廖盖隆的《我们的国家要进行社会主义改造》的文章，连续三期都是以宣传总路线为中心。

依据办刊宗旨和读者对象特点，《新农村》杂志主要围绕对农业的社会主义改造进行了重点宣传报道。《新农村》杂志 1954 年第 1 期刊登中共中央东北局农村工作部部长赵德尊的署名文章《在合作化的道路上胜利前进》，文章提出，在东北地区争取 1954 年发展农业生产合作社达到现有社的一倍半。要求"区级干部普遍学会办社经验"。同时发起《区委怎样领导农业生产合作社和区干部怎样学会办社》的征文。这一期还发表了东北局宣传部郭小川、陈泽然《实行总路线要巩固工农联盟》的重要文章。文章针对"共产党不爱工人爱农民""工人生活比农民好得太多了""发展工业是不是剥削农民"等一些错误认识，用很有说服力的事实和道理作了阐述。

1953 年 12 月通过的《中共中央关于发展农业生产合作社的决议》，明确了发展农业生产合作社的目标和方针政策。《新农村》杂志 1954 年第 2 期全文刊登了决议，同时刊登《认真学好中共中央关于发展农业生产合作社的决议》。

1954 年，全省各地认真贯彻中共中央提出的"积极领导，稳步前进"方针，在多数地区结束了领导试办的阶段，转入了群众性大发展阶段。改变了历年集中在冬季建社的老做法，在挂锄期间建立了一大批新社，基本上满足了当时农民群众参加合作社的需要和要求，使农业合作化运动有了空前的发展。《新农村》杂志 1954 年第 3 期刊登《农业生产合作社问答——关于建社的方针和条件问题》《怎样宣传农业生产合作社的优越性》《1953 年东北区试办的农业生产合作社有哪些优越性表现得更加明显》《我们是怎样结合整社建社进行合作社优越性教育的？》等文章。

《新农村》杂志 1955 年第 1 期刊登作者李军的文章《戒骄戒躁，再接再厉，为争取实现农业基本合作化而奋斗》。文章指出，1954年辽宁省已发展到31000个农业社，入社农户已达总农户的32%，因此，农村党支部目前的中心任务就应当是为争取在1955年实现基本合作化而奋斗。这一期还刊登了《谈谈农业社会主义改造的方针步骤问题》，以问答的形式介绍了农业社会主义改造的内容、步骤和做法、特点等问题。

1955年7月，毛泽东在中国共产党第七届中央委员会第六次全体会议（扩大）上作了《关于农业合作化问题》的报告。《新农村》杂志1955年第21期全文刊登毛泽东的这个报告和《中国共产党第七届中央委员会第六次全体会议（扩大）关于农业合作化问题的决议》；第22期以20个版面全文刊登《农业生产合作社示范章程草案》。

1956年，《新农村》杂志对高级社进行了宣传，如第1期刊登《克山县曙光农业合作社怎样由初级社转为高级社》；第3期刊登《办高级社有什么优越性》《有关转高级社若干经济问题的解答》《新华高级社怎样建立生产秩序》；第14期刊登《克山县前进农业社党支部创造领导高级农业社的新经验》。

《新农村》杂志1956年第8期至第10期着重宣传了勤俭办社的方针，连续发表了《认真执行勤俭办社的方针》《继续坚持勤俭办社》《有关勤俭办社若干问题的解答》《为什么要勤俭办社》《一贯坚持勤俭办社的好榜样》等系列文章。

1956年6月至年末，《新农村》杂志着重宣传了民主办社的方针，如第11期刊登《党员必须关心社员群众的疾苦，倾听社员群众的意见，密切与社员群众的联系》（党课参考材料）；第12期刊登《由大包大揽到集体领导》《社干部必须加强群众观念》；第13期刊登《发扬民主是办好合作社的一项宝贵经验》；第15期刊登《必须尊重社员的选举权》（来信）和《农业社的领导人员必须由社员选举产生》（短评）；第16期发表了两篇观点对立的文章：一篇是辽阳县铧子区新农业社12名社员的来信，信里对本社的某些社干部脱离群众、强迫命令的思想作风提出了批评；另一篇是这个社的干部对社员来信提出了"不同的看法"，编辑部就这两封来信发起了"依靠谁办社的讨论会"，讨论会持续到当年年末。

1957年第2期到第6期，《新农村》杂志加强了农村"整社"的报道，连续刊登《全面地正确地认识这些问题》《整社工作问答——怎样正确地认识和对待整社工作》

《大力宣传合作化的伟大成就》《办好合作社　争取大丰收》等评论文章，强调在整社工作中要理直气壮地宣传合作化的成就，保护基层干部办社的积极性。还开辟了新的专栏，如《整社杂谈》，刊登《群众路线是党的传家宝》《在合作化道路上勇往直前的共产党员们》《整社工作问答》等文章。

| 第六节 |

《新农村》杂志向党刊过渡

一、《新农村》杂志服务党的建设工作

1951 年 3 月，《新农村》杂志第 47 期开始转变编辑方针，新设了"党的生活"专栏，改变了过去存在的时事政策宣传多，党的建设和党的基本知识宣传不够的问题，连续刊登《共产主义社会是什么样子？》《共产主义问答》《怎样做个好党员？》（八讲）等文章。

1951 年 3 月末，东北局宣传部《第一季度工作的基本总结及第二季度的主要工作》中，肯定了《新农村》杂志新增加的《党的生活》专栏。1951 年 6 月，东北局宣传部干部教育处六月份工作计划中要求："《新农村》在纪念'七一'时，着重贯彻农村中的党群关系和批评与自我批评，为预定整风学习进行思想上的准备工作。"为纪念"七一"和贯彻党中央两个重要文件，编者以复信的形式，在 30 期首页发表《党和群众的联系——纪念"七一"党的生日》，同时刊载《怎样密切党和群众的联系》的征文选登及北其的文章《谈谈批评和自我批评》。1951 年 7 月 4 日，东北局宣传部在给东北局的报告中说："《新农村》现发行近七万份，在农村干部、党员中已有相当基础，在全国工农通俗出版物中也是较好的一个。"1951 年 7 月 28 日，东北局宣传部召开的部务会议认为，半年来，《新农村》杂志改变了过去一般时事政策多，党的基础知识少的现象，增加《党的生活》栏目以后"对农村支部教育起了很大作用"。会议对《新农村》杂志下半年编辑工作重点指明方向：配合整党教育系统介绍党的基础知识；结合农村生产、当前政策，加强党的原则教育，特别要着重于表扬好的典型。

1951 年 7 月 30 日，根据东北局宣传部的指示，新农村杂志社召开第二次通讯员座谈会，东北地区省、市宣传部代表，县委组织部、宣传部部长，区、村党组织负责人等 42 人参加会议。会议中心议题是"着重研究农村干部、党员和群众的思想状况"，这次座谈会为东北局宣传部 9 月召开的"农村宣传工作会议"提供了情况资料，作了会议准备。8 月 25 日，在东北局宣传部发出的《关于召开农村宣传工作会议的通知》中，附上了"从新农村杂志社通讯员座谈会上反映的一些农村党员的思想情况"。

1951 年 10 月 4 日，《东北局宣传部报刊处关于几个通俗刊物初步核查意见（草稿）》对《新农村》给予肯定的评价：《新农村》通过《党的生活》栏目加强对农村党员的教育，起了一定的作用，受到群众欢迎。

在东北局宣传部的指导下，《新农村》杂志有关党的建设工作的稿件更加丰富。《新农村》杂志 1952 年第 22 期刊登《共产主义与共产党教育参政材料（初稿）》，分四讲，一次登完。1953 年第 7 期《组织起来是由贫苦变富裕的必由之路——中共绥化县民吉村支部是怎样领导互助合作运动的？（之一）》，连续刊登四期。1953 年第 12 期发表中共中央东北局农村工作部部长赵德尊的文章《东北农村共产党员的光荣责任》；第 14、15 期合刊发表了东北局组织部党员管理处的长篇文章《加强农村发展党、巩固党的工作，迎接合作化运动的新高潮》。

这一时期，《新农村》杂志在总结党建工作经验，为其他地区提供启示方面也发挥了重要作用。中共黑山县八区区委在培养大兴村支部的工作中，区委善于发挥支部的作用，善于加强对支部的领导，善于依靠支部来进行各项工作，不仅很快地完成了任务，并且提高了大兴村支部的工作水平，使这个支部充分发挥了战斗堡垒作用。大兴村支部在 1954 年 1 月受到辽西省委的奖励，被评为模范村支部，村支部书记被评选为模范村干部，该村支部的做法形成文章《中共黑山县大兴村模范支部领导互助合作运动的经验》，刊登于《新农村》杂志 1954 年第 8 期。

在总路线的指引下，农村中合作化运动有了比较迅速的发展，这就要求农村支部党员在数量上、居住的分布上，特别是党的质量上与互助合作运动的发展相适应。为防止农村发展党员工作中存在不适应新情况的问题，《新农村》杂志 1954 年第 21 期刊登《认真贯彻"积极审慎"的建党方针——正确的估计目前党员发展的状况》《什么样的人可以入党——谈谈我们的认识和体会》《中共庄河县曹隈村支部是怎样做好建党工作的？》《中共舒兰第十区委在建党中存在的几个问题》《不断地提高党员的觉悟水平——中共龙王庙村支部教育党员的几点经验》《支部工作问答——关于候补党员候补期问题》《农业生产合作社工作问答——关于支部领导巩固新社工作问题》《中共郭帽屯村支部怎样领导新社解决遗留问题及时转入生产的》等文章。

1955 年第 2 期开始，《新农村》杂志连续以显著位置刊登《农村支部党员学习党的七届四中全会决议参考材料》（党课教材），到第 13 期 12 讲全部刊登完成。

《新农村》杂志 1955 年第 11 期刊登《农村党支部怎样做好建党工作》，回答了"为什么要重视做好建党的工作"等问题；第 12 期刊登《共产党员必须坚决执行党的政策》；第 18 期刊登《农村共产党员要带领广大农民积极迎接农业合作化运动继续高涨的新形势》；第 20 期刊登《充分发挥农村共产党员在农业合作社中的模范作用》。

为了帮助农村支部党员明确农村支部的具体任务，做好支部工作，1956 年 3 月，《新农村》杂志编写了支部党员学习参考材料，分六期六个题目讲解党的农村支部的六项具体任务和具体工作：第一项是经常宣传党在过渡时期的总路线及其各项政策，坚定不移地领导农民群众走社会主义道路；第二项是积极组织和领导好以合作化为中心的爱国增产运动，保证完成国家的增产计划；第三项是统一领导全乡（村）各种组织，充分发挥各种组织的作用；第四项是关心群众的生活，倾听群众的意见；第五项是加强对党员和候补党员的教育，健全支部的组织生活；第六项是积极慎重地吸收新党员，加强对党员的监督。

《新农村》杂志 1956 年第 19 期全文刊登毛泽东同志《中国共产党第八次全国代表大会开幕词》和《中国共产党第八次全国代表大会关于政治报告的决议》以及中央委员名单；第 20 期刊登《"八大"文件学习问答》《新党章学习问答》和根据"八大"通过的新党章编写的《共产党员的义务和权利（党课学习参考材料）》；第 22 期开辟《新党章讲话》专栏，连续发表了《为什么要修改党章》《党的群众路线》《民主集中制是党的根本的组织原则》《党的团结和统一》等文章。

二、《新农村》杂志读者对象的变化过程

1954年初，经过新农村杂志社全体同志的总结和东北局宣传部宣传处务会议讨论拟定《为没有错误的刊物和提高刊物的质量而斗争》的工作规划，对刊物对象、任务和要求重新作了说明:《新农村》是以区干部为主的区、村干部，农村党员，宣传员为对象的通俗的政治性综合刊物。1954年的主要任务是，以贯彻党在过渡时期的总路线为总方针，仍以农业社会主义改造为中心，有计划地加强国家社会主义工业化和工农联盟的教育，继续深入抗美援朝、反对帝国主义和国际主义的宣传。

1954年6月，中央人民政府作出了《关于撤销大区一级行政机构和合并若干省、市建制的决定》，决定撤销辽东、辽西两省建制，合并成立辽宁省;同时将沈阳、旅大、鞍山、抚顺、本溪等5个中央直辖市，改为辽宁省辖市。1954年7月25日，辽宁省筹备委员会成立。8月1日，中共辽宁省委员会及辽宁省人民政府正式成立。1954年8月至1960年9月，辽宁省委隶属中共中央领导;1960年9月，中共中央东北局成立后，受中共中央和东北局领导。这一时期，省委工作机构设有办公厅、组织部、宣传部、财政贸易部、基本建设部、农村工作部、工业部、统战部、纪律检查委员会、国际活动指导委员会、辽宁日报社和省委党校。随着形势的发展和任务要求，省委工作机构有过增设、撤销、合并的变化。新农村杂志社由中共辽宁省委宣传部直接领导，杂志由辽宁人民出版社出版。

1955年12月，《新农村》杂志的读者对象有重大改变。由原来的以区、村干部为主要对象，改变为以农村党的基层组织和农村共产党员为对象。《1955年〈新农村〉业务改革初步总结和今后革新方案〈初稿〉》中说，新农村编辑部在进行业务改革的时候，经过调查研究，学习各地报刊改革经验，对刊物的读者对象、方针任务，有了比较明确的一致认识，并确定《新农村》是面对农村党的基层组织和农村共产党员的通俗政治刊物。主要任务是:通俗解释党的基本知识，向党员进行共产党和共产主义的教育;交流党员在工作上、思想修养上、学习上的经验，帮助党员解决疑难问题;编写支部参考教材。

1956年3月制定的《新农村杂志社1956—1957年工作规划》中对刊物的读者对象、方针任务又有新的规定:《新农村》是以农村共产党员、非党积极分子为主要

对象的政治性通俗读物。主要任务是向读者进行党的基本知识教育、进行合作化政策教育、进行总路线教育。根据读者的文化程度和接受能力，必须坚决贯彻通俗化、群众办刊方针，反对一切脱离实际、脱离群众的偏向。近两年的主要宣传教育内容是：八大决议的宣传教育、新党纲党章的宣传教育、农业发展纲要的继续宣传教育、支部怎样领导农业社的宣传教育、建党和巩固党的工作的宣传教育、党员在社里的任务的宣传教育、粗浅的社会发展史的知识教育。

1958年1月出版的第2期《新农村》在封底刊登的征订广告中，第一次标明《新农村》是"初级党刊"：《新农村》杂志是"以农村党的基层组织和农村共产党员为主要读者对象的公开发行的通俗的初级党刊"。《新农村》的任务，是经常地生动活泼地介绍有关共产党和共产主义的基本知识；通俗地解释党的有关重大决议和政策；介绍农村基层党组织整顿党内思想作风的经验，领导生产、整风等各项工作的经验；表扬共产党员在建设社会主义新农村方面的模范事迹，批评某些党员的不良思想作风，帮助加强党性锻炼。这个征订广告在《新农村》连续刊登8期。

自公开标明《新农村》是初级党刊以后，编辑方针进行了重大改变，党刊的内容逐渐增加，特别是从1958年4月末以后，"党刊"的特色更加鲜明，除了原有的《整党工作讲话》《整风整党参考教材》等栏目外，又新设立《党员来信》《党员一件事》《党员问事处》《党外同志来信》《党的历史知识》《支部监察工作问答》《党员小故事》《党小组》等栏目。另外，还在每期内容介绍《在这一期里》专栏中，强调了杂志的党刊性质。

《新农村》杂志1958年第14期封面上正式标出"初级党刊"字样。由此，《新农村》杂志的名称变为《新农村（初级党刊）》。在封底的订阅广告中，对《新农村》杂志进行宣传：

党刊《新农村》，办给党员看，非党同志订，也不受局限。刊物啥模样？四个大特点：党性最突出，内容最新鲜，文章最通俗，篇幅最精短。期期登些啥？概括有四点：谈党的学说，谈党的路线，谈领导方法，谈党性锻炼。期期有中心，品种多齐全。有党课材料，有先进经验，有问题讨论，有思想杂谈，有问题解答，有党员论坛，又有知心话，又有大家谈，有三言五语，又有编后感，有党史知识，有领袖名言，有非党来信，有图画连环，有文化生活，有民歌诗篇。栏目真不少，一时说不完。党员喜欢啥，还要随时添。大家订来看，跃进有本钱，思想大解放，巩固人生观；工作有帮手，添个好伙伴。和它交朋友，又红又能专。努力争上游，实现总路线。

共产党员

第二篇

——

社会主义革命
和建设时期的辽宁党刊

（1956 年 9 月至 1978 年 12 月）

第三章

建设国家工业基地时期

《共产党员》杂志创刊

1956 年，我国基本进入了全面建设社会主义发展时期。在新的形势下，我国各族人民革命热情高涨，斗志昂扬，辽宁大地呈现出万象更新的局面。在这一历史背景下，辽宁省委开始酝酿筹备创办《共产党员》杂志。

1956 年初，辽宁省委宣传部经请示省委同意，决定出版一个公开发行的刊物，目的是加强指导基层党的组织建设，交流基层工作经验，对广大党员和群众进行社会主义和共产主义教育。省委宣传部抽调了王文秀、张庆吉和胡广志等几名同志，还从沈阳市委宣传部调来了王哲进、赵凤玲、袁英莲同志。王哲进同志任总编辑，王文秀任总编室主任。这个刊物的正式名称当时还没有确定下来，倾向于叫《支部生活》。当时全国有几个省、市已经出版了《支部生活》《党员教育》等杂志。有一次，王哲进、王文秀、张庆吉和胡广志等同志议论要办的这个刊物名称时，胡广志说，我们刊物既然是以基层党组织和广大党员为主要读者对象，就叫《共产党员》怎样？既体现了刊物的主要读者对象，又和其他省市出版的刊物名称不重复。几位同志听了说叫《共产党员》可以考虑。经请示省委宣传部领导同志，刊物定名为《共产党员》，并请省委第一书记黄欧东同志书写"共产党员"四个字刊名。

1956 年 8 月 1 日，共产党员杂志社编辑出版了《共产党员》试刊第 1 期，沈阳新华印刷厂印刷，32 开本 40 页，共刊发了 18 篇文章，20 幅漫画插图。印数 10 万册。

1956年《共产党员》创刊号封面

在这期试刊中，编辑部在《编者的话》栏目中向广大读者介绍了《共产党员》杂志的出版目的和努力方向。明确提出："这是一本面向工矿企业党员和职工的政治性通俗读物。它的主要内容是：通俗地宣传与解释党的方针、政策和决议，浅显地阐述党的建设的基本原则，生动地反映党员、群众的意见和要求，具体地交流企业基层党组织活动的经验。""要办好这个刊物，首先就是依靠大家的支持，发挥大家的智慧和力量。我们热烈地希望全省各个工矿企业、党的基层组织和每一个党员同志，多和我们联系，多写稿子，多反映情况给我们。以便通过大家的共同努力，使这个刊物健康地成长起来，在党的建设事业中，发挥它一定的作用。"

1956年8月16日，《共产党员》试刊第2期出版。在这期试刊中，开设了《小言论》《支部活动简讯》《生活小故事》《答读者问》《小品》《时事讲话》《编者的话》等栏目，共发表了20篇文章，22幅漫画插图，印数10万册。

1956年9月1日，共产党员杂志社正式编辑出版了《共产党员》杂志创刊号。总发行者为辽宁省邮电管理局，印刷者为沈阳新华印刷厂，32开本40页，共发表了22篇文章，24幅漫画插图，本期印数19.1万册，为公开刊物。主要栏目有《创刊寄语》《小言论》《支部经验交流》《支部活动简讯》《经验介绍》《三言两语》《党的基础知识问答》《小品》《编者的话》等。《共产党员》创刊号标志着《共产党员》杂志正式公开编辑出版发行，为辽宁党刊史写下了光辉的一页。

创刊号发表《必须关心群众生活》一文指出，关心群众生活，必须树立起坚强的群众观点。我们应当全面地关心群众，要担负起支部的任务，尽到共产党员的义务。要深入地了解群众的疾苦，解决群众的困难，具体地分析研究群众提出的有关生活方面的各种实际问题。

1956年9月16日，《共产党员》杂志第2期出版。这期间正值党的第八次全国代表大会召开之际，《共产党员》杂志紧紧围绕学习宣传贯彻落实党的"八大"会议精神，展开了全面的报道。从栏目设置到文章内容，从版式设计到漫画插图，都以宣传党的八大精神为主线，从各个方面进行了报道。

在栏目设置上，开设了《庆祝党的第八次全国代表大会的召开》《中国共产党历次代表大会介绍》《共产党员在群众中》《政策浅释》《思想杂谈》《答读者问》《小言论》《支部工作经验》《党的基础知识》《小品文》《时事解说》等。

《共产党员》杂志第 17 期发表了《纪念本刊创刊二周年致读者》的一封信，信中写道："本刊自从 1956 年 9 月 1 日创刊，迄今已经整整两年了。两年来，本刊质量得到了不断提高，基本上起到了应有的作用。它配合党在各个时期的中心工作，阐明了党的方针政策；交流基层支部工作经验；提高了广大党员和职工群众的社会主义思想觉悟，已成为读者的好朋友。如本刊今年第 3 期发表了《我要宁愿当一辈子傻瓜》以后，许多读者来信表示要向这位'傻瓜'学习，学习他牺牲个人利益服从国家利益的崇高品质。许多党员读者和本刊已经结下了亲密的友谊，养成了坚持阅读的习惯。大连造船厂有一位老工人，一字不识，却一直订阅本刊，原来他是常让女儿念给他听。"

根据当时形势需要，《共产党员》创刊时，要求于一年内赶上全国同类刊物的先进水平，达到六性、五要、除六害。六性即及时性、准确性、鲜明性、生动性、深刻性、群众性；五要即文章要短小、标题要生动、品种要多样、文字要通俗、排版要艺术；除六害即消除政治错误，消除事实错误，消除数字、人名、地名的错误，消除技术错误，消除文理不通，消除私密泄密。在编辑部的努力下，很好地达到了预期目标。

| 第二节 |

《新农村》杂志更名为《好党员》杂志

《新农村》杂志自创办以来，一直是一本深受读者喜爱的刊物。

为充分发挥刊物的宣传指导教育作用，1958 年 7 月，开始筹划《新农村》更名为《好党员》。其理由是：便于和读者联系；可以扩大刊物的发行数量；符合刊物内容，也是读者要求；可避免同全国其他同类刊物重复；农村迫切需要有一个初级党刊性质的刊物。8 月，经省委同意，《新农村》更名为《好党员》。改名后，机构设置为：总编室，在总编辑直接领导下，负责编辑、群众、社内思想政治工作以及日常行政事务工作；编辑部划分为城市、农村、党的生活三个专业组，另设美术编辑、资料员各一人。副总编辑汤光亘主持工作。

1958 年 9 月，《新农村》正式更名为《好党员》。

《好党员》杂志第 2 期发表了《让共产主义思想挂帅》等多篇文章，集中介绍了党组织在建社前后的思想政治工作经验，树立"我为人人，人人为我"的高尚风格和共产主义协作精神等。这期的《答读者问》《党员小问答》等栏目，围绕人民公社化经济处理和建设中的纪律等问题发表了文章。第3期，开设了《共产主义教育问答》和《大破资产阶级思想，大立共产主义思想》栏目，发表了一批有关文章，还刊登了《刘少奇同志谈过渡到共产主义的几个问题》的文章。

《好党员》杂志第8期，全文刊登了《中国共产党第八届六中全会公报》和《关于人民公社若干问题决议》。

好 党 员

（原名 新农村）

1958年9月《新农村》更名为《好党员》

1959年1月，《好党员》杂志第1期集中报道了党的八届六中全会精神。首篇以《坚持实事求是和群众路线的工作作风》为题的评论，讲到了"要做到十分指标，十二分措施"，"尊重唯物论，尊重辩证法"，任何浮夸的形式主义作风，都是同共产主义风格不相容的，对于我们的事业只会造成损害。从这一期开始连续发表了"社会主义和共产主义教育教材"和人民公社若干具体政策问题解答。

《好党员》杂志第18期，重点宣传报道了新中国成立十周年。开设了《伟大的祖国，伟大的十年》横标专栏。

《好党员》杂志第 21 期，围绕农村社会主义教育运动进行了报道。首篇发表了以《一定要把社会主义教育运动搞深搞透》为题的文章。以《坚持走社会主义道路，把社会主义革命进行到底》为题，发表了在省委宣传部领导下组织编写的长达 9 万多字的农村社会主义、共产主义教材。

1960 年《好党员》杂志第 13 期，围绕党支部开展学、比、赶、帮进行了报道。在《大搞学、比、赶、帮群众运动，提高支部战斗堡垒作用》的横栏标题下，发表一组有关文章，并在编者按中指出：支部工作的"学、比、赶、帮"运动，是我们省农村支部工作评比竞赛的进一步提高和发展，是贯彻今年六月份省委召开的组织工作会议所发出的号召。

从《好党员》杂志第 13 期开始，开设了党课《做一个共产主义革命战士》栏目，发表了《发扬廉洁奉公、大公无私的美德》《坚持和群众同甘共苦，发扬艰苦奋斗的革命传统》《共产党员必须永远坚持实事求是的工作态度和工作方法》等文章；第 14 期发表了《加强党的组织观念，认真地贯彻执行党的路线方针政策》《必须扎扎实实地学会做好经济工作》《深入发扬调查研究的作风》；第 15 期发表了《养成对具体问题进行具体分析的习惯》《认真地正确地开展批评与自我批评》；第 16 期发表了《树立无产阶级的雄心大志，发扬敢想敢干的共产主义风格》；第 17 期发表了《共产党员必须具有发奋图强的革命精神》《发扬党的勤俭节约的优良传统》。这些党课教育内容，对加强党员队伍建设，推动各项工作起到了重要的作用。

第四章

经济困难时期

20 世纪 60 年代初期，我国经济出现了非常困难的局面，工农业比例关系严重失调，商品匮乏，供需矛盾突出。通过调整来克服经济困难，就成为迫在眉睫的任务。

根据中央有关指示和中共中央八届九中全会精神，辽宁省委领导全省各级党组织深刻总结"大跃进"的经验教训，大力发扬党的实事求是作风，进一步密切党群、干群关系，认真纠正"左"的错误，推动了国民经济的发展。从 1961 年起，辽宁省委认真贯彻执行"调整、巩固、充实、提高"八字方针，迅速开展了工交、基本建设、农业、科技文化教育事业的调整，全省社会主义建设和各项工作得以顺利进行。在此背景下，适应新形势新要求，需要对刊物进行调整、合并。

| 第一节 |
《共产党员》杂志与《好党员》杂志合刊

1961 年 1 月，中共辽宁省委共产党员杂志社、中共辽宁省委好党员杂志社联名向省委作了《关于〈共产党员〉〈好党员〉两个刊物合并出版的请示》。请示中阐述了合并后的刊名、性质、对象、方针、任务；刊物的发行工作；机构与干部调整；期刊与发稿日期等。请示中提到，鉴于现在客观形势的发展，为了便于向城乡广大党员全面宣传党的方针政策，全面宣传"以农业为基础，以工业为主导"的思想，进一步加强工农联盟的教育；同时也为了精简机构，节约纸张，集中人力，提高期刊质量。根据省委宣传部的指示，打算从当年 2 月份起，把两个刊物合并出版一本

1961年3月，《好党员》杂志和《共产党员》杂志合刊后出版的第1期《共产党员》

城乡兼顾的刊物。

合并后的刊物定名为《共产党员》，仍为公开发行的初级通俗党刊，以城市厂矿企业和农村广大党员、非党积极分子以及党的基层干部为主要对象。合并后的《共产党员》仍为半月刊，每月10日、25日出版。

合并后的共产党员杂志社机构设置有总编室、城市组、农村组。总编辑由中共辽宁省委宣传部副部长石飞兼任，副总编辑汤光伍（兼中共辽宁省委宣传部党员教育处处长）。不久后，石飞不再兼任，改由汤光伍担任总编辑。

3月3日，发表了《两刊合并后给通讯员的一封信》。信中针对合并后的《共产党员》任务更重了、对刊物要求更高了的新情况，向广大通讯员提出了三点要求：首先，希望通讯员能经常向编辑部反映情况；其次，希望经常给党刊写稿；第三，希望热心推广党刊，指导和组织群众阅读党刊。

3月10日，合刊后出版的《共产党员》杂志第1期，就两刊合并的原因、新刊物读者对象、任务等，发表了《敬告读者》：

为了适应客观形势发展的需要，更好地更全面地向城乡党的基层组织和广大党员、非党积极分子宣传党的方针、政策，改进和提高刊物质量，省委决定把过去出版的《好党员》和《共产党员》两个初级党刊合并，改版出《共产党员》。新刊物的第一期现在和大家见面了。

合并后的《共产党员》，是以城市厂矿企业和农村的广大党员、非党积极分子和党的基层干部为主要对象的。其任务是：紧密结合省委各个时期的中心工作，密切联系群众的思想情况，宣传形势和任务，宣传党的总路线和各项方针、政策，宣传毛泽东思想；交流党的基层工作经验；向党员进行党的基础知识教育，介绍党员先进事迹，开展批评与自我批评。

合刊后的《共产党员》杂志，正值1961年1月14日至18日在北京召开的中国共产党第八届九中全会之后。八届九中全会正式通过了"调整、巩固、充实、提高"的八字方针，并决定在农村深入贯彻《十二条》，进行整风整社。会上，毛泽东同志号召党大兴调查研究之风。从中央到地方的各级主要领导人，纷纷深入基层，进行调查研究，总结正反两个方面的经验，着手解决各项实际工作中存在的问题。为了宣传贯彻八届九中全会精神，合刊后的《共产党员》杂志重点报道了调查研究等方面的内容。

《共产党员》杂志第1期发表了以《认真调查研究，正确指挥生产》为题的文章。开辟了《学习毛主席著作笔谈会》栏目，为了贯彻《十二条》，还及时宣传报道了有关政策问答方面的内容。

《共产党员》杂志第2期发表了评论文章《加强思想政治工作是党支部的首要职责》，文章提出：加强思想政治工作是党的工作的首要职责。因此，思想政治工作也是支部最重要的任务。善于抓住先进的事物，善于抓住积极的因素，大力宣传先进标兵，提倡先进思想，就成为当前思想政治工作最重要的方法。

针对当时出现的困难，《学习毛主席著作笔谈会》以"没有调查就没有发言权"为题，发表了《进行调查研究是做好工作的前提》《知己知彼，才能百战百胜》两篇学习心得体会，并加了编者的话，提出"让我们每个党员、干部、工人和社员同志，都牢记毛主席教导我们的'没有调查就没有发言权'的金玉良言"。这期还开设了《党的建设问题讲话》专栏。

在庆祝中国共产党成立40周年之际，《共产党员》杂志第7、8期合刊发表了时任中共辽宁省委组织部副部长庞然撰写的《加强调查研究　密切联系群众——纪念中国共产党诞生四十周年》一文。

《共产党员》杂志第 11 期发表了《关于现阶段人民公社性质等若干问题解答》，回答了"现阶段农村人民公社是什么性质的？""为什么必须要以生产大队的集体所有制为基础的三级集体所有制，作为现阶段人民公社的根本制度？""社会主义和共产主义有什么区别？""共产主义和平均主义有什么区别？"等一系列问题。

《共产党员》杂志第 13 期发表了《中国靠我们来建设，我们必须努力学习》的文章。结束语引用了刘少奇同志在庆祝中国共产党成立四十周年大会上的讲话中向全体党员发出"在全党开展一个新的学习运动，这是当前最重要的事情"的号召，指出了在今天之所以"当成最重要的事情"提出来，是因为在我们这样一个具有六亿五千万人口的大国中，进行社会主义建设，是一项崭新的、极为复杂和艰巨的事业，和这个事业比较起来，我们的经验还很不足，对社会主义建设的客观规律掌握得还不够。进而指出，许多同志在工作中感到办法少、苦恼多，真实地反映了这种客观实际情况。

| 第二节 |
充分发挥党刊的宣传作用

合刊后的《共产党员》杂志，坚持理论联系实际，坚持正确的舆论导向，积极宣传报道党的路线方针政策，让刊物成为读者的知心朋友，让刊物更加贴近读者，贴近生活，充分发挥了党刊的宣传教育作用。

1962 年 1 月 11 日至 2 月 7 日，中共中央在北京举行了扩大的工作会议。参加会议的有七千多人，又称"七千人大会"。这次会议发扬了民主，开展了批评和自我批评，强调要恢复党的实事求是、群众路线的优良作风，要健全党内民主生活，加强集中统一。对如何宣传报道这一会议精神，编辑部进行了认真研究，并作出具体报道安排。

1962 年《共产党员》杂志第 7 期发表了《认真开展自下而上的自我批评》的长篇评论文章。第 14 期刊登了中共辽宁省委组织部、省委宣传部《关于组织农村基层干部党员学习〈看愚公怎样移山〉的通知》。《通知》指出，《看愚公怎样移山》这篇通讯，介绍的是河北省遵化县沙石峪党支部在上级党委和以张贵顺同志为首的支部委员会的领导下，十多年来领导群众艰苦奋斗、改造荒山、兴家立业的英雄事迹。希望各地党的组织、宣传部门，积极地组织农村公社、生产大队和生产队的干部党员认真学习。在初步阅读和漫谈的基础上，可以适当结合自己的切身体会，总结和检查近几年来本单位和个人的工作经验、教训。在总结中，要本着肯定成绩、弄清是非、接受教训、加强团结的基本精神，启发诱导，使党员自觉地对照检查，适当开展批评与自我批评，以达到提高认识，改进思想作风，进一步提高支部的领导水平的目的。

1962年9月24日至27日，中国共产党八届十中全会在北京举行。会议在分析国内形势时指出，国民经济情况开始好转，但目前还存在困难，需要全党团结一致，进一步贯彻"八字"方针，继续调整国民经济。会议通过了《农村人民公社工作条例〈修正草案〉》等。编辑部组织大家认真学习领会文件精神，注重调查研究，坚持理论联系实际，结合全省工作情况，积极做好采编工作，精心组织，精心策划，有针对性地进行宣传报道。为了宣传贯彻党的八届十中全会通过的《农村人民公社工作条例〈修正草案〉》精神，在第17、18期合刊中，发表党课教育辅导材料，题目是《充分发挥共产党员在巩固和发展集体经济中的模范带头作用》。

《共产党员》杂志第15期发表了本刊编辑部文章《可喜的收获》，文章指出："本刊在这一期里发表了关于学习《看愚公怎样移山》的一些来信，这些来信虽然谈的是初步学习之后的心得，但却是一个可喜的收获。""从已经发表的来信和未发表的来信里可以看出，许多农村党的基层组织和党员、干部，对这一学习是很重视的，学习的劲头是很大的。"

为深入贯彻全党办刊的方针，充分发挥党刊的宣传报道作用，编辑部做了大量工作，特别是在报道上体现群众路线的民主讨论会，在刊物上广泛开展起来。仅在1961年至1963年的三年时间里，在刊物上开展了不同内容的民主讨论会就达13次之多。这13次民主讨论会共进行了67期，讨论稿300余篇，约20余万字。

第五章

国民经济调整时期

　　根据党的八届九中全会通过的"调整、巩固、充实、提高"的八字方针，辽宁省委对全省工交企业进行调整。到 1964 年底，调整任务基本完成，全省工业生产基本走上了健康发展的轨道。在调整过程中，全省大力加强收购和销售群众生活必需品，有效地推动了市场的运转，国民经济比例失调有所改善。其他社会经济在这一时期也得到了相应的调整和改善，人民生活水平进一步提高。

　　1960 年 11 月 26 日，沈阳军区《前进报》在第一版用整版篇幅发表了长篇通讯《毛主席的好战士》，详细记述了雷锋的成长过程和模范事迹，号召军区各部队学习雷锋的先进事迹。不久，《人民日报》《中国青年报》《解放军报》先后发表文章，介绍雷锋的模范事迹。

　　1962 年 2 月，雷锋以特邀代表的身份出席沈阳军区首届共青团代表大会，并被选为主席团成员。大会通过了《给军区部队全体共青团员的一封信》，号召军区部队广大共青团员和青年，要以毛主席的好战士雷锋等先进人物为榜样，掀起了一个学先进、赶先进的竞赛热潮。会后，学习雷锋热潮在军队兴起。

　　正当沈阳军区大力开展学雷锋活动时，1962 年 8 月 15 日，雷锋因公殉职。1963 年 1 月 8 日，沈阳军区党委作出《关于开展学习雷锋运动的决定》，号召广大指战员向雷锋同志学习。2 月 9 日，中国人民解放军总政治部发出通知，号召全军迅速开展宣传和学习雷锋同志模范事迹的活动，学雷锋活动在部队形成规模。

　　1963 年 3 月 2 日，毛泽东"向雷锋同志学习"的题词在《中国青年》杂志首次登载。3 月 5 日，《人民日报》《光明日报》《解放军报》等全国各大报刊都在头版显著位置刊登了毛泽东同志为雷锋题词的手迹。当日,《中国青年报》发表社论《响应毛主席号召,坚决向雷锋同志学习》。此后,每年的 3 月 5 日作为开展学习雷锋活动的纪念日。

毛泽东同志题词发表后,刘少奇、周恩来、朱德、陈云、邓小平等中央领导同志也都为学习、纪念雷锋同志题词,极大地推动了学雷锋活动在中华大地上蓬勃兴起。

在国民经济调整时期,全国上下掀起了轰轰烈烈地向雷锋同志学习的热潮。

| 第一节 |

大力弘扬雷锋精神

《共产党员》杂志始终把宣传雷锋事迹、弘扬雷锋精神作为重要使命。早在 1961 年,《共产党员》杂志第 1 期即刊登了《写下红色的历史》,第一次向读者介绍了雷锋同志的先进事迹。这篇报道开篇就写道:"穿上军装还不到十个月的战士雷锋,不久前参加了伟大的中国共产党。这个刚满二十岁的青年,从一个流浪的孤儿到共产党员,这是多么大的变化……"文章系统全面地介绍了雷锋的身世和他参军后的先进事迹,这在当时是较早地宣传雷锋事迹的一篇报道,为辽沈大地的读者了解雷锋、学习雷锋注入了一缕春风,在读者中也引起了较大反响。1961 年 11 月,在《共产党员》杂志刊登的一篇文章《加强党员教育 发挥党员作用》中,就介绍了沈阳市新利捻织厂一车间党支部利用《共产党员》杂志上刊登的雷锋事迹,对党员和职工进行思想教育的做法和成果。

全国向雷锋同志学习热潮掀起后,《共产党员》杂志坚持几十年如一日,紧紧把握时代的脉搏,以自己的特有品格和风貌,大力弘扬雷锋精神。

1963 年 1 月,《共产党员》杂志第 2 期刊发了《中共辽宁省委组织部、宣传部关于组织党员学习优秀党员雷锋同志模范事迹的通知》,配发了《共产党员必须以高标准要求自己》的社论,发表了长达 17 页的通讯《一个优秀的共产党员——雷锋》,较系统地介绍了雷锋的事迹。

1963 年《共产党员》杂志第 3 期发表了社论《自觉地克服非无产阶级思想 树立坚定的共产主义人生观》。

1961 年第 1 期《共产党员》杂志首次刊登宣传雷锋同志的文章《写下红色的历史》

雷锋同志生前写了二十几万字的日记，记录着他对党对人民的无限热爱和对党对人民的忠诚行动，写下了一部鲜红的历史。《共产党员》从这一期开始以《学习雷锋同志坚定的阶级立场》为栏题陆续刊登了雷锋日记摘抄，共 18 篇。这期还发表了《爱与憎——雷锋同志对敌狠对己和的两个小故事》，一个是解放军某部大尉吴广信写的《情同骨肉》，另一个是解放军某部二程兵宣传处洪建国写的《水火不容》两篇文章；发表了李宝奎写的《在雷锋事迹的鼓舞下》，姚永瑜、刘英整理的《牢记阶级仇恨　坚定苣命意志——记沈阳标准件厂的一次座谈会》。这期 48 页的《共产党员》杂志，学习宣传雷锋事迹的报道就占了 17 页。

《共产党员》杂志第 4 期发表了"雷锋日记摘抄"，以《学习雷锋同志毫不利己专门利人的高贵品质》为栏题，共发表了 16 篇日记，并配发了编者按。发表了《做一个永不生锈的螺丝钉》《决心为共产主义事业奋斗到底——一个学习雷锋事迹座谈会的旁听记》《像雷锋那样对待工作》等文章。这期学习宣传雷锋事迹的报道占了 12 页。

《共产党员》杂志第 5 期发表了毛泽东同志题词："向雷锋同志学习"七个大字。本期同时发表了罗瑞卿同志以"学习雷锋"为题的文章和雷锋学毛主席著作的事迹等。

《共产党员》杂志第 6 期开设了《学习雷锋同志的品德和风格　做一个真正的共

产主义战士》专栏，发表了《在千钧一发之际》《一位老人的来信》《他交回了十四副手套》《心比炉火还红》《雷锋同志给了我力量》《从大处着眼，从小处入手》等文章。

《共产党员》杂志第 7 期刊登时任中共辽宁省委第二书记黄欧东的文章《学习雷锋同志高尚的共产主义品德》，文章提出：我们全省各地正在进行一个广泛而深入的学习雷锋的活动，现在已形成高潮。学习雷锋这样一个平凡而伟大的共产主义战士的活动，是我们政治思想生活中一件可喜的事。现在已经出现了许多生动的事例，证明这个学习活动，对于提高干部和群众的共产主义觉悟，对于向青少年进行共产主义教育，对于推动我们当前的各项工作，都有极大的好处，其意义是重大而深远的。本期还发表了《把

学习雷锋同志的品德和风格
做一个真正的共产主义战士

《共产党员》杂志 1963 年第 6 期开设了学习雷锋同志的专栏

理想贯穿在日常工作中》《要有为人民服务的赤胆忠心》《脚踏实地的去做》《更爱人民公社这个家》《像雷锋那样节约》《从一点一滴做起》《多做平凡小事，少说漂亮话》《什么是人生最大的幸福》《雷锋思想照亮咱》等 9 篇文章。

《共产党员》杂志第 8 期在《学习雷锋同志的品德和风格　做一个真正的共产主义战士》专栏中，发表了《严格地要求自己，做一个真正的无产阶级先锋战士》《在日常生活中也要严格要求自己》等文章。

从 1963 年初开始，《共产党员》杂志在学习宣传报道雷锋事迹的过程中，利用大量的版面，全方位多角度深层次地进行宣传，在社会产生了积极影响，收到了良好的宣传教育效果。

注重抓好典型报道

《共产党员》自创刊以来，始终将典型宣传作为重中之重，倡导编辑记者千方百计去挖掘独家典型，敢言第一腔，敢迈第一步，旗帜鲜明地去体现党刊特点，"办成坚决贯彻毛主席建党路线的既有大方向又新鲜活泼，既有战斗性又有特色的好党刊"。

遵循这些对读者的承诺，刊物报道的典型都是在各个不同历史时期能反映时代精神，特别是能迅速贯彻党的方针、政策，体现党的要求，导向鲜明、影响力大的典型。新中国成立初期，50年代报道了带领群众走合作化道路的全国劳动模范，吉林省蛟河县的韩恩；为在一片废墟上建起我们自己的工厂，艰苦奋斗不怕困难改变面貌的鞍钢工人、全国劳动模范孟泰等。60年代连续报道了一些重大典型，党的好干部、县委书记的好榜样焦裕禄，农业劳动模范王宝山、高清莲、傅阴普等。这些典型具有强烈的时代精神、高尚的思想品德、优良的工作作风，是共产党员的楷模。为贯彻党的八大提出的发展生产力的精神，在工业战线上挖掘出了一批在技术革命和技术革新中，发扬大公无私精神，搞好传、帮、带的模范，他们带领群众在发展生产中发挥着优秀共产党员的先锋模范作用。这些同志如王崇伦、吴大勇、王凤恩、金福长等。特别是电焊大王金福长，因在技术革新中的突出贡献和表现出的先进思想，省委书记黄火青介绍他入了党。编辑部派专人采访了他的事迹，作为独家典型，发表后引起强烈反响。

报道雷锋等军队典型的事迹，虽然不是独家，但在报道上也有独家特色。由于刊物全方位、多侧面去挖掘他们的精神风貌、高尚品格，因此，这些优秀典型事迹不仅打动人，而且深入人心。20世纪60年代，刊物不仅报道个人突出典型，也很注意挖掘优秀共产党员的群体形象。如编辑部派人下去采访形成了《二十根顶梁柱》的报道，介绍开原县南城子大队20名党员严格按照党员标准要求自己，带领群众发展生产的事迹。这些典型报道具有鲜明的导向作用。

《共产党员》杂志所刊发的独家典型、独具特色的栏目，凝聚了广大通讯员以及编辑、记者的心血，很多典型和栏目刊发的话题来自广大通讯员，以及本刊记者下去采访调研时发现的。《共产党员》的通讯员队伍是一支自下而上能迅速传递信息、反映情况、问题，提供线索的庞大队伍，这些同志是刊物的灵通耳目，他们之中很多人是编辑部的知心朋友。

| 第三节 |

全面加强杂志社建设

为了充分发挥党刊的宣传教育作用，全面提升编采人员的办刊能力和业务水平，杂志社不断加强队伍建设，保持与基层党组织、党员干部和通讯员作者的密切联系，进一步增强刊物的指导性、针对性和可读性，在工作中，逐步完善形成了杂志社建设的新思路，对刊物的发展起到了至关重要的作用。

1959 年，全国党刊只有十六七家，在这些党刊中，上海《支部生活》办得引人注目。其显著特点是紧跟中央精神，及时深入地反映群众问题，内容丰富多彩，新鲜泼辣，贴近群众，贴近生活。当时《支部生活》发行量达百万，居全国党刊之首。

1959 年初，《好党员》编辑部决定派人前往上海学习《支部生活》经验。4 月初，先派总编室主任刘林同志去"跟班"学习，在那里和他们一起工作，边工作，边学习。在刘林同志学习近一个月后，于 5 月 19 日，汤光伍同志又率领纪连富、刘淑贤两位同志前去学习，到 5 月底返回。

1959 年初，为进一步加强杂志社建设，坚持走群众路线，与人民群众保持密切联系，好党员杂志社制定了总编室工作条例（草稿）。条例就总编室工作、编辑工作、群众工作、干部学习、思想政治工作、日常行政工作及其他工作七个方面做了具体规定。其中除了对编辑工作做了较为详细的规定外，对群众工作做了相当的强调，形成了九条具体条例。开宗明义第一条就提出"群众工作，应当看成是刊物的生命线，来信来稿是我们编辑工作的主要源泉"，规定刊物上发表的来信来稿最低不能少于 85%。还规定"做好群众工作应成为每个编辑人员的重要任务之一"。总编室每月召开一次各组负责兼管群众工作的人员讨论群众工作问题的会议；编辑出版《读者意见》《未发表的读者来信》；来信多少、读者意见、读者来信采用多少、复信多少，都作为一项内容，来衡量各组的通讯工作。

1959 年，好党员杂志社制定了各专业工作条例（草稿）。条例共 19 条，编辑部划分为城市、农村、党的生活三个专业组，实行编、采、通合一。针对各专业组的专业分工、各专业组的业务活动、责任制以及美术、资料工作都做了具体规定。其中特别对通联工作、读者来信工作突出加以强调，19条中有关这方面的内容有7条，做了较详细的规定和要求。读者要求帮助解决问题的来信，或控告、揭发材料，必须认真处理，使之有着落，不能转出了事。反映情况的来信，应与来稿"平起平坐"，每一个编辑人员都要在通讯员中交几名知心朋友等。

合并前的共产党员杂志社在机构设置上，第一次成立了名副其实的读者来信组。1956—1957年也有过读者来信组，但当时主要是做通联工作。有了专门机构，又有人专门处理来信工作，真正把这一工作落到了实处。

合并后的共产党员杂志社，于1962年初为进一步贯彻全党办刊的方针，发动全社职工对如何做好群众工作开展大讨论、大总结。在广泛讨论总结的基础上，于1962年2月制定了1万字左右的《〈共产党员〉群众工作规划》。《规划》对群众工作任务、通联组的要求、工作制度、工作步骤等，都作了明确规定和具体要求。如："群众路线是办好刊物的根本路线"，"群众工作是刊物的生命"，还有刊物上"读者的声音多了，是自我教育的形式较好的运用"，"读者自己能够对突出问题、反映问题发表意见，这样文章才能切合实际、生动具体"。

《规划》在具体措施上提出明确要求，总的要求是使刊物更贴近基层党员读者，更要加强读者来信工作。为了做到这些，强调要把发展通讯员重点放在基层。把来信多少作为衡量通联组、来信组及每个通联工作人员工作好坏的重要标尺。来信以在刊物上发表、刊用为主。凡通讯员的来信，组长必须全部审阅，并提出处理意见，重大问题经组内讨论研究，提出处理意见，向总编室或总编辑汇报。对通讯员来信要及时复信，定期研究通讯员来信情况。对通讯员的评定，以来信的数量和质量作为重要条件。

随着杂志社群众工作各项举措的落实，读者来信量猛增，刊用量不断提升。据1962年统计，来稿5500封，而读者来信是4000多封，这4000多封来信，发表在刊物上的有136封。因刊物版面有限，为了充分运用读者来信，读者来信组编了两个内部刊物《情况与问题》《准备发表的来信》，共发表读者来信906封。这些来信，主要是供编辑部制定报道计划参考，为编辑提供报道思想和报道线索。特别是从中选择有价值的情况向省委书记处反映，刊登在省委办公厅的《资料与情况简报》上。时任省委书记李荒、副书记王良和宣传部部长刘异云都对《共产党员》杂志反映的情况有过批示。

为了充分运用读者来信，刊物增加了十多个栏目直接反映读者来信内容，每期至少安排 7—8 个栏目见刊。1961 年 7—8 期合刊，这一期就有 9 个栏目反映读者来信：《大家来讨论》《友谊通信》《学习问答》《和党外同志谈心》《党员来信》《读者信箱》《答读者问》《政策问答》《党员问事处》。

充分运用读者来信，开设《讨论会》栏目，影响也很大。讨论的话题大多是读者来信提出的值得探讨的群众比较关心的热点问题。有些问题在刊物上开展讨论。同时，基层党组织也组织党员进行讨论。他们把经过讨论统一认识的问题或者统一不了还有分歧的问题寄给编辑部，有价值的在刊物上发表。这样上下呼应，《共产党员》杂志成为基层支部、党小组、党员密切关注的一本不可缺少的读物。

《共产党员》杂志出版的初期，年平均期发数在 20 万份以上，《新农村》杂志年平均期发数也在 20 万份左右。1961 年，《好党员》和《共产党员》杂志合并为新版《共产党员》杂志后，发行量逐年上升，最高期发行量达 80 多万册。

1963 年 3 月，为纪念创刊十五周年，《共产党员》杂志社召开第四次通讯员座谈会。出席这次会议的有各市县工矿企业党委、公社党委和农村、工矿企业党支部工作的同志，共 35 人。总编辑汤光伍讲话，回顾了刊物的沿革和召开几次通讯员座谈会的情况。会议期间交流了经验，进一步明确了刊物报道要点，从怎样做一个好党员的角度出发，来考虑提倡什么、反对什么；以党纲党章为标准，报道党的组织和党员活动，着重宣传共产主义思想，提倡共产主义精神，帮助党员加强思想意识修养和党性锻炼。在报道方法上，强调大力开展读者来信工作，让广大读者直接向编辑部反映情况，为此，与会同志向全省通讯员发出倡议书。汤光伍在会议结束时作了总结发言。在肯定这次会议的同时，就编辑、写稿、反映情况等讲了十个问题，即"刊物城乡兼顾""刊物对象及其之间的关系""指导党员思想意识修养与提高业务本领的关系""抓思想是否脱离实际""抓思想是否太窄""自上而下的指导与党员自我教育关系""怎样对待批评""怎样领会报道意图""关于'门槛高'""突破老一套，创造新风格"等。

1964 年初，杂志社成立了通联组。当时，《共产党员》杂志在全国发行 60 多万份，在基层党员、群众中影响很大，声望也很高。因此，许多读者纷纷来信，开始每天有 10 多封，后来逐渐增多，一天有 20 多封来信。杂志社有 9 名同志每天乔阅、分类、处理读者来信。为了充分发挥读者来信的作用，那些适合在刊物上公开登载的，就编辑发表；有的属于个别问题，就写信直接答复读者；对检举揭发问题的来信，就整理处理，编进《读者来信》内部刊物里，送给省委、省政府及有关部门领导参阅。省领导同志很重视读者来信反映的情况，几乎每期都有批示。杂志社根据省领导同志的批示，组织文章，进行正确宣传，增强了刊物的针对性和时效性。

第六章

"文化大革命"及拨乱反正时期

1966年5月,"文化大革命"全面发动起来。

1967年7月,《共产党员》杂志停刊。

| 第一节 |

创办《支部生活》杂志

1974年11月,辽宁省编制委员会批复同意成立中共辽宁省委《支部生活》杂志社,由省革委会宣传组直接领导,人员编制20名(包括工勤人员2名),事业费开支。

1975年3月,省革委会宣传组开始筹办《支部生活》。宣传组干部处调王敬爽同志负责筹办《支部生活》。

1975年9月19日,《支部生活》杂志社向省革委会宣传组、组织组的核心小组提交关于筹办《支部生活》杂志实施方案的请示报告,提出《支部生活》杂志的主要服务对象是党的基层组织、党员和非党积极分子。杂志为半月刊,32开本,48页,由沈阳市第二印刷厂印刷,邮局公开发行;所需一切经费由党费开支。

1975年9月29日,辽宁省革命委员会向国务院上报关于创办《支部生活》杂志的报告,提出:我省在"文化大革命"前办的供基层党组织和广大党员、非党积极分子阅读的《共产党员》杂志(半月刊,发行60多万份),"文化大革命"开始后于1967年下半年停刊。省革委会建立以来,全省党的基层组织建设有很大发展,党员队伍不断壮大,目前全省共有77300多个基层党支部,145万多名党员,广大基层党

《支部生活》杂志于 1976 年 1 月正式公开出版

员、干部学习理论的积极性不断提高，工农兵理论队伍蓬勃发展。初步统计，目前活跃在各条战线上的工农兵理论骨干达130多万人。为了适应党的建设和学习理论需要，各级党组织和广大基层党员、干部、理论队伍，要求出版一个初级党刊性质的综合刊物。

1975年12月9日，国务院有关部门批复同意辽宁省革命委员会的请示。

1976年1月16日，由中共辽宁省委《支部生活》杂志社主办的《支部生活》杂志正式公开出版。刊物代号8—4，32开本，48页。沈阳市第二印刷厂印刷，省内各地邮局订阅，沈阳市邮局总发行。

《支部生活》杂志1976年第1期头题刊登了毛主席写于1965年的两首词：《水调歌头·重上井冈山》和《念奴娇·鸟儿问答》。同时还刊登了《人民日报》、《红旗》杂志、《解放军报》1976年元旦社论《世上无难事，只要肯登攀》。在《党员论坛》栏目发表了《共产党员必须牢记党的基本路线》等文章。开设了《通讯》《经验交流》《学时事》等栏目。《支部生活》杂志第2期开设了《怎样当好党支部书记》《做好思想政治工作》等栏目。

1976年10月，中共中央采取果断措施，粉碎了"四人帮"，"文化大革命"结束。

1977年，《支部生活》杂志第1期刊登了毛泽东《论十大关系》；刊登了《人民日报》、《红旗》杂志、《解放军报》1977年元旦社论《胜利前进》。

从1977年第6期开始，由汤光伍同志主持编辑出版《支部生活》杂志。这期首页开设了横题专栏《伟大领袖毛主席关于党的建设的部分论述》，并发表了本刊评论员文章《一定要把我们的党建设好》。

| 第二节 |

恢复《共产党员》杂志刊名

1977年11月4日，拟定1978年第1期将《支部生活》刊名改为《共产党员》，恢复"文化大革命"前党刊的名称。11月9日，中共辽宁省委组织部下发《关于〈支部生活〉更名、出版、发行的通知》，从1978年起，将《支部生活》恢复为《共产党员》。《共产党员》杂志仍出月刊，32开本，64页。中共辽宁省委共产党员杂志社

1978年1月，《支部生活》刊名恢复为《共产党员》

主办，丹东印刷厂印刷，丹东市邮电局发行，全国各地邮局订阅。刊物代号8—4，总发行数45万份。要求基层每个党小组都能订到一份。

1978年1月，《支部生活》恢复原刊名《共产党员》。

《共产党员》杂志第1期，刊登了《伟大领袖毛主席关于怎样做一个共产党员的部分论述》。开设了《大家来讨论》《批评的回音》《党的知识问答》《继承先烈革命遗志》《学习问答》《你知道吗》《党课讲话》《革命领袖的故事》《读者来信》《怎样当好支部书记》《一事一议》《我们的同志遍天下》《读者与编辑》《远望》等栏目。

编辑部发表文章《抓纲治国，首先要治党——祝贺新年佳节兼为恢复〈共产党员〉刊名致读者》。文章写道："抓纲治国初见成效的1977年过去了，团结战斗的1978年到来了，值此新年伊始，恢复《共产党员》原刊名的机会，我们向战斗在全省各条战线上的共产党员同志们，向全省广大读者同志们，致以亲切的问候。"

为了肃清"四人帮"另立党员标准、破坏党的建设的流毒和影响，为了配合整党整风，进行党员标准教育，编辑部根据党章关于党员的八项要求，选编了毛泽东同志关于怎样做一个共产党员的部分论述，共分为六个部分，分六期进行了报道。

本期还发表了《以党和人民的利益为第一生命——记模范共产党员、抚顺矿务局救护大队党支部书记于占江的事迹》和抚顺市委书记胡明的评论文章《向于占江同志学习，做名副其实的共产党员》。还刊登了时任辽宁省委第三书记黄欧东在省插队干部揭批"四人帮"罪行大会上的总结讲话《广大插队干部是党的宝贵财富》。

《共产党员》杂志第3期在首页全文刊登《中国共产党第十一届中央委员会第二

次全体会议公报》。刊登了《纪念周恩来同志诞辰八十周年学习周恩来同志的崇高革命品德》。发表了省公安局党委书记张铁军回忆周恩来总理来辽宁视察的片段《伟大的总理忠实的人民勤务员》。

《共产党员》杂志第 5 期发表本刊特约评论员文章《书记动手，全党动员，把新时期总任务的宣传做到家喻户晓深入人心》。发表了中共辽宁省委宣传部编写的宣传讲话材料:《动员起来，为实现新时期的总任务而奋斗——宣传新时期总任务的讲话参考材料》。

《共产党员》杂志第 7 期全文刊登了毛泽东同志于 1962 年 1 月 13 日在扩大的中央工作会议上的讲话。同时刊登本刊评论员文章《整顿党的组织，加强党的建设的光辉文献——热烈欢呼毛主席在扩大的中央工作会议上的讲话的公开发表》。

《共产党员》杂志第 8 期全文刊登了中共中央向全党转发陕西省委关于旬邑县少数干部强迫命令、违法乱纪问题的调查报告并作重要批示。同期刊登《中共辽宁省委发出通知要求全省各级党组织认真贯彻党中央的指示，切实解决干部作风问题》。全文刊登了《毛主席生前倡议制定的党政干部三大纪律、八项注意》，并刊登《党政干部三大纪律、八项注意》讲话编写组的第一讲《认真学习严格遵守"党政干部三大纪律、八项注意"，切实转变干部作风》。

《共产党员》杂志第 12 期开设《隆重纪念伟大领袖和导师毛泽东同志诞辰八十五周年》《纪念敬爱的朱德同志诞辰九十二周年》栏目，刊登了 1946 年 11 月 30 日周恩来同志为亲爱的朱德总司令六十大寿祝词。本期还发表了《马明方同志在狱中》一文。原东北局第三书记马明方，被林彪、"四人帮"诬陷为"大叛徒"，受到惨无人道的迫害。1975 年 8 月，经过党中央的批准，为马明方同志进行了平反，恢复了名誉。马明方同志在敌人的监狱中表现得很好，同敌人进行了坚决的斗争，其坚贞不屈的革命精神是永远值得共产党员和广大革命同志学习的。杂志社顶着一些压力，较早地派记者访问了一些和马明方同志一同入狱的难友，成稿发表。此文被《辽宁日报》全文转载。

共产党员

第三篇

——

改革开放时期的
辽宁党刊

（1978 年 12 月至 2002 年 11 月）

第七章

宣传思想解放和拨乱反正

大力宣传张志新烈士

党的十一届三中全会召开后，辽宁省委在开展真理标准问题大讨论的基础上，开始了在政治上和组织上的全面拨乱反正。到 1985 年底，全省为 21.6 万人平反昭雪，恢复名誉，并及时纠正了"文化大革命"前的历史遗留案件 11.4 万件。其中，省委决定给张志新烈士平反昭雪，随后《共产党员》杂志对张志新烈士的事迹进行了大规模的宣传报道，在全国引起重大影响。

张志新（1930 年 12 月—1975 年 4 月 4 日），女，汉族，天津人，生前系辽宁省委宣传部干事，1955 年加入中国共产党。在"文化大革命"期间，她坚持真理，公开揭露林彪、江青一伙篡党夺权的阴谋活动，被"四人帮"一伙定为"现行反革命"，于 1969 年 9 月被捕入狱。1975 年 4 月 4 日，张志新惨遭"四人帮"反革命集团杀害，年仅 45 岁。

1979 年 1 月，时任省委第一书记任仲夷在一次会议上听到有关张志新的情况后，指示"公安司法部门应抓紧清查这一案件"。2 月 11 日，在另一次会议上，任仲夷再次强调："这个案件，一定要迅速查清，给予平反。"3 月 9 日，省委召开常委会，听取调查组对张志新案件的复审汇报。任仲夷听完汇报后说："张志新案件是奇冤大案。她的死是非常惨的。张志新同志是一个很好的党员，她坚持真理，坚持党性，坚持斗争，宁死不屈。她最后死在林彪、'四人帮'及其死党的屠刀之下。我主张和赞成

《共产党员》杂志1979年第4期集中宣传了
张志新烈士的先进事迹

定为烈士，予以彻底平反昭雪。""要号召党员、革命者向她学习。"

共产党员杂志社总编辑汤光伍得知省委态度后，动员全杂志社的力量，开展对张志新烈士的宣传报道，记者到辽宁省高级人民法院，查阅并复印了张志新在"文化大革命"中的所谓"罪行"和个人历史档案的全部资料；到张志新家里，向其家人说明了杂志社的报道打算，家人主动把家里张志新的照片等珍贵物品交给共产党员杂志社独家保管、使用；他们前往天津、北京等张志新学习、生活过的地方和沈阳、营口、盘锦等地关押、审判过张志新的单位进行采访。采访中，他们细致认真，不放过每一个微小的细节，还原历史真相，掌握了大量第一手材料，为做好张志新烈士的宣传报道打下了坚实的基础。

3月26日，辽宁省委作出决定，为张志新彻底平反昭雪，恢复党籍、恢复名誉，并追认她为革命烈士。

1979年3月31日，中共辽宁省委召开有2000多人参加的平反大会，时任省委书记徐少甫同志讲话，高度评价张志新烈士的革命品质，号召全省党员向她学习。4月4日是张志新烈士殉难4周年的日子，省委宣传部在沈阳回龙岗革命公墓礼堂举行了隆重的追悼大会。

在编辑部全体同志的共同努力下，最终形成了一篇题为《为真理而奋斗，誓死捍卫党——优秀共产党员张志新同林彪、"四人帮"进行殊死斗争的事迹》的长篇通讯。文章用饱含感情、爱憎分明的笔墨，全面、详细地追溯了张志新为真理而斗争的英勇事迹。这篇文章发表在《共产党员》杂志1979年第4期上。文章发表后，在全国引起了巨大的反响。新华社和中央人民广播电台全文或摘要向全国进行了播发。5月25日，《人民日报》在头版以《为真理而斗争》为题，转载了这篇文章，并配发了长达400多字的按语，其中写道："我们向读者推荐《为真理而斗争》一文，它介绍了好党员、好干部、无产阶级的坚强战士张志新同志的英雄模范事迹，值得大家认真读一读。"当年晚些时候，时任新华社副社长刘敬之当面对共产党员杂志社负责同志说："你们关于张志新的那篇通讯写得非常好，《人民日报》转载后，就像一颗原子弹爆炸在中国上空。"

《共产党员》杂志 1979 年第 4 期是纪念张志新专刊，刊发了中共辽宁省委为张志新平反的决定、中共辽宁省委书记徐少甫在为张志新同志平反昭雪大会上的讲话，以及本刊评论员文章《要像张志新那样忠于党忠于人民》。还刊登了张志新在狱中作词谱曲的两首歌《谁之罪?!》《迎新》，张志新、曾真夫妇相隔 10 年写的"诀别书"，张志新母亲郝玉芝在女儿追悼会当天写的诗《悼志新女》。编辑部组织了许多评论、纪念文章和诗歌同期发表，刊物四封也都是与张志新有关的图片和报道。

之后，《共产党员》杂志对张志新的宣传报道持续了很长一段时间。1979 年第 6 期、第 7 期刊登《为了不污染共产党员的光荣称号——记张志新在大学学习、工作期间的几件事》《一个真正共产主义者的脉搏——记优秀共产党员张志新的成长过程及革命品质》两篇长篇通讯；辑录了张志新的言论、观点，分门别类，形成多篇文章；派记者采访、整理并写成《张志新同志在狱中斗争的故事》在刊物上连载；还从大量读者来信中整理出一些读者的读后感、心得体会和诗歌等予以刊发。据不完全统计，发表在《共产党员》杂志上与张志新有关的各种体裁文字作品达 250 篇以上，超过 25 万字；发表各种照片、美术作品等超过 200 幅。

《共产党员》杂志关于张志新的报道影响巨大。新华社、《人民日报》、《红旗》杂志、中央人民广播电台、《光明日报》、《中国青年报》等国家主流媒体和全国兄弟省市媒体对此予以强烈关注，或转载文章，或给予报道，或发表评论，选载、转用原发在《共产党员》杂志上的文章超过 100 篇，宣传、学习张志新的热潮扩展到全国，也使《共产党员》杂志在全国的影响力不断提升，进入全国大刊、名刊行列。

| 第二节 |
为刘少奇同志平反营造舆论氛围

刘少奇同志在"文化大革命"中遭到林彪、江青反革命集团残酷迫害，蒙冤致死。粉碎"四人帮"以后，《共产党员》编辑部陆续收到一些基层党组织和党员的来信，迫切要求对林彪、"四人帮"残酷迫害刘少奇同志、为刘少奇同志罗织罪名等问题进行拨乱反正。

1979年下半年，共产党员杂志社总编辑汤光伍牵头，组织辽宁、吉林、黑龙江三省党刊社的同志召开了一次研讨会，就"文化大革命"中对刘少奇同志的错误批判进行了深入的研究讨论，并决定组织三省的专家学者撰写文章进行反批判，为刘少奇同志在思想上平反。三省党刊社的同志在认真学习党的基本理论的基础上，进行了广泛深入的调查，形成了基本共识。随后，与相关的专家学者集体编写了9篇批判文章。在党中央尚未给刘少奇同志平反的情况下，共产党员杂志社形成这些批判文章，反映出杂志社领导和采编人员的非凡勇气和政治担当。

1980年2月29日，党的十一届五中全会通过决议为刘少奇同志平反。《共产党员》杂志从1980年第2期起，开辟了《红黑要分明，是非要澄清》《深切怀念伟大的马克思主义者、无产阶级革命家刘少奇同志》《学习刘少奇同志高尚的品德》《学习〈论共产党员的修养〉》等多个栏目，持续报道了近1年的时间，共编发了30多篇文章，其中就包括上述9篇文章。这些文章发表后，在全国产生了很大影响，《工人日报》等多家报刊予以转载。

《共产党员》杂志还通过发表刘少奇同志的经典论述，刊载刘少奇的故事，采访刘少奇生前身边的家人、同志，组织读者和理论工作者写感想和评论等方式，对刘少奇的生平事迹和思想理论等进行了全方位的介绍。

| 第三节 |

参与"真理标准问题"讨论

1978年5月，随着《实践是检验真理的唯一标准》一文的发表，全国掀起了一场轰轰烈烈的真理标准大讨论。随着这场大讨论的不断深入，编辑部将新华社根据中国社会科学院哲学研究所同志撰写的《实践是检验真理的唯一标准通俗讲话》改编的问答进行了转载，刊登于《共产党员》1979年第8期。

这篇问答分11个部分，共提出了23个小问题。这11个部分的标题分别是《关于实践是检验真理的唯一标准问题的讨论有什么重要意义？》《什么叫真理，怎样才能发现和掌握真理？》《真理能到顶吗？》《为什么说检验真理的标准只能是社会实践？》《经过实践检验的正确理论能作为检验真理的标准吗？》《多数人的意见能作为检验真理的标准吗？》《"句句是真理"为什么是错误的？》《怎样才是真正高举毛泽东思想的伟大旗帜？》《为什么我们一定要坚持实事求是，一切从实际出发？》《坚持实践是检验真理的唯一标准与党中央提出的坚持四项基本原则是什么关系？》《坚持实践是检验真理的唯一标准与实现四个现代化有什么关系？》。这篇问答用深入浅出、通俗易懂的文字对真理标准问题的方方面面都作出了细致的、比较全面也比较权威的回答。

在同一期刊物上，还发表了抚顺矿务局西露天矿党委提供的题为《打掉恐右思想，敢于实事求是——谈谈我们开展实践是检验真理唯一标准讨论的一点体会》的文章。文章详细介绍了西露天矿开展的一次真理标准问题讨论的全过程，与实践结合紧密，很有说服力。

| 第四节 |

开展解放思想讨论

由于在持续了 10 年的"文化大革命"中党的组织遭到了严重破坏，党内生活极不正常，党员、干部的思想产生了极大混乱，为深化改革带来了困扰和阻碍。为此，《共产党员》编辑部设立了《大家来讨论》《讨论会》等栏目，组织大家在刊物上开展讨论。编辑部对确定选题提出了如下要求：一是讨论题必须紧扣时代主题，选择人们普遍关心、当前亟须解决的问题；二是讨论题一定要新，是改革发展中遇到的、没有现成答案的问题；三是选题要为接下来的讨论预留比较大的空间，有争论的余地；四是在背景介绍中尽可能提供翔实、可供讨论的材料，以免在讨论中出现文不对题、议论空泛等现象。

1979 年 10 月中旬，编辑部收到一封读者写来的信件，建议在刊物上讨论"共产党员可不可以带头先富起来"，信中写道："这是一个关系到党的允许一部分农民首先富裕起来的政策能否贯彻落实的大问题，怎样正确认识这个问题，希望能够在你刊展开讨论。"

为了稳妥起见，编辑部把这封来信印发给了在农村工作的党员同志和本刊的一些资深作者，征求他们的意见。意见返回之后，两种截然不同的观点同时出现。比较有代表性的是如下两位。锦州市义县一名党员的观点是："共产党员可不可以带头先富起来？我认为不但可以，而且应该。只有这样才能使党的政策落到实处，特别是在群众对党的政策半信半疑，心里还不托底的时候，更应该先走一步，做出样子。"而丹东市宽甸县一名党员认为：党员干部不能带这个头。"作为党员干部，比如一个大队党支部书记、一个公社党委书记，就不应该首先带头富起来。他们应该胸怀全局，毫不利己，专门利人，把使广大农民都尽快富裕起来作为己任，去忘我地工作，才可以称得上是干四个现代化的好带头人。"

这两种截然不同的观点刊登后，引来了更热烈的讨论。随着讨论的不断深入，编辑部适时加以引导，将讨论的焦点集中于以下几个问题："我们提倡的是什么样的先富？共产党员带头先富和带领群众走共同富裕的道路是什么关系？允许党员带头先富就会出现两极分化、出现特权阶层吗？允许党员带头先富和要求党员同群众同甘共苦、吃苦在前享受在后是什么关系？允许党员带头先富和坚持党员标准是什么关系？党员干部怎样处理好带头先富和做好党的工作的关系？"这样一来，讨论的问题更集中了，大家对问题的分析、认识、解读也更加深入。在随后的讨论中，编辑部在刊登不同观点的来信来稿的同时，也编发了若干个党员干部带领群众致富的典型经验，为讨论的健康、顺利进行提供了实践案例。

编辑部还发表了时任中共铁岭地委副书记孙维本的文章《带领群众走共同富裕的道路》，作为这次讨论的小结。该文认为，"从这段实践情况看，在致富过程中，共产党员的模范带头作用是绝对不可少的"。原因有二：一方面，"当前确实有个敢不敢富的问题"；另一方面，"即使思想认识问题解决了，还有个会不会富的问题"。文章还就党员标准与致富的关系，社会主义按劳分配原则与共产党员先富、带领群众走共同富裕道路的关系进行了详尽的论述。文章最后得出结论："每个共产党员都应该理直气壮地抓富、敢富、会富，积极带领群众学富、赶富、共同致富。这是我们党的一个大政策，是我们共产党人干革命的根本目的。"

1984年6月，《共产党员》杂志收到原大连市工艺美术公司教育课教员梁文敏的一封信。信中说，他从小酷爱绘画，在部队时和转业后，一直坚持业余绘画创作，作品多次参加美术展览并获奖。他产生了打破铁饭碗、不吃大锅饭的念头。在停薪留职和退职都未获准许的情况下，他于 1981 年 1 月 5 日递交了辞职书，并得到单位领导同意。但是，单位不给他开辞职证明，也不把他的党组织关系转到街道。1982 年 2 月 3 日，公司机关支部以"不履行党员义务，拒绝做党所分配的工作，不参加组织生活"等理由，将他从党内除名。梁文敏多次向局党组和市委组织部申诉，都未得到答复。他始终认为自己的行动符合中央关于改革干部制度、工资制度、经济体制的要求，办个体书画店符合党的政策，自己具备一个党员的条件，吁请帮助他尽快恢复党籍。

这封信引起了编辑部的高度重视，编辑部派记者前往大连市，对梁文敏和他之前所在的单位进行了详尽细致的采访和调查核实，并面谈了梁文敏。当年第 8 期《共产党员》刊登了这封来信，并引发了 5 个月的讨论。最终，在第 12 期《共产党员》杂志上，时任大连市委第一书记胡亦民为这次讨论作了题为《研究新问题，讨论大有益》的总结。在讨论期间，梁文敏原单位党组织按规定程序恢复了他的党籍，他激动得撰文表示："这是我政治上的新生。我一定要站在改革的前列，当改革的尖兵，把自己的一切献给党！"

第八章

服务改革和经济发展

| 第一节 |

旗帜鲜明宣传改革

《共产党员》杂志把宣传改革作为重中之重，不仅给予大量版面，而且采取各种方式予以全方位报道。仅以 1984 年第 7 期为例：在全部 48 个版面中，有 27 个版面是与改革有关的，占 56.2%；在 10 个栏目中，有 4 个栏目是与改革有关的 占 40%；卷首文章《勇于开先例，敢为天下先》，是对当年全国人大会议上的《政府工作报告》所提出的"加快城市经济体制改革"所作的解读；主体栏目《抓整党、促改革、促经济》刊登了 8 篇文章，其中 3 篇是讲改革的。

另一个重点栏目《改革之声》刊登了 6 篇文章，1 组"城市经济体制改革问题小测验"和 10 则"改革信息"。其中，1 篇文章是"答读者问"，解答改革中的企业领导体制问题；1 篇文章是"思想通讯"，引导读者"跟上历史前进的步伐""共产党员应正确对待改革"；《扛旗人》为人物通讯，主人公苏玉兰是全国"三八红旗手"，也是著名的农民养殖专业户 文章讲述了她在农村改革中光荣入党、带领村民致富的故事；另一篇人物通讯《不按"常规"办事的人》，介绍了鞍山市通风除尘设备厂厂长李长祥的改革事迹。

《政策问答》栏目刊登的文章也与改革相关。一篇是《应该怎样看待城镇集体经济的改革》，另一篇是《我省工商管理政策进一步放宽了》。

这一期的《答记者问》栏目，邀请时任省委组织部部长尚文就在改革开放中清除"左"的思想影响，切实抓好在知识分子中发展党员的工作答本刊记者问。为了配合这一话题，还特意开辟了《注意落实知识分子政策》专栏。

1984 年 7 月，共产党员杂志社还与理论与实践杂志社、辽宁社会科学院、辽宁日报社联合发起举行了"工业企业改革理论研讨会"，邀请时任省委书记（当时省委设第一书记）孙维本到会发表了长篇讲话。

| 第二节 |

支持改革探索者

在改革开放之初，由于长期受"左"的思想影响，人们对改革中出现的新事物不是很理解，对一些改革者的做法存有偏见。在那段时间，改革者被诬告陷害，改革举措遭到反对的现象屡见不鲜。而在这类事件中，《共产党员》杂志都坚定地站在改革一边，站在改革者一边。以下仅举一例。

1987 年 5 月、7 月，两封上告信送到中纪委、辽宁省纪委，反映的内容也大体相同：宋士田请客送礼大吃大喝一年花掉 300 万元，给自己连涨了 8 级工资，支持哥哥、儿子倒卖钢材发财，购买 10 多辆进口轿车供自己享乐，安排家属、亲戚在厂内担任要职，给冶金部送礼换来工厂改扩建投资，等等，一共"十大罪状"。

宋士田，1979 年 5 月被朝阳地委任命为凌源钢铁厂党委副书记兼厂长。当时凌钢管理状况十分混乱，建厂初期确定的"五七十"设计生产能力（即年产 5 万吨钢材、7 万吨钢、10 万吨铁），历经 10 多年迟迟不能形成，企业连年亏损。宋士田上任后，抓改造、抓整顿、抓改革，重点解决了影响凌钢生产经营、产品方向和企业管理等一些老大难问题，使凌钢逐步走向正轨。到 1980 年，凌钢基本上实现了"五七十"设计能力。

由于改革动了一部分人的奶酪，宋士田被有些人记恨在心，告状信满天飞，使宋士田的工作和生活受到了很大影响。他投书上级和有关报刊，要求澄清是非。

共产党员杂志社接到信后，立即派记者前往凌源钢铁厂采访调查。记者经深入调查，了解到所谓的"十大罪状"纯属诬告。杂志社在旗下刊物《改革之声》1987年第 11 期上发表了由宋士田的信改写的文章《我的难唱曲》，并在卷首配发了评论

《愿为改革者遮风挡雨》。比报道引起了社会轰动。中共朝阳市委领导在调查有了结论之后到凌源钢铁厂召开干部大会，还宋士田以清白。随后，共产党员杂志社继续派记者前往凌钢采访，详细采访了宋士田大力推进改革和这次告状风波的全过程，在1988年《共产党员》第2期发表了长篇通讯《一个被"告"出来的新闻人物》，同期配发了时任朝阳市委书记张旭明的署名文章《改革要有一往无前的精神》。

| 第三节 |

宣传改革典型

一、宣传一个懂经营、会管理的农民

1984年，《共产党员》杂志记者在采访中发现，沈阳市郊区一位叫胡廷范的农民党员主动承包了160亩无人愿意承包的土地，冒着风险自筹资金和贷款购置汽车、马车、牲畜和其他生产资料，聘请了会计、技术员和工人等共58人。除种植蔬菜外，兼营养殖业、运输业、商业，当年总收入达25万多元。

对这个事例怎么看，编辑部一时也拿不准，就把文章发表在不定期出版的内部刊物《内部情况与问题》上。这篇文章被省委办公厅上报给了中央办公厅，被户办采用，送中央政治局领导参阅，并得到了肯定。对此，编辑部认为，当时，在农村广大干部群众革新创业精神空前高涨，正在为广开生产门路、发展商品生产而奋发努力的形势下，像胡廷范这样懂经营、会管理的农民改革典型若能宣扬出去，一定有着非常好的示范效应。编辑部派记者对胡廷范进行了深入采访，写成稿件发表在《共产党员》1985年第4期。

采访中，胡廷范介绍了他当时的想法和承包经营过程：当初基层支部推行联产承包责任制，土地包不出去必然是个负担。我是党员，出现这种情况我也有份责任，便下决心承包了这块土地。我一个人种不了这么大片土地，就在自愿互利的原则下请了帮工，办起了这个综合农场。对我这种经营方式，开始时，人们争议很大，并引起方方面面的关注，但我相信我做这事对发展生产力有好处。过去生产队经营时，这块地最高的年产量是160万斤，而我们去年向国家交售蔬菜250万斤。再拿个人

收入来说，以前这个队劳动力年均收入 160 元，现在，一个劳动力年收入 1200 元。实践证明，这个家庭综合农场对个人、对社会都是有好处的。

二、宣传一个搞革新、抓改革的企业家

倪亦方 1952 年从燕京大学毕业后，没随家人迁往香港，而是怀着为祖国社会主义建设服务的满腔豪情来到钢都鞍山。1954 年，在建造焦炉的施工中，因炉体质量问题，他据理与苏联专家争论，却被认为顶撞了苏联专家，被公司给予免职、行政记大过处分。生活的磨难并没有改变倪亦方对事业和理想的执着追求，他反而愈加刻苦钻研技术，虽然离开了技术岗位，但一有机会就偷偷地搞实验。从 1959 年到 1978 年，他完成技术革新和改造项目 40 多项，其中有 3 项属于我国首创。国家化工部曾 3 次在鞍山召开技术现场会，推广倪亦方所在企业开展技术革新的经验。

1979 年，倪亦方的冤案被彻底平反，被任命为鞍山市化工二厂副厂长，他为了加速工厂的技术改造，同工程技术人员日夜奋战，先后研究成功了多炉头生产、尾气发电等 10 多项技术革新改造项目，其中，多炉头生产属于我国首创。1983 年，倪亦方被任命为化工二厂厂长后，继续狠抓技术革新和技术改造，使产品质量大幅度提高。在 1984 年国家产品质量评比中，全厂 3 种主要产品有 2 种获国家银质奖，1 种产品获省优质产品称号。他还引进国外先进技术，把企业的炭黑产品销往英国、印度、泰国、日本等国家和地区。同时，他对企业的管理体制、机制进行了大刀阔斧的改革，全方位推行现代化管理，把一个极其简陋的小炭黑厂，建设成产品质量居全国同行业第 1 名，产量、成本控制居全国第 2 位的国家重点炭黑企业。从 1985 年开始，《共产党员》杂志多次报道了倪亦方的事迹，在社会上引起很大影响。

三、宣传一个把竞争引入到企业承包的厂长

1987 年 2 月，沈阳市机械局面向社会为沈阳蓄电池厂、沈阳铸造厂、沈阳电工机械厂公开招聘经营者，身为营口船舶修造厂副厂长的李正治中标出任沈阳电工机械厂厂长。这是沈阳市率先在全国试行大中型企业经营者 (厂长) 面向社会公开招聘。

李正治上任后，在全厂强化了目标管理体系，将全年经营目标层层分解到每一名员工、每一个岗位，落实承包责任制。

李正治的做法很快被全厂职工接受，并转化为巨大的生产力。中共中央办公厅调查组在来厂调查后所写的调查报告《竞争引入企业承包促进了党风好转》，给予了很高评价。《共产党员》杂志对李正治的报道下了大功夫，在1988年第5期，发表了记述李正治事迹的长篇通讯《竞争者之路》，介绍厂党委书记王钧全力支持李正治改革的通讯《坦诚相助共担风险》，全文发表了中共中央办公厅调查组的调查报告，发表了辽宁省委主要领导同志听取中办调查组汇报的侧记《可喜可贵的启示》，还发表了中央领导同志给李正治的贺电和《听取部分省市经委和工厂负责同志汇报时的插话》。

第九章

形成宣传典型的办刊特色

典型宣传是《共产党员》杂志在办刊实践中形成并长期坚持的鲜明特色。改革开放以来，《共产党员》杂志紧紧盯住党在各个阶段的战略部署和工作重点，通过典型报道反映时代风貌，为读者描绘了一幅改革开放新时期的壮丽图景。在宣传典型的过程中，《共产党员》杂志总结出了集中报道、连续报道，以及通过组织大型活动开展报道等丰富多彩、行之有效的方式方法，提高了宣传效果，扩大了刊物的影响力。

| 第一节 |

宣传铁骨铮铮的共产党员刘丽英

刘丽英，中央纪律检查委员会原副书记。1948 年参加工作后不久，进入沈阳市公安局。1979 年 2 月，调入中央纪律检查委员会；1983 年 10 月，增选为中央纪委常委；1997 年，在党的十五大上当选为中央纪律检查委员会副书记。在沈阳市公安局工作期间，她是一名出色的公安战士。在"文化大革命"中，刘丽英不顾个人安危，不怕打击迫害，坚持真理，顽强斗争。1979 年底，到中央纪委报到不久，刘丽英就被选入了审判"四人帮"的特别法庭，担任审判员。

1978 年春天，在省里召开的一次揭批"四人帮"大会上，沈阳市公安局政治部副主任刘丽英以她的亲身遭遇，批判、控诉了"四人帮"及其死党、亲信对她和广大公安干警的残酷打击迫害，以及她面对妖风恶浪以共产党员的坚强党性与之进行的坚决斗争。

刘丽英的事迹，深深感动了身在大会现场的《共产党员》杂志记者。当这条报道线索在编辑部提出后，杂志社同志们一致认为，刘丽英不仅是坚决与林彪、"四人帮"反革命集团作斗争的英雄人物，更是当代共产党人敢于坚持真理、勇于捍卫真理的优秀代表，必须大力宣扬。在随后的采访中，形成了长篇通讯《坚强的党性，顽强的斗争——记共产党员刘丽英同志的事迹》，在当年《共产党员》第6期发表，同一期还发表了本刊评论员文章。这期刊物出版后，在读者中引起了强烈反响，也引起了众多媒体的关注。《人民日报》、中央人民广播电台、《辽宁日报》、辽宁人民广播电台等转载、转播了这篇通讯，使刘丽英的事迹迅速传向全国各地。

此后，有关刘丽英的报道多次出现在《共产党员》杂志上。刘丽英在进入党的纪律检查队伍后，负责查办的江苏省无锡市邓斌案、河北省李真案、黑龙江省绥化市马德案、江西省倪献策案、辽宁省沈阳市"慕马案"等一批大案要案，《共产党员》杂志都进行了深入的报道，对刘丽英的关注、报道长达20多年。连续20多年宣传刘丽英在各个时期的先进事迹，在党员干部中树立了一个铁骨铮铮、爱憎分明，为党的事业奋斗不止的真正的共产党员形象。

| 第二节 |

宣传为人民鞠躬尽瘁的共产党员张成仁

1984年，《共产党员》连续3期用了大量篇幅宣传了张成仁的事迹，为此专门开设了《向优秀共产党员张成仁学习》栏目。所发稿件体裁多样，有通讯、评论，有回忆文章、学习体会，有领导讲话、省委决定，还有照片、插图等。从报道中看，主人公没有惊天动地的壮举，也没有创造出令人刮目的业绩，甚至他的工作岗位也普普通通，就是一个百货商店的员工。《共产党员》杂志为什么要下这么大力气宣传一名普通的共产党员呢？

张成仁，1949年春参军入伍，1954年秋从部队转业。他于1950年加入了中国共产党，多次获得"学习模范""劳动模范""军训模范"奖章，出席了在北京举行的海军首届英雄模范代表大会，受到朱德同志的接见。回到家乡后，他被分配到铁岭县催阵堡乡信用社任信贷员，两年之后调到铁岭县百货公司当保管员。1958年，他对当时盛行的浮夸风说了几句实事求是的话，被划为"反党反社会主义分子"，开除党籍，遣送艰苦地区劳动改造。当他再次回到党的怀抱，已经是 21 年后的 1979 年。

张成仁在百货商店当了 15 年出库员，每年用手推车为商店拉进价值 150 万元的上百吨商品，被称为"老黄牛"。他拉车 15 年，为商店节省运费开支 3 万多元，没错一次货，没损失一件商品。他利用业余时间为商店上玻璃、修门窗、缝门帘、搭炉子、糊棚、打货架、掏下水道、铺甬道、修花坛，省下了多少钱算也算不清。商店内外卫生他一个人包了下来，天天打扫得干干净净。张成仁多次获得省、市劳动模范称号，多次受奖，先后得到 500 多元奖金，他一分也没花在自己身上。恢复党籍时拿出 100 元交了党费，其余的给商店买了办公用品。他在铁岭住了 27 年，直到去世还是一间东厢房加半间厨房。

1983 年 9 月 21 日，张成仁在沈阳出席全省军属、荣复退伍军人先进代表会议时，突发心肌梗死逝世，年仅 52 岁。

《共产党员》杂志对张成仁的事迹宣传后，时任铁岭地委书记曹明远说："张成仁的事迹之所以感人至深，催人奋进，就在于他始终按照共产党员的标准严格要求自己，对共产主义忠贞不渝，对革命事业极端负责，以自己坦荡无私、为人民鞠躬尽瘁的一生实践了'为共产主义事业奋斗终身'的铿锵誓言。"

| 第三节 |

宣传带领群众共同富裕的村支书徐德纯

1991 年 6 月 30 日，中共辽宁省委隆重集会，庆祝中国共产党成立 70 周年。会上宣布了中共辽宁省委表彰决定，徐德纯等 10 人被命名为"模范共产党员"。徐德纯，这位个头不高、面庞瘦削的农村党支部书记引起了《共产党员》杂志记者注意。会议结束后，记者随徐德纯来到了他担任党支部书记的大连市金州区向应乡苏屯村。这里是老一辈无产阶级革命家关向应的故乡，这里是远离城市喧嚣的大山深处。当记者坐着徐德纯开的"三菱"皮卡车绕山转了一圈后，被眼前的景色惊呆了：苏屯村被大山包围着，村里的耕地几乎都是山坡地，但所有的地块、所有的山头都有道路相连；各个山头上建有蓄水的"天池"，天池里的水顺着铺设好的粗细不等的管道

"滴灌"着种在山坡上的庄稼；在半山腰建有大型蛋鸡养鸡场，每年不仅可产蛋40万公斤，还可为植物提供100万公斤优质有机肥；在山下建有一座年产量3000吨的水果罐头厂，既解决了杧里水果的销路，又可出口创汇。从1980年到1990年10年间，徐德纯和乡亲们交出了一份满意的答卷：修建蓄水25万立方米水库1座、拦河截潜工程1座、塘坝4座、天池6座、高位水池7座、灌水打药两用池100座、提水站5处、上下山输水管路7000米；打大口深井10眼、机电井2眼；新栽果树近6万株，年产水果100多万公斤。

苏屯村富了，可在这个过程中，徐德纯却一直饱受病痛的折磨，并在1986年做了膀胱癌手术。乡亲们都说，"德纯是为乡亲们操劳累病的，就是一根铁柱也要被磨断的"。苏屯村富了，可徐德纯一家依旧住在65年前他爷爷盖的那幢房子里，他说："共产党员的责任是带领群众实现共同富裕。"

《共产党员》杂志1991年第8期以《面对生命的挑战》为题刊登长篇通讯，宣传了徐德纯的先进事迹。

| 第四节 |

宣传人民公仆张鸣岐

1994年7月中旬，一场百年不遇的特大洪水袭击了辽宁省锦州市。7月13日晚，因公出差到兴城市的锦州市委书记张鸣岐得知锦州汛情紧张，紧急赶赴抢险一线，检查布置抢险工作。在防汛指挥部听取了汛情和抗洪抢险的情况汇报后，又到现场查看大凌河桥下的水流情况，看望在堤坝上参加抢险的部队官兵。这时，有人报告说，大凌河西护堤尤山子段出现险情，他不顾个人安危，当即决定前往查看。在尤山子村，他督促村民赶快转移。在沿河查看其他村灾情的途中，张鸣岐和他身边的几个同志不幸遇险，被洪水夺去了宝贵的生命。

张鸣岐遇难的消息传到了共产党员杂志社，编辑部立即派记者加入辽宁省委宣传部组成的联合采访组，为组织好对张鸣岐的宣传作准备。经过调查、采访发现，张鸣岐不仅在这次抗洪抢险中有英雄般的表现，他自参加工作起，一直都是出类拔萃、敢做敢当的好职工、好党员、好干部。

当年第 8 期《共产党员》杂志专门开设了《向张鸣岐同志学习》专栏，刊登了长篇通讯《人民公仆张鸣岐》，还刊登了张鸣岐父亲张跃宗题为《鸣岐儿，爸爸为你骄傲》和张鸣岐妻子王桂香题为《无尽的哀思》的怀念文章。同时，这期刊物的封面和内文还发表了多幅与张鸣岐有关的珍贵照片。在《人民公仆张鸣岐》这篇通讯前，编辑部配发了"编者按"，号召党员干部向张鸣岐同志学习。

为了回应基层党员干部的要求和扩大对张鸣岐同志的宣传，形成持久的影响力，《共产党员》杂志第 9 期依然保留了《向张鸣岐同志学习》的栏目，发表了张鸣岐同志生前同事、好友和上级领导所写的怀念他的文章，在卷首发表了《中共辽宁省委关于向党的优秀领导干部张鸣岐同志学习的决定》，在《党课》栏目发表了以张鸣岐事迹为素材的题为《共产党人的生与死》的党课教材。在其后出版的几期刊物中，陆续发表了多篇与张鸣岐相关的评论、回忆和纪念文章。

《共产党员》杂志 1994 年第 8 期集中宣传了人民公仆张鸣岐的先进事迹

宣传全国先进党支部大连市金州区大魏家街道后石村

1988 年 11 月，《共产党员》编辑部派出一支 6 人组成的采访组，由时任总编辑汤光伍带队，赴大连市金州区大魏家街道后石村进行集体采访。后石村是个三面环山、一面临海的小村庄，海岸线长 6 公里，有耕地 2925 亩，果园 2745 亩；3000 多口人，80 多名党员。1978 年，村人均收入仅 150 元，日子过得紧巴巴的，自打口粮不够吃，每年还得靠种土豆接济度日。在村党支部带领下，全村人团结创业，经过 10 年打拼，建成了一个崭新的社会主义新农村。他们在山坡上新栽了 6 万株果树，拦海建成了 1500 亩对虾养殖场，建起了罐头厂、气调冷藏库、石灰矿等 17 家村办企业，新添置了 20 多艘渔船，建码头、建修船厂。他们重新规划了村庄布局，50 多座 2 层洋房民宅、600 多平方米的幼儿园整齐排列在 2 公里的穿村柏油路两边……他们的成就吸引了菲律宾、那威、柬埔寨、卢旺达、孟加拉等国的领导人和来自苏联、德国、美国等 10 多个国家的记者前来参观、访问。后石村先后荣获全国先进党支部、全国模范村民委员会、全国造林绿化千佳村、全国小康示范村、全国最佳经济效益乡镇企业、全国乡镇企业 500 强村、全国出口创汇先进单位等称号。

《共产党员》杂志 1998 年第 12 期以《凝聚力和威信的由来——带领群众共同致富的后石村党组织工作纪实》总标题，采用系列报道的形式，宣传了这个先进基层党组织典型，在读者中引起了较大的反响。

| 第六节 |

宣传老山前线英模群体

对越自卫反击战结束后，中越边境继续进行了长达十年的对峙，对峙中最出名的就是"两山轮战"，中国军队对越南军队控制的云南省老山和者阴山据点进行集中拔点作战，被称为"两山轮战"。"两山轮战"中涌现出许多可歌可泣的英雄事迹和大批英模人物、先进集体。这成为《共产党员》杂志重点宣传对象之一。1985 年第 21 期（当年为半月刊）登载了记者李淑艳随人民解放军英模汇报团采写的共产党员、孤胆英雄陈洪远的事迹，受到读者好评，许多读者来信建议多登一些这方面的英模人物。这引发了编辑部对如何报道好英雄模范群体的思考。

1986 年 5 月，中央军委发布命令，授予云南老山地区防御作战有功单位及个人荣誉称号。中央军委的命令催生了一个宏大报道计划。共产党员杂志社时任总编辑汤光伍在回忆当时的决策时说："良机已至，抓住不放。我们决定在当年建党 65 周年前夕出版的第 6 期《共产党员》杂志上，集中主要篇幅登载云南前线某部 10 位荣立战功的优秀共产党员，而且要把宣传和表彰结合起来。"他的想法得到了辽宁省委宣传部的同意，并"当即通过沈阳军区政治部的有关同志与云南前线某部进行了沟通，得到的答复是，他们非常欢迎我们的这一举动"。于是，编辑部选派 4 名得力记者奔赴云南前线某部进行采访、组稿工作。记者们在前沿阵地钻"猫耳洞"，上"高地"，冒着生命危险进行了一次终生难忘的采访活动。

采访中，英雄们的感人事迹和崇高境界深深地震撼着记者们。当时担任领队的记者李淑艳在后来写的一篇回忆文章中写道："他们为的是什么？有个战士在诗里说得好：'为了婴儿的酣睡更甜，为了母亲的笑脸更美，为了炊烟自由地升起，为了祖国的青春永驻，我宽厚的肩膀，愿挑起所有的不幸。'这就是老山前线战士们的胸怀。"

整个采访过程紧张但很顺利，前线参战部队各级领导机关按照共产党员杂志社的要求，从数百名一等功以上荣立者当中，经过反复酝酿、协商、推选，确定了受宣传表彰的 10 名优秀共产党员名单。

5 月中旬，共产党员杂志社表彰老山前线 10 名优秀共产党员的会议，在前线某部会议室举行。共产党员杂志社总编辑汤光伍发表简短致辞后，宣读了时任中共辽宁省委副书记李泽民的书面讲话。云南前线某部部队长肯定和赞扬了这次宣传表彰活动，希望从《共产党员》杂志上更多地看到各条战线上党员的光辉形象。部队还给辽宁省委写了一封热情洋溢的感谢信，衷心祝愿辽宁人民在四化建设中取得新的更大成就。10 位被表彰的优秀共产党员共同给《共产党员》杂志广大读者写下赠言："胜利和荣誉是属于党、祖国和人民的，让我们在各自的岗位上同全国和辽宁全省千千万万共产党员一起为党、祖国和人民争取更大的胜利。"

在老山前线开完表彰会之后，编辑部投入到第 6 期《共产党员》杂志的编辑出版工作。经过十几天的日夜突击，一本面貌一新的刊物呈现在读者面前。封面照片是前线部队战地记者拍摄的张荣先在一次战斗胜利后与战友拥抱的特写镜头；封二、封三以《辽水老山万里情》为题，登载了 20 多幅记者在采访老山前线和表彰会的活动照片；在内文以大量的篇幅报道了被表彰的 10 名优秀共产党员感人肺腑、催人奋进的事迹，每篇文章都配有精美插图和辽宁著名书法家根据英雄本人肺腑之言书写的条幅。

这期刊物发送到读者手中以后，引起了强烈反响，千余封信件邮到了编辑部。读者称赞这次宣传活动"独树一帜""别开生面""富有创造性"；山东省淄博市委宣传部的一位同志来信说，你们这期刊物，实际上是为我们广大党员和群众派了一个常驻的解放军英模事迹报告团；云南前线某部收到编辑部赠送的 5000 册刊物，备感亲切，大家争相阅读，奔走相告，指战员受到巨大的鼓舞和激励；部队领导认为，共产党员杂志社的这次宣传表彰活动，是所有宣传他们的事迹活动中最感人、最成

我们胜利了！

共产党员

一九八六年

月　刊

辽　宁

6

《共产党员》杂志1986年第6期集中宣传了老山前线十名英模的英雄事迹

功的一次。

1987 年，编辑部又发起举办了一次宣传表彰老山前线"战功卓著"的共产党员的活动。《共产党员》杂志在 1987 年第 8 期以《老山之魂　颂之常新　时代瑰宝　千古永存》为总题目，以较大篇幅报道了采访过程、座谈会情况和被表彰的 11 名优秀共产党员的事迹。

《共产党员》杂志连续两次关于老山前线的宣传获得了极大的成功，从报道方式上说，这是一次创新的尝试，也是一次轰动全国的重大报道。

| 第七节 |

宣传大兴安岭扑火英雄事迹

1987 年 5 月 6 日，黑龙江省大兴安岭地区发生了新中国成立以来最严重的一次特大森林火灾，震惊国内外。5 月 9 日，中央军委命令沈阳军区向塔河调集 1.4 万名解放军指战员，参加灭火战斗。由 5.88 万名军、警、民（其中解放军官兵 3.4 万名）经过 28 个昼夜的奋力扑救，于 6 月 2 日取得扑火胜利。在这场历时 20 多天的扑火战斗中，涌现出了许多可歌可泣的英雄事迹。

5 月中旬，共产党员杂志社决定派出记者到扑火前线采访。记者的采访进行得很顺利。由于当时扑火战斗还未完全结束，受表彰的部队官兵仍然战斗在各个火场，而且前线也不具备召开会议的条件，编辑部决定等扑火战斗取得全面胜利后在沈阳举行相关会议。

6 月 14 日，沈阳金城宾馆，共产党员杂志社宣传扑火救灾中立功的 10 名共产党员座谈会在这里举行。会上，时任辽宁省委常委、宣传部部长沈显惠发表了讲话，代表省委、省人大向胜利归来的灭火英雄和参加扑火救灾的全体指战员表示崇高的敬意和衷心的感谢。沈阳军区扑火救灾前线总指挥石宝源在讲话中说："辽宁省委共产党员杂志社 3 名记者，专程由沈阳奔赴大兴安岭扑火救灾前线，宣传为扑灭森林大火立下功勋的人民解放军 10 名模范共产党员的事迹。""这是对我们全体参加扑灭森林大火的指战员的一个鼓励，也是对我们参加这场特殊形式的战斗的一个评价。"

座谈会结束之后，《共产党员》杂志在 1987 年第 7 期以较大篇幅报道了座谈会情况和被表彰的 10 名优秀共产党员的事迹。在封面、封二、封底和内文中配发了大量来自扑火现场的照片。其中，"大胡子师长"吴长富在扑火现场指挥灭火的照片受到广泛好评，并被大量转载、传播。

《共产党员》杂志 1987 年第 7 期封面刊登在大兴安岭扑灭森林大火现场指挥的"大胡子师长"吴长富的照片

第十章

创办系列党刊

随着党的建设的不断加强和改革开放的深入，基层党组织和党员面临的新情况、新问题也越来越多。面对这种局面，共产党员杂志社在人力、物力资源都极其匮乏的情况下，发扬自力更生、艰苦创业的精神，在集中主要力量办好《共产党员》杂志的同时，采用"母鸡下蛋"和"先唱戏后搭台"的办法，创办了一系列党建刊物。在当时的中国还没有"细分市场"的理念，这一做法具有创新意义。共产党员杂志社抓住了党建期刊发展的战略机遇期，在全国率先创办了具有规模效益和连锁影响的一系列党建期刊，创建了蔚为壮观的辽宁党刊群，为辽宁党刊与时俱进地发展和成长壮大奠定了坚实的基础。

| 第一节 |
《党员特刊》杂志

《党员特刊》早期是以《共产党员（增刊）》名义不定期出版的，时间是 1978 年。当时的情况是，面对众多来稿，一方面，限于《共产党员》杂志的容量，许多稿件无法在刊物上正式发表；另一方面，有些党内文件、领导讲话和内部性文章也不适合在公开出版的刊物上发表。于是，产生了创办一本新刊物，扩大党建宣传阵地，更好地服务党的建设的想法。1981 年，《共产党员（增刊）》改刊名为《共产党员（内部发行版）》（其后又改为《共产党员内部版》），并正式创刊，当时由辽宁省委共产党员杂志社主办，后改为中共辽宁省委主办。

1989年1月，《党员特刊》杂志正式公开出版发行

相对于《共产党员》杂志，《共产党员（内部发行版）》更偏重内部性、战斗性，在上世纪70年代末80年代初，对"平反冤假错案"、清理"三种人"、整党、《关于建国以来党的若干历史问题的决议》等的宣传发挥了重要的作用。

由于《共产党员（内部发行版）》是党内刊物，在1986年之前，规定相当于基层党支部书记以上的党政干部可以订阅；1987年仍限制发行，阅读对象为各级党组织，县团级以上机关、团体、部队、学校、企事业单位的党员干部，基层党委、党总支、支部，书记、委员、党小组长以上干部；1988年以后，读者对象为普通党员。

随着刊物质量的提高和刊物发行量的增长，读者对刊物的容量和发行方式也提出了新的要求，一本"内部发行"的"内部刊物"已经远远满足不了读者的需求。1989年1月，《共产党员内部版》更改刊名为《党员特刊》。更名后的刊物保留了此前的主要办刊方式和基本框架，扩大了报道的覆盖面，提出了以"四特"为核心的新的办刊理念。"四特"即：特在权威性、特在指导性、特在内部性、特在战斗性。在具体办刊工作中，对刊物的采编要求、内容表达、装帧设计、纸张选用等都进行了明显的升级提质。同时，编辑部对刊物的发行机制、发行方式方法也进行了革新和完善，为刊物进入发展的快车道提供了坚实保障。

除编辑出版《党员特刊》外，党员特刊杂志社还编发150余期供有关部门和有关领导参阅的具有内参性质的《内部情况与问题》，中央有关部门领导和辽宁省委有关领导多次在《内部情况与问题》上作出批示。杂志社还编发《群众来信摘编》《准备发表的信稿》200余期，及时把群众的呼声反映到有关部门。

1991 年，《党员特刊》期发行量首次超过 100 万份大关，最高时达到了 125 万份，成为全国为数不多的"百万大刊"之一，实现了共产党员杂志社早前提出的"双百万"目标（即《共产党员》《党员特刊》2 本刊物的期发行量都超过 100 万份）。

| 第二节 |

《老同志之友》杂志

1982 年，中共中央作出《关于建立老干部退休制度的决定》，《决定》颁布后仅仅一年时间，全国有几十万、辽宁省有近 10 万名老干部离退休或退居二线。

为了适应干部制度改革的新形势，满足一大批老干部、老党员的学习需求，共产党员杂志社在人力紧张、缺乏经验的情况下，承担了创办一本老干部杂志的新任务。几经酝酿和广泛征求老同志的意见，刊物定名为《老同志之友》。刊物的读者对象：以离休、退休和退居二线的老干部为主要对象，兼顾其他各条战线的老同志；办刊宗旨：集政治性、思想性、知识性、趣味性为一体的综合性刊物；主要内容：宣传马列主义、毛泽东思想，传达党对离休、退休和退居二线的老同志的有关方针、政策、指示，充分反映离休、退休和退居二线老同志的意见和要求，报道老同志的先进事迹，批评一些不良倾向，开展对某些共同感兴趣问题的讨论，介绍有关老同志文体活动和有益老同志保健的知识等。《老同志之友》于 1983 年夏出版创刊号，从 1984 年 1 月开始以月刊出版发行。

《老同志之友》的创刊得到了国家和辽宁省领导同志以及有关部门的关心和支持。时任全国政协副主席、中央宣传部原部长陆定一为刊物题写了刊名；时任中央政治局委员、中央党校校长王震把他撰写的一篇书序作为《老同志之友》创刊号的《发刊词》；时任中央顾问委员会委员、辽宁省委原第一书记郭峰多次接见共产党员杂志社负责同志，对刊物的办刊思想、内容安排、栏目设置、版式设计等提出了具体的指导意见，反复强调"要把《老同志之友》办成老同志的思想之友"。《老同志之友》的创办更是得到了广大老同志的支持和欢迎，该刊一创刊就发行了 16 万份，3 年后的期发行量超过了 30 万份。它不仅是全国第一份专为老同志创办的期刊，而且发行量长期居于全国老年期刊之首，读者遍及全国各地。《老同志之友》是辽宁省一级期刊，多次荣获"中国期刊方阵'双奖'期刊""国家期刊奖提名奖""全国百种重点社科期刊"等称号。

刊授党校和《刊授党校》杂志

1980年12月，在中共中央工作会议上，邓小平同志明确提出了人才方面的革命化、年轻化、知识化、专业化的"四化"标准。1982年9月，党的十二大提出："为了造就社会主义现代化建设的大批专门人才，必须大力加强干部的教育和训练工作。""全党同志和全体干部，都要充分认识现代化建设的需要，积极参加学习。"

为了配合党中央的战略部署，根据省委关于党刊"要供给党课教材"的指示，《共产党员》杂志从1982年第1期起，开辟《刊授党训班》栏目。经过近一年的试验，1982年底，共产党员杂志社决定在举办"刊授党训班"的基础上创办"刊授党校"，并在《共产党员》1982年第12期上发布了《"刊授党校"招生启事》。创办"刊授党校"的宗旨是"为了实现十二大报告中提出的'对全党进行关于马克思列宁主义、毛泽东思想基本理论的教育'，落实新党章对党员和党的干部的要求，配合整党，增强共产党员政治素质，提供党的战斗力，适应全面开创社会主义现代化建设的需要"。

刊授党校的办学最初主要依托《共产党员》杂志运作，在杂志上刊登教材、发布相关信息等，另设刊授党校校长办公室、教务处、学员处，负责办理招生、日常管理、组织考试等具体事项。刊授党校的创办，受到了广大党员的热烈欢迎，仅一年时间，入学的学员就达到31万人。随着学员的增多，办学规模不断扩大，仅靠《共产党员》杂志刊登教材已远远满足不了实际需求，《刊授

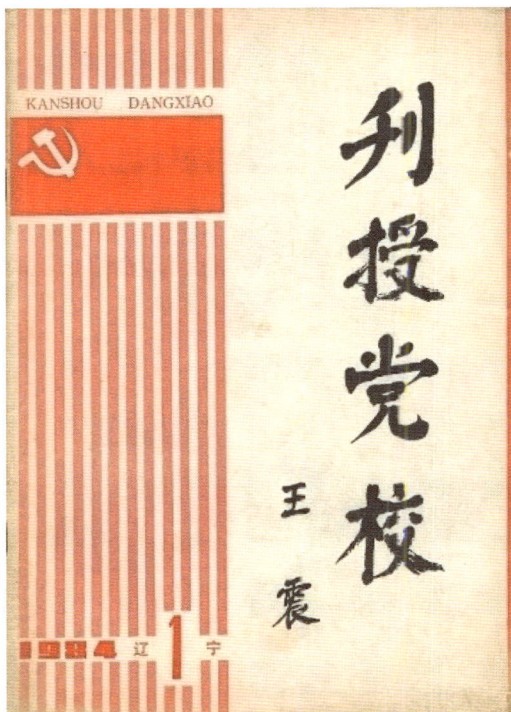

1984年1月《刊授党校》杂志正式创刊

党校》杂志于 1984 年 1 月正式创刊，正式接过了刊授党校办学的相关任务。刊授党校及所编辑出版的《刊授党校》杂志，作为干部教育培训主渠道的延伸和补充，发挥作者层次高、针对性强、内容新、形式活、方便阅读等优势，满足广大干部，特别是基层干部希望不脱离工作岗位上党校，利用零星时间学习系统理论和知识的迫切需要，真正办成了一所"没有围墙的党校"。

| 第四节 |

《改革之声》杂志

1984 年 7 月，经辽宁省委批准，《改革之声》杂志创刊，为半月刊，16 开本，32 页。初为共产党员杂志社内自负盈亏的刊物。1987 年，省委常委办公会议决定，"根据改革的形势需要，《改革之声》杂志交由省体改委主办"。1988 年 1 月，该杂志正式划归辽宁省体改委领导，由省体改委、省企业管理协会、省企业家协会主办，负责杂志的编辑、出版、发行事宜。

《改革之声》杂志的主要任务是：适应全国改革的潮流，广泛交流改革的信息和经验，探讨解决改革中出现的问题，推动以城市经济改革为中心的各条战线的改革活动。为改革鼓与呼是该刊的一个主要特点。从创刊到 1987 年的 3 年间，刊物在为数不多的版面中就介绍了 70 多位改革人物，40 多个改革先进单位的典型经验。做改革者之友，评选优秀改革者是该刊的又一个特点。曾发起评选辽宁省百名优秀改革者活动，与《中国经济体制改革》东北记者站联合发起评选东北三省优秀青年企业家、优秀农民企业家活动，评选"改革新秀"活动等。《改革之声》杂志离开共产党员杂志社以后，继续坚持既定的办刊理念，关注改革、支持改革，成为推动改革不断深入的重要力量。

| 第五节 |

《党建文汇》杂志

1984 年初，《共产党员》杂志为配合全省的整党工作，增加了关于整党的宣传内

1987 年 1 月《党建文汇》杂志正式创刊

容，但是，仍然满足不了整党工作的需要。在这种情况下，经省委领导批准，由省委整党工作办公室和共产党员杂志社合办，创办了《整党文摘》半月刊。1986 年 1 月，为了适应整党中工作重心的转变，刊物更名为《整党与党建》。时任中央顾问委员会常务副主任、中央整党工作指导委员会常务副主任薄一波为以上刊物和更名后的《党建文汇》题写了刊名。时任辽宁省委书记（当时省委设有第一书记）孙维本为《整党文摘》杂志撰写了《发刊词》。这段时间，刊物的主要内容是为整党服务的，读者对象主要是党支部书记以上的党员干部和党务工作者。由于刊物办刊宗旨明确、内容主题集中，受到了中央整党工作指导委员会的重视和直接指导，也受到了读者和基层党组织的欢迎，期发行量一直在 15 万份以上。

1987 年 1 月，刊物更名为《党建文汇》。

《党建文汇》的办刊定位是："以反映和指导党的建设为内容的，以县、团级党员干部为主要对象的，面向全国发行的党的建设刊物。"办刊的主要目标是：有较强的思想性、指导性、研究性，又具有知识性和可读性，成为党的组织和广大党员干部可以信赖的益友。刊物创刊时设立了《党建月谈》《中央领导同志言论辑录》《党建理论探讨》《供你思考》《世界共运》等 20 多个栏目。

《党建文汇》创刊后，发行量节节攀升，至 2002 年，成为共产党员杂志社第 3 种期发行量超过 100 万份的期刊。

| 第六节 |

《共产党员·音像版》

20 世纪 90 年代中期，随着国家经济社会的快速发展，社会上音像设备的普及率逐步提高，各地党组织纷纷组建了党员电化教育中心，基层党支部也开始建设相应的党员电化教育平台。1997年夏，为了满足基层党组织对党员教育音像制品的需求，在纸版《共产党员》杂志的基础上，创办了《共产党员·音像版》杂志，以录像带和光盘作为载体，从1998年1月开始制作、发行。由于人手紧张、经验不足，当年为双月刊，自1999年始改为月刊。2002年，《共产党员·音像版》杂志停刊。

《共产党员·音像版》杂志的主要任务是为基层党组织上党课提供基本材料，主要内容由4个版块组成：一是党课。选题根据当时形势，努力做到围绕中心，服务大局。二是先进典型。选取先进性、示范性强的优秀党员和先进集体制作成电视专题片。三是反面案例。从原来是党员、干部，犯罪后已经判处刑罚的人中选取有教育意义的，制作成视频节目，以使观众引以为戒、警钟长鸣。四是资讯。帮助观众增长知识、开阔视野。《共产党员·音像版》杂志每期总时长60分钟，在基层党组织上党课时，既可一次性播放，也可以播放其中一个版块，比较灵活。由于节目内容选题准确、制作精细，受到了省内外基层党组织的欢迎，该杂志发行到了全国20多个省、区、市。

| 第七节 |

与有关单位合办期刊

20世纪80年代末90年代初，共产党员杂志社还与有关部门合作出版了《中国机构与编制》《政党与当代世界》等期刊。它们虽然在共产党员杂志社的存续时间不长，但也完成了各自的任务，并为其后的发展打下了良好的基础。

除了编辑出版正式刊物之外，共产党员杂志社还编辑出版了《内部情况与问题》《群众来信摘编》《〈共产党员〉内参》等不定期内部刊物。这些刊物直送省委常委、省委有关部委、有关的市委和中央有关部门，向他们反映基层情况和发现的一些问题，对下情上达、沟通群众与党的领导机关的联系发挥了很好的作用。截至1987年，据不完全统计，《内部情况与问题》登载的稿件，有40篇被辽宁省委办公厅采用，有7篇被中央办公厅、中央组织部和中央纪律检查委员会采用，送中央政治局参阅并被中央领导同志批示。1985年，时任辽宁省委第一书记郭峰在一份送阅件上批示：

"看来共产党员杂志反映的情况很值得重视，应与之加强联系。类似此种情况也可以通过动态和信息使大家知道。"《群众来信摘编》同样引起省委和各级党委领导同志及有关部门的重视，省委领导同志亲自批转了约50%的信件，避免了一些苗头性问题蔓延扩大，使基层一些久拖不决的问题得到了及时的处理和解决。

为了配合当时形势和党中央、省委出台的重大举措的需要，共产党员杂志社编印了相当数量的增刊、专辑、学习资料等，编辑、出版了数百种党建读物，以此作为党建宣传的补充，扩大了党建宣传的范围和效果。

1988年7月，时任中央政治局委员、中央组织部部长宋平到辽宁进行党建专题调研，对辽宁省委利用党刊宣传党的建设、党刊积极配合省委对加强党的建设发挥了重要作用的做法给予肯定。他在调研结束后所写的公开发表在《求是》杂志上的《关于辽宁党建工作的调查》一文中，对辽宁党刊群给予了比较高的评价。他在文中写道，辽宁省委把利用党刊大力表彰先进党组织和优秀党员"作为加强党的建设的一项重要工作来抓。省委主办的刊物《共产党员》已发展成为宣传党的建设的系列刊物，计有《共产党员》《共产党员内部版》《党建文汇》《改革之声》《刊授党校》等五种，发行量居全国之冠。这几年，省委通过《共产党员》杂志先后集中表彰了100名党风端正的优秀领导干部，100名优秀共产党员，100名优秀党支部书记，100名优秀思想政治工作者，100名优秀改革企业家，38名优秀女共产党员。这些先进典型的宣传，在广大群众中产生了很好的影响，激发了党员的革命热情和光荣感，也提高了党在群众中的威信"。

第十一章

开展特色党建宣传活动

从 20 世纪 80 年代中期开始，共产党员杂志社举办了评选百名党风端正的优秀党员领导干部活动，评选百名优秀共产党员、百名优秀党支部书记活动，评选百名优秀思想政治工作者活动，"我爱中国共产党"知识竞赛活动，"歌颂中国共产党、歌颂社会主义"新歌词征集活动等众多活动，使党刊与党的建设和经济社会发展的实践结合得更紧密，在为党的建设和社会进步作出贡献的同时，也扩大了刊物的影响力，推动办刊工作上了一个新台阶。

| 第一节 |
开展系列"评百"活动

1986 年，共产党员杂志社先后举办了几次大规模的评优活动。编辑部的初衷是，通过举办活动更好更大地发挥党刊在党的建设中的作用，也以此探索新时期党刊的办刊模式。

最先举办的是评选百名党风端正的优秀党员领导干部活动。《共产党员》杂志在 1986 年第 2 期发出了活动通知，同时组成了由中顾委委员郭峰、中纪委委员李涛为名誉主任委员；辽宁省委副书记孙奇为主任委员；省委常委、省委整党办主任陈素芝，省委常委、省委宣传部部长沈显惠，省委常委、组织部部长尚文，省委常委、省纪委书记高姿，省委秘书长于希岭，省政协副主席、省委统战部部长刘庆奎等为副主任委员；省委有关部门和各市领导为委员的评选活动领导机构和办事机构。活动共进行了 4 个月，从群众来信来稿向评委会办公室推荐、基层党组织向市一级党委推荐开始，经过层层推荐、层层考核、层层把关，最后评出了分布在全省各条战线、从厅局级干部到基层党支部书记，包括部队和武警干部在内的 100 名同志。1986 年 6 月 17 日，于中国共产党诞生 65 周年前夕，在沈阳中华剧场举行了隆重的表彰大会。会上，评委会主任委员、时任省委副书记孙奇发表了讲话，他代表省委向积极筹办"评百"活动和积极支持、拥护"评百"活动的省内各界、各级党组织以及《共产党员》杂志的广大读者，表示深深的敬意！

《共产党员》杂志 1986 年第 7 期集中了一半以上的版面，重点报道了表彰大会的情况，其中包括领导讲话和受表彰同志的代表发言；刊登了"百名党风端正的优秀党员领导干部"集体发表的倡议书:《自觉地做端正党风的带头人》；还刊登了百名党风端正的优秀党员领导干部的个人简要事迹。这次活动影响很大，引发舆论关注。中央人民广播电台、《光明日报》及辽宁省内的众多媒体都在第一时间做了报道，有的还配发了评论、社论、专访和入选者的事迹等。

对这次活动评选出的 100 名同志，无论基层群众还是各级党组织，都给出了高度评价和信赖。不少读者来信，称赞这次活动是个创造，充分显示了党刊在端正党风过程中的力量和作用，表示要为党风的根本好转作出努力和贡献。

这项活动是党刊走向社会、走向群众的一条新路子，是由过去个别典型的报道走向群体典型报道的一次有益尝试，是突破旧有的固定模式开拓党刊活动领域的一次成功实践，从而真正实现了开门办刊、全党办刊、全社会办刊。

在这次活动之后，共产党员杂志社还相继举办了评选百名优秀思想政治工作者活动（共举办 2 届），评选百名优秀共产党员、百名优秀党支部书记活动，评选百名优秀青年思想教育工作者活动；从 1988 年到 1990 年，连续 3 年与辽宁省妇联合作，分别举办评选走在改革前列的女优秀共产党员活动、评选优秀女领导干部活动、评选"四有"（有理想、有道德、有文化、有纪律）"四自"（自尊、自信、自立、自强）女标兵活动。

举办党的知识竞赛

1986 年，为了帮助我省广大党员、非党积极分子和广大青年对党的知识的学习，使他们了解和熟悉党的历史和党的日常生活的知识，共产党员杂志社发起并与鞍山钢铁公司党委、辽宁电视台联合举办了首届"向导奖"党的知识竞赛。竞赛面对"在辽宁省各行各业工作或学习，年龄在 35 岁以下的党员（党建、党史专职教育工作者除外）"举办。经过两个多月的精心准备和训练，全省组成了 19 支代表队，参加了 5 月 25 日在沈阳辽宁人民剧场举行的竞赛。各队队员通过听歌曲、看录像等形式给出的试题，回答关于党史、党建、党的基本知识等方面的问题。

各地对这次竞赛非常重视。省委直属机关工委把抓好竞赛活动作为上半年推动机关党员学习的主要形式。竞赛收获了各方面的普遍好评。

第 2 届"向导奖"党的知识竞赛于 1987 年举办。这次竞赛与首届竞赛的主要区别是对参赛主体做了调整，竞赛对象是"辽宁省的农民党员（包括从事农、林、牧、副、渔的农民和乡镇企业职工），经参加县或乡镇一级党的知识竞赛者"，组队方式是以市为单位，全省组成 13 个代表队参加竞赛。

第 3 届"向导奖"党的知识竞赛于 1988 年举办。这次竞赛的参赛主体调整为"辽宁省的企业党员（包括乡镇企业、'三资'企业）和要求入党的积极分子"。这次竞赛的组队方式有了变化，是以企业为单位组成代表队。

第 4 届"向导奖"党的知识竞赛于 1989 年举办。这次竞赛相比前几次有明显的变化，不再以组队当场竞技的方式进行，而是由各级党组织牵头，组织基层党员以答卷的方式参赛。这样做的好处是，参与的人更多，受教育面更广。为了让更多的党员参与进来，省委组织部还下发了《关于积极组织党员参加第 4 届"向导奖"党的知识竞赛的通知》，要求"市、县（区）委组织部门和基层党组织要把开展这一竞赛活动同形势任务教育、党员标准教育及民主评议党员和妥善处置不合格党员等各项工作紧密结合起来，充分利用党的知识竞赛活动，切实使广大党员和积极分子从中受到教育和启迪"。

连续举办 4 届"向导奖"党的知识竞赛，均取得了比较好的效果。一些外省读者从刊物上看到举办竞赛的情况，来信提出要求参加竞赛。1990年，共产党员杂志社根据各地党组织和党员的要求，为贯彻、落实党中央关于加强党的建设的一系列指示精神，与中央电视台联合举办了全国首届"我爱中国共产党"党的知识竞赛。参赛对象以基层党员和入党积极分子为重点，同时欢迎广大群众踊跃参赛。竞赛方式基本上沿用了第4届"向导奖"党的知识竞赛做法，就是采取观看反映党的生活的10集系列电视短剧，以书面答卷的方式进行。竞赛组委会在合适的时间将电视短剧录像带和试卷邮寄给参赛单位。竞赛活动结束后，中央电视台和《共产党员》杂志分别播放或刊登了标准答案。6月13日，两家主办单位在北京人民大会堂举行全国首届"我爱中国共产党"党的知识竞赛电视短剧集试映座谈会。胡乔木、邓力群、彭冲、廖汉生、王首道等中央领导同志及老同志，时任中宣部常务副部长徐惟诚、中央政策研究室副主任郑科扬等出席座谈会。9月16日，历时7个月的竞赛活动圆满落幕，来自全国29个省、市、自治区的500多名获奖代表参加了在沈阳举行的表奖大会。这次竞赛活动最终评出组织奖470名；个人一等奖30名，二等奖60名，三等奖110名；鼓励奖1万名。此外，还评出了导演奖、摄制组奖、剧本创作奖和编辑奖。

　　1991年，全国第二届"我爱中国共产党"党的知识竞赛活动如约举办。为了给活动提供更好的宣传载体，共产党员杂志社与中组部电教中心、中央电视台合作制作了4集电视专题片《永远的年轮》。在竞赛进行的那些日子，在全国各地，无论工

1991年6月，共产党员杂志社与中央电视台联合举办的全国第二届"我爱中国共产党"党的知识竞赛表奖大会在北京人民大会堂隆重举行

厂矿山、机关学校，还是农村乡镇、部队营房，到处都在播映电视专题片《永远的年轮》。在中建五局散落于湖南、上海、广东珠海的施工工地上，3支流动放映小分队风餐露宿，总行程5000多公里，播映电视专题片120场。活动吸引全国5万多个基层党组织、100多万名党员参加，取得了巨大的成功。第二届"我爱中国共产党"党的知识竞赛表奖大会于1991年6月25日在北京人民大会堂隆重举行。

| 第三节 |

推动全国地方党刊合作发展

召开东北三省党员教育刊物座谈会。1979年8月，由辽宁省委共产党员杂志社发起，在黑龙江省哈尔滨市召开东北三省党员教育刊物座谈会。这是改革开放以后，第一次跨省举办的党刊联合活动。这次会议主要研究了办刊方向问题，并相互交流了办刊经验。在这次会议上，辽宁省委共产党员杂志社总编辑汤光伍提议，这样的会议今后应该每年举行一次，以便加强兄弟刊物之间的联系，互相交流办刊经验，推动三省党刊更好更快地发展。

举办全国地方党员教育期刊年会。党的十一届三中全会以后，随着各项工作逐步走入正轨，全国各地党员教育刊物陆续复刊，如何将这些力量整合起来，互学互助、共同发展就成了一个实际问题。1980年7月，辽宁省委共产党员杂志社将各省党刊的代表邀请到大连市，举办"22省、市、自治区党员教育刊物工作座谈会"，共商党刊事业发展。共产党员杂志社总编辑汤光伍主持了这次会议。会上，请上海市《支部生活》杂志介绍了他们在"文化大革命"之前办党刊的经验，汤光伍代表共产党员杂志社作了关于如何抓好典型报道的发言，《人民日报》《工人日报》《解放日报》负责党的生活报道的同志交流了办报办刊经验。这次会议之后，每年都召开一次全国党员教育刊物工作座谈会，并形成了一种制度，为此还成立了"全国党刊研究会"，为会员制，年会由会员单位轮流主办。

促成全国党刊研究会的成立并形成年会制度，是辽宁党刊对全国地方党刊界的重要贡献。1980年第一届全国党刊工作座谈会之后，各地党刊事业飞速发展，很多当年没有党刊的省份纷纷创办了自己的党刊，党刊社的数量很快就从当初的22家发展到 50 家以上，形成群星璀璨的大好局面。

　　牵头形成《全国党员教育刊物工作座谈会纪要》。1983 年 11 月，全国党员教育刊物工作座谈会在江苏省南京市召开，来自全国各省、市、自治区党员教育刊物的负责同志和中央有关部门的代表应邀参加了会议。会上，中宣部宣传局委托共产党员杂志社代为整理本次会议纪要，会后中宣部和中组部以文件的形式转发。共产党员杂志社就会议上的发言进行讨论归纳，整理拟出草稿后，又与江苏《党的生活》、上海《支部生活》两家党刊讨论，合作修改这份文件。形成初稿后，报至中宣部宣传局。在文件定稿时，中宣部宣传局又一次听取了共产党员杂志社的意见。1983 年 12 月 31 日，中宣部、中组部联合下发《关于转发〈全国党员教育刊物工作座谈会纪要〉的通知》，指出："几年来，党员教育刊物发展很快，已成为加强党的建设的有力工具。在全面整党中，更是对党员进行教育和指导工作的一支重要力量。各地党委组织部、宣传部应切实加强对党刊的领导，重视运用这个工具，充分发挥党刊的作用。要积极支持刊物开展工作，为他们创造必要的工作条件。对党刊工作人员参加党的会议、阅读党内文件和业务进修等方面，可予以适当的照顾。"

　　《全国党员教育刊物工作座谈会纪要》全文近 5000 字，总标题为《做好以整党为中心的宣传教育工作，进一步开创党员教育刊物工作的新局面》。《纪要》共分为 4 个部分：一、党员教育刊物已经成为党的建设的重要工具；二、努力搞好以整党为中心的宣传教育；三、在整党宣传中提高刊物的战斗力；四、建设一支适应整党宣传需要的办刊队伍。《纪要》指出，当前整党宣传在内容上应突出以下几点：宣传整党的有利条件，增强搞好整党的信心；宣传认真学习文件的重要性，为统一思想打好基础；宣传党内生活的优良传统，拿起批评与自我批评的武器；宣传清理"三种人"的必要性，认真做好纯洁组织的工作；宣传党员标准和优秀党员典型，争取更多的同志成为合格党员。

　　《纪要》充分体现了党中央对党刊工作的重视，与 1956 年中宣部发出的《全国支部生活座谈会纪要》一起，成为新中国党刊发展历史上具有重要意义的文件。

　　组织全国优秀党建读物评选活动。1989 年 3 月，《党建文汇》编辑部为了向广大读者展示党的十三大以来党建理论的丰硕成果，进一步激发党内外同志对党建理论和党的基本知识的学习热情，及时向读者推荐优秀的党建读物，倡导发起了全国优秀党建读物评选活动。首届活动由党建文汇杂志社、求是杂志社政治理论部、党建研究杂志社、中国图书评论杂志社、书刊导报社共同举办，于 1989 年 10 月 22 日在北京举行颁奖大会。后来逐步发展到由全国党建研究会主办，本溪钢铁公司党委、党建文汇杂志社、求是杂志社政治理论部、党建杂志社、党建研究杂志社、新闻出版报社联合举办的"本钢杯"全国优秀党建读物评选活动。

全国优秀党建读物评选活动评选出一大批有影响的优秀党建读物，对推动党的建设研究和党建类图书的出版，起到了积极作用，受到广大读者、党建研究工作者和党建图书出版者的好评。评选活动也引起了社会的关注和赞许，《人民日报》、新华社、中央电视台、中央人民广播电台、《新闻出版报》等新闻单位都曾对此做过宣传报道。

第十二章

党刊传播力影响力全面提升

| 第一节 |

中央与省委领导同志高度重视、大力支持

《共产党员》杂志能够健康发展，不断成长壮大，与中央有关领导同志及有关部门、中共辽宁省委及省委相关部门的关心支持是分不开的。1950年，毛泽东同志为《共产党员》的前身《新农村》杂志题写刊名，极大地鞭策、鼓舞了当时的办刊人。在那之后，中央有关领导同志、中央有关部门在不同时期、各种情况下为刊物提供了指导和支持。改革开放后，各级领导和有关部门对这本刊物的支持越发具体、有力。

1980年2月，刚刚参加完党的十一届五中全会从北京返回沈阳的时任辽宁省委第一书记任仲夷约见时任省委组织部部长陈一光、副部长张凌云、共产党员杂志社总编辑汤光伍，专门研究办好《共产党员》杂志的问题。任仲夷同志提出，《共产党员》杂志办得不错，是起了作用的，甚至兄弟省市都有好评。要进一步办好，使它更好地贯彻党的十一届三中全会、五中全会精神，更好地对全省广大党员进行党的政治路线、思想路线、组织路线教育。对加强《共产党员》杂志的影响力，可以用省委作决定的形式，也可以采取组织部、杂志社向省委写报告，省委批示的形式，作出安排。全省读《共产党员》杂志，把它作为党员教育的课本，非党员也可以订阅，大量的非党同志订阅《共产党员》，是党的威信提高的表现。办刊物的人要精干，不要像搞基本建设那样搞人海战术，工作要靠质量，要依靠积极性。

1980年3月29日，中共辽宁省委批转省委组织部、省委宣传部《关于进一步办

好〈共产党员〉杂志的意见》。《意见》指出，《共产党员》杂志是省委主办的党刊，主要任务是宣传马列主义、毛泽东思想，宣传党的路线、方针、政策，向党员进行党的基本知识、党规党纪和党的优良传统作风的教育。党的十一届五中全会提出要对全体党员深入地进行政治思想教育，《共产党员》杂志在这方面负有重要责任。办好这个杂志，需要全省党组织和全体共产党员共同努力，各级党组织都应当把办好、用好《共产党员》杂志，作为加强和改善党的领导，提高党的战斗力的一项重要措施。各级党委要充分利用《共产党员》杂志，搞好党员的再教育，使广大党员、干部在社会主义现代化建设事业中充分发挥先锋模范作用。

《意见》要求，全省各级党组织要把《共产党员》杂志作为党课教育的教材和参考资料，组织党员、干部进行学习，领导干部也要注意阅读，可以从中了解情况，受到启发。同时，要热情关心和支持《共产党员》杂志，积极为杂志组织稿件，经常向杂志反映党员的意见和要求。共产党员杂志社的同志要经常深入基层，调查研究，听取各级党委的建议和批评，以便上下共同努力，把杂志办得更好。根据广大党员、干部与非党积极分子的迫切要求，《共产党员》杂志需要适当扩大发行量。所需纸张，请有关部门予以保证。为了加强对《共产党员》杂志的领导，建议由省委一名常委牵头，由省委组织部、宣传部、纪律检查委员会、办公厅的负责同志定期同杂志社的负责同志一起研究和讨论编辑方针和指导思想，以及其他重要的问题。同时，要尽快地健全和加强杂志社的领导班子。为了便于开展工作，建议有关部门对杂志社在阅读文件、参加会议等问题上，提供方便。

1983 年 10 月 18 日，中共辽宁省委组织部、中共辽宁省委宣传部联合发出《关于认真组织发行和阅读〈共产党员〉杂志的通知》。通知要求全省各级党组织，要做好发行工作。在新的形势下，要在巩固和发展公费订阅的同时，大力发动和组织广大党员、非党积极分子、团的干部自费订阅，提倡党员干部带头订阅，尽可能扩大发行面，使每个党员都能看到《共产党员》杂志。要组织学习好党刊。要在发动党员自己阅读的同时，充分利用党的组织生活会、党课、党训班等形式进行学习和讨论。并定期收集和反映党员对刊物的意见和要求，使刊物在全面整党和经常性的教育中发挥应有的作用。各级党委的组织部门和宣传部门要把做好《共产党员》杂志的发行和阅读工作作为加强党的思想建设和组织建设的一项经常任务来抓，定期检查指导，总结交流运用党刊对党员进行教育的典型经验。

1984 年 7 月 20 日，中共辽宁省委组织部、中共辽宁省委宣传部、中共辽宁省委党校联合下发《关于充分利用刊授党校加强干部和党员进行马克思主义基本理论教育的通知》，要求进一步办好刊授党校，充分发挥它在培训干部、教育党员，普及马克思主义基本理论，培养社会主义现代化建设人才方面的积极作用。把刊授党校工作纳入议事日程，开展多种层次、多种形式的辅导活动。严肃认真地组织好考试，坚持"以刊养校"的方针，解决刊授党校的经费来源。

1987 年 2 月 21 日，中共辽宁省委组织部、中共辽宁省委宣传部、辽宁省人事局、辽宁省劳动局联合发文指出：根据中发〔1983〕14 号文件关于"各级党校的培训班、理论班都要实行考试考核制度和学历制度"的规定和中发〔1984〕28 号文件"党校办大专班和中专班，要经省级党委批准"的要求，我省的省、市委党校，部分县（区）委党校，鞍钢、沈铁、辽化、辽河石油局党校，辽宁刊授党校，经省委批准举办了取得党校学历的全日二年制研究生班，本科、专科班，中专班和业余三年制大专班、中专班。对上述党校各班次毕业生的待遇问题，根据中发〔1983〕14 号文件的规定，应按国民教育体系相当的学历享受相应的待遇。望遵照执行。

1988 年 3 月 10 日，中共辽宁省委再次批转省委宣传部、省委组织部、省委办公厅、省纪律检查委员会《关于在改革开放中进一步办好〈共产党员〉杂志几个问题的报告》，指出"各级党委要站在新的历史时期加强党的建设的高度，把《共产党员》杂志作为自己的参谋、助手和得力工具，使其在新时期党的建设中发挥更大的作用。各有关部门也要给《共产党员》杂志提供方便条件，帮助他们解决工作中遇到的问题"。《报告》对共产党员杂志社在宣传报道改革、经营管理改革、领导体制改革、人事制度改革、建立完备的信息系统、落实全党办刊方针等方面提出了具体要求，也对全省各级党组织提出了要求，指出：办好《共产党员》杂志，不仅是杂志社的事情，也是全省各级党组织的事情。全省各级党组织都要关心《共产党员》杂志的办刊和用刊工作，在提供信息、撰写稿件、组织发行和阅读等方面给予积极的帮助和合作。

从 20 世纪 70 年代末起，时任辽宁省委第一书记任仲夷、郭峰，省委书记李贵鲜、全树人等都对《共产党员》杂志有过面对面的具体的指导和支持。在共产党员杂志社举行的订阅发行和通联工作会议上，时任省委副书记孙维本、李泽民、孙奇多次到会并讲话，对共产党员杂志社的发展提供了大力支持，切实推动辽宁党刊不断发展壮大。

| 第二节 |

建立通联工作站点

自 1980 年 3 月省委批转省委组织部、省委宣传部《关于进一步办好〈共产党员〉杂志的意见》后，共产党员杂志社的各项工作都有了突飞猛进的发展。基层各级党组织响应省委的号召，把《共产党员》杂志的订、学、用看作是自己分内的事，做了大量的工作。共产党员杂志社抓住这一有利时机，在全省各市、县，省直机关、国有大型企业的党委组织、宣传部门帮助下，尝试建立通联工作站点。因为当时党刊发行由邮局负责，通联工作站点并不直接介入刊物收订工作，主要是做好订阅发动工作，发现、总结党刊订、学、用工作中的先进典型，多渠道、多形式做好党刊宣传工作，与邮电部门密切配合，保证刊物保质保量投递到读者手中。

在辽宁省外，主要是在以往订阅基础较好的地区建立通联工作站点，并把铁路、民航、石油石化等国有企业作为重点，扩大刊物的影响力和发行数量。至 20 世纪 90 年代初期，《共产党员》杂志在辽宁省以外地区的订阅数接近刊物总发行量的 1/3。

至 1994 年，共产党员杂志社所属刊物的发行总量迎来了一个高峰，其中，《共产党员》期发行量 184 万份，《党员特刊》（原《共产党员内部版》）期发行量 127 万份，成为本社的第二种"百万大刊"，全社 4 种刊物的总发行量达到创纪录的 366 万份。

进入 20 世纪 90 年代，共产党员杂志社的发展进入了一个超常规、可持续的良性发展轨道。而这一切，与共产党员杂志社时任总编辑汤光伍密不可分。

汤光伍（1926 年 10 月—2022 年 3 月 8 日），山东荣成人，1945 年 10 月加入中国共产党。1945 年 2 月，从山东省胶东解放区党的东海地委主办的东海中学毕业后，即走进了党的新闻出版队伍。历任山东胶东大众报社通联科干事、山东大众日报出版社出版科干事、东北民主联军总政自卫报社出版发行副股长、西满日报社出版发行股长、嫩江日报社记者、黑龙江日报社副刊部副部长等。1949 年 5 月起，调到《翻身乐》《新农村》《共产党员》杂志工作，先后任组长、副总编辑、总编辑。从 1966 年 4 月起，先后调到中共辽南地委、辽宁省五七干校、昭乌达盟宁城县、沈阳人民广播电台、沈阳市广播事业局等单位工作、学习和插队。"文化大革命"结束后，于 1977 年 12 月回到共产党员杂志社（当时改称支部生活杂志社）任总编辑，直到 1991 年 3 月离休。汤光伍同志为辽宁省委共产党员杂志社的事业发展、为推动办好全国地方党刊作出了巨大贡献。他在党中央粉碎"四人帮"之后，顶着压力组织、采写、发表了一大批为在"文化大革命"中遭到错误批判、残酷迫害的同志平反的文章，使共产党员杂志社成为当时全国拨乱反正、思想解放运动的坚强阵地；他注重办刊队伍建设，在二级党委和基层党组织中发展建立了庞大的兼职或特约记者队伍，并大力培养年轻同志，为党刊事业奠定了丰厚的人才基础；他总结自己长期办报办刊经验，提出《共产党员》杂志的办刊理念和远景规划并积极实践，在全国地方党刊界创造了办刊奇迹；他善于发现机会，发挥《共产党员》杂志孵化器作用，针对特定读者对象创办系列刊物，形成了享誉全国的辽宁党刊群，为辽宁党刊走在全国前列作出了重大贡献。

第十三章

形成辽宁党刊新矩阵

伴随着新世纪到来，迎着新形势下加强党的建设的春风，2000 年 2 月 28 日，经中共辽宁省委批准，全国第一家期刊集团——辽宁党刊集团成功组建。从此，辽宁党刊事业步入新的发展阶段，辽宁省党刊发展掀开新的历史篇章。

| 第一节 |

辽宁党刊集团组建

党的十一届三中全会以来，辽宁党建期刊有了较快的发展，形成了《共产党员》一马当先，《理论与实践》《辽宁党建》《党员特刊》《党建文汇》《基层学习指导》《刊授党校》齐头并进的格局，在全省乃至全国产生了较大的影响。

随着改革开放的深入和社会主义市场经济的迅速发展，各级党员干部学习需求不断提高，为了使辽宁党建期刊在规模、结构、内容、体制和管理等方面适应新形势、新任务的需要，进一步进行体制和机制改革，解决党建期刊在发展过程中出现的新问题，使辽宁党建期刊形成发展合力，中共辽宁省委决定组建辽宁党刊集团，并由辽宁省委主办、辽宁省委组织部主管。

2000 年 2 月 28 日，新组建的辽宁党刊集团召开首次全体职工大会。辽宁党刊集团的成立，标志着辽宁党建期刊事业进入了一个新的发展时期，同时，也为全国省级党刊乃至其他类期刊向集团化方向发展进行了有益的探索。

由共产党员杂志社、理论与实践杂志社和辽宁党建杂志社三家杂志社共同组建而成的辽宁党刊集团，初期形成了"六刊一校"的格局，这是全国第一家期刊集团。集团拥有员工219人，资产总额1.5亿元。集团党委提出要把"第一家集团"办成"第一流集团"，以名刊大刊为龙头，多种子刊共同发展，建成社会影响广泛、经济实力雄厚、管理科学规范的全国一流期刊集团。

集团下属有"六刊一校"。"六刊"即《共产党员》《理论与实践》《党建文汇》《辽宁党建》《党员特刊》《基层学习指导》，"一校"为刊授党校。

辽宁党刊集团的成立是新闻出版战线的一件大事，也是全国期刊界的一个重大突破，是辽宁省委推进新时期党的建设伟大工程的一项重大举措。集团组建伊始，集团领导班子和全体职工积极投入到集团的建设和发展中，把组建集团与调整刊物结构、提高刊物质量、促进事业发展结合起来，与进行人事、分配制度改革结合起来，与提高职工思想政治素质和业务素质结合起来。在较短的时间内，基本实现了对各个刊社的整合，刊物结构有所调整和改善，刊物质量有明显提升，经济效益有所提高，职工工作积极性增强，各项工作有了良好的开端。

| 第二节 |

调整形成"八刊一报"新格局

辽宁党刊集团成立后，根据省委"突出重点、整合一般"的要求，积极调整刊物结构，提高刊物质量。把《共产党员》作为集团的重点，在编辑力量和发行上给予倾斜；减少党刊品种，把《基层学习指导》改为《北方旅游》，2001年正式出版发行；为避免读者对象重叠、刊物内容雷同，将《辽宁党建》改为《干部之友》，2001年正式出版发行；各党刊结合读者实际需求，调整内容结构，突出特色，避免栏目、选题重复。集团上下坚持以提高刊物质量为工作中心，面向党的建设时代要求，面向读者需求，更新办刊理念，改造内容格局，改进文风，取得了初步成效。

到2001年底，辽宁党刊集团初步形成了《共产党员》《理论与实践》《党建文汇》《干部之友》《党员特刊》《刊授党校》《干部人事月报》《北方旅游》《辽宁老年报》等"八刊一报"的格局。

2003年底，在报刊治理整顿中，《共产党员》《党建文汇》《刊授党校》三刊继续留在辽宁党刊集团序列中，其他报刊或停刊，或脱离辽宁党刊集团序列。

《理论与实践》杂志　1977 年 7 月创刊，是中共辽宁省委主管、主办的机关刊物。国内统一连续出版物号：CN21-1001/D。半月刊，16 开本。

办刊宗旨：坚持为人民服务、为社会主义服务方向，宣传党的基本理论、基本路线和各项方针政策；围绕辽宁省委、省政府的中心工作，立足地方改革开放和现代化建设的实际，传达省委重大决策部署，辅导党员干部的理论学习，指导推动各条战线的工作。

主要栏目：《时政专访》《理论研究》《专题讨论》《思想文化》《热点追踪》《辽宁古今》《八面来风》等。

1977 年 7 月，省委决定创办《理论与实践》杂志，明确《理论与实践》的根本任务是："更高地举起马克思主义、列宁主义、毛泽东思想伟大红旗，认真宣传党的路线、方针和政策，为实现党中央提出的各项战斗任务，为胜利进行社会主义革命和社会主义建设……大造革命舆论。"同时成立杂志编委会，时任省委第二书记任仲夷任编委会主任委员，石果任总编辑。

1978 年 5 月 11 日，《光明日报》发表题为《实践是检验真理的唯一标准》的特约评论员文章，之后，全国范围内开展了关于真理标准问题的大讨论。《理论与实践》编委会主任任仲夷同志已任辽宁省委第一书记。他在该刊 1978 年第 8、第 9 期合刊上发表《理论上根本的拨乱反正》一文，系统地回答了为什么要坚持实事求是、怎样坚持实事求是和实践是检验真理的唯一标准等一系列重大问题。文章发表后，对当时刚刚兴起的真理标准问题的讨论产生了重大的积极影响，《人民日报》全文转发了这篇文章，在社会上引起了重大反响。

1978 年 12 月 22 日中共中央十一届三中全会召开后，《理论与实践》从理论认识和实践探索两个层面上大力宣传改革开放。从 1980 年第 1 期开始，《理论与实践》在内容和形式两个方面都作了较大改革，同时在栏目设置上也作了重大调整。新开办了《论形势·讲思想·谈任务》《马列主义基本理论知识》《民主与法制》《争鸣与探索》《特约稿》《学术动态》《端正党风》《经济生活》《工作研究》《群众呼声》《中外思想理论家介绍》《杂文》等栏目。

改版后的《理论与实践》，认真履行省委机关刊物的历史使命。从参与如何搞好农村联产承包责任制的讨论、社会主义生产目的的讨论、农村致富的讨论、有计划商品经济的讨论，到研讨城市经济体制改革、生产力标准大讨论，再到如何学好邓小平同志南方谈话、宣传建设有中国特色社会主义理论、市场经济大讨论等，都积极参与，对于宣传党的方针政策，活跃理论思维，引导改革和开拓创新都起到了很有益的作用，深受广大读者的欢迎和好评。

《理论与实践》及时编发辅导专刊和专题讲座，为干部理论学习提供了系统的学习材料。后为党政干部参加高等教育自学考试刊载了《哲学》《政治经济学》《中国近代史》《世界近代史》等学科的复习材料，还编发了一些党的政策、决议的辅导材料，对于提高干部的理论水平和执行党的政策、决议的自觉性起到了一定的促进作用。

2000 年 2 月，《理论与实践》杂志划入辽宁党刊集团，不再作为省委的机关刊物。

2004 年 1 月，在报刊治理整顿中，《理论与实践》杂志停刊。

《干部之友》杂志 2001 年，原《辽宁党建》改刊为《干部之友》，由辽宁省委组织部主管、主办。国内统一连续出版物号：CN21-1442/D，国际标准连续出版物号：ISSN1009-8356。月刊，16 开本。

办刊宗旨：宣传党的干部路线、方针、政策，探讨加强干部队伍建设、深化干部制度改革的途径和方法，关注广大干部普遍关心的问题，树立干部学习的榜样，剖析干部队伍建设中突出问题，满足广大干部的精神追求，为建设高素质的干部队伍服务。紧紧围绕党的中心工作，完整准确地宣传邓小平理论和党的基本路线，加强干部教育工作，搞好干部队伍建设，提高干部综合素质服务。

主要栏目：《经验传真》《从政之道》《干部手记》《信息快递》《业务助手》《答询信箱》等。

2004 年 1 月，在报刊治理整顿中，《干部之友》杂志停刊。

《党员特刊》杂志 1978 年创刊，中共辽宁省委主管、主办。国内统一连续出版物号：CN21-1003/D。月刊，32 开本。

办刊宗旨：传达中共中央最新精神，全面、准确地宣传党的基本路线，交流党内重要信息，指导基层党的工作，揭露和剖析党内腐败现象，回答改革开放中党的建设热点、难点问题。突出内部性、指导性、战斗性、实用性。

主要栏目：《要事评说》《上情下达》《党的工作者注意》《特别报道》《工作研究》《组工视点》《纪检战线》《内部报道》《党内信箱》《经验交流》《前车之鉴》《读者热线》《在历史的档案里》等。

1993 年发行量达历史最高点——125 万册，读者遍布 30 个省、市、自治区。2000 年，《党员特刊》加入辽宁党刊集团，成为旗下六刊之一。被评为"中国期刊方阵"双效期刊，东北三省优秀期刊，辽宁省一级期刊。2003 年，《党员特刊》由月刊改为半月刊。

2004 年 1 月，在报刊治理整顿中，《党员特刊》杂志停刊。

《干部人事月报》杂志　原为辽宁社会科学院主管、主办，2000 年划入辽宁党刊集团。国内统一连续出版物号：CN21-1485/C，国际标准连续出版物号：ISSN1672-1632。月刊，大 16 开本。2002 年，《干部人事月报》改刊为《人力资源》。

办刊宗旨：围绕人力资源开发管理，关注人力资源方面的最新动态，分析业内热点问题，研讨技巧方略，提供经验资讯，服务于人力市场。以关注"人与组织的协调发展"为办刊理念，以服务于企业管理层面、提升组织绩效、致力于人与组织、人与社会的和谐为办刊方向。

主要栏目：《专题策划》《咨询顾问》《招聘选拔》《薪酬绩效》《拍案说法》等。

2004 年 1 月，在报刊治理整顿中，《人力资源》杂志转隶辽宁社会科学院。

《北方旅游》杂志　2001 年，原《基层学习指导》改刊为《北方旅游》，由辽宁党刊集团、辽宁省旅游局主管、主办。国内统一连续出版物号：CN21-1455/K，国际标准连续出版物号：ISSN1009-9018。月刊，大 16 开本，彩色印刷。

办刊宗旨：以介绍旅游景点和相关产业为主，面向国内外游客，宣传北方旅游的自然风光、人文景观、风土人情，引导旅游，促进消费；提高人们生活情趣，营造投资环境，为社会主义精神文明和物质文明建设服务。

主要栏目：《旅游话题》《主题推介》《旅游探秘》《特色游路》《星级感受》《旅游

资讯》等。

2004 年 1 月，在报刊治理整顿中，《北方旅游》杂志转隶辽宁社会科学院。

《辽宁老年报》 1987 年 1 月 1 日创办，是辽宁省唯一的省级老年类行业报纸，是党的老龄工作和老干部工作的重要喉舌和舆论阵地。国内统一刊号 CN21-0023，每周二、四出版。

办报宗旨：以涉老政策发布窗口、涉老工作交流阵地、老年风采展示舞台、老年权益保障助手、老年生活贴心顾问为办报宗旨，秉承"快乐华龄 有我更好"的办报理念，成为老年人生活中不可或缺的良朋益友。

1990 年 12 月 13 日，辽宁老年报社开展了评选《辽宁老年报》十大新闻人物、《辽宁老年报》好新闻的活动。该活动持续 10 年，其间还评选过尊老敬贤领导干部。

2000 年 5 月至 10 月，《辽宁老年报》与丹东抗美援朝纪念馆、辽宁老年旅行社联办"寻找最可爱的人"活动，共收到征文 400 余篇。10 月 23 日，征文表彰会在丹东召开，10 位志愿军老战士被命名为"新时期最可爱的人"。9 月下旬，人民网加入活动并刊发征文。之后，《辽宁老年报》将征文编辑出版成书——《寻找最可爱的人》。

2001 年 3 月 1 日至 9 月 18 日，《辽宁老年报》举办"我所知道的'九·一八'"征文活动，共收到 300 余篇征文。人民日报社人民网为这次征文开设了专题网页。

1993 年 11 月，《辽宁老年报》被评为"辽宁省十佳报纸"。1998 年 6 月 5 日，《辽宁老年报》编辑部被评为第二届全省新闻工作先进集体。2002 年 5 月，《辽宁老年报》在全国第四届大型收藏精品展销会暨全国集报研讨会上，被评为体育、生活系列"辽宁省群众最喜欢的报纸"。

2004 年 1 月，在报刊治理整顿中，《辽宁老年报》转隶辽宁省老龄工作委员会。

共产党员

第四篇

———

新的形势下坚持
和发展中国特色社会主义时期的
辽宁党刊

（2002 年 12 月至 2012 年 10 月）

第十四章

报刊治理整顿及辽宁党刊新格局

| 第一节 |

报刊治理整顿之后的"三刊一校"

2003 年 7 月 15 日，中共中央办公厅、国务院办公厅印发《关于进一步治理党政部门报刊散滥和利用职权发行，减轻基层和农民负担的通知》，提出"要停办一批，减少党政部门报刊数量；分离一批，切断部门权力与报刊经营之间的利益纽带；整合一批，解决党政部门报刊结构不合理、质量不高等散滥问题"，并要求"将党的部门刊物全部合并为一种后划转，各省省委只保留一种党委机关刊"。

根据有关要求，辽宁党刊集团停办了《理论与实践》《党员特刊》等刊物，同时转办了其他的相关刊物。经过报刊治理整顿之后，辽宁党刊集团逐步形成了以《共产党员》杂志为主，包括《党建文汇》杂志、《刊授党校》杂志和辽宁刊授党校的"三刊一校"格局，将发展目标由"做大做强"转变为"做好做实"。

| 第二节 |

形成"四刊一网"新格局

在报刊治理整顿后，为了更好地担当起省委机关刊的责任，辽宁党刊集团更加自觉地将办刊工作纳入省委的工作大局，为全省改革发展稳定大局服务，为省委的中心工作服务，为全省党的建设服务。

2007年，《共产党员》杂志由月刊改为半月刊。上半月全面报道党的工作，并为提高干部的执政能力和综合素质服务，侧重于对党的各项工作的指导性和对干部培训工作的实用性，读者对象为各级党组织和党员干部、党务工作者，设置的栏目主要有《特别关注》《经济纵横》《组工通讯》《宣传在线》《法纪园地》《统战月报》《博识文萃》等。下半月按照中央《关于加强党员经常性教育的意见》中规定的教育内容设置栏目和报道内容，侧重于可读性和对党员进行经常性教育的渗透性，读者对象为所有党员和入党积极分子，发挥党刊作为连续出版物的优势，把中央对党员进行经常性教育的内容和要求具体化为党员爱读的事件、问题、新知识、新理论和人物事迹等稿件，使广大读者在自愿阅读的基础上，经常地、自觉地、潜移默化地接受中央文件中规定的教育内容，从而达到提高思想政治素质、增强工作能力、发挥先锋模范作用的目的，设置的栏目主要有《封面人物》《理论视野》《队伍建设》《组织生活》《党课参考》《百味人生》《时政资讯》《社会广角》《经济瞭望》《党风党纪》《知荣明耻》《法制经纬》《世界之窗》《历史风云》《致富路上》《科技新知》《工作智慧》《文化大观》《生活之友》《世说新语》《讽刺幽默》等。

《党建文汇》杂志从2002年起改为半月刊，上下半月各48页。2005年第1期开始，页码由48页改为56页。2013年，增加页码至64页。自2001年以来，《党建文汇》定位改为"面向全国"后，转变办刊思路，使刊物具有更高的质量和更强的可读性和实用性，受到读者的欢迎和喜爱，发行量以每年10万—20万册的数量递增，月发行量达到100万册以上，且大部分发行数额在省外。

《共产党员》及《党建文汇》杂志的改革引起了全国期刊界和党刊界的关注，被称作"辽宁党刊现象"。当时全国党刊界仅有4家党刊发行量超百万份，除了中共中央主办的《求是》和广东省委的《南方》外，辽宁党刊集团《共产党员》《党建文汇》杂志就占了两席。《共产党员》杂志2009年的发行量以133万份高居榜首。

2006年，辽宁党刊集团经前期市场调研发现，全国党建类期刊中缺少针对基层党支部书记层面的杂志。根据读者需求，创办了全国唯一一种专门面向基层党组织书记群体的杂志——《党支部书记》。创刊当年，《党支部书记》杂志就发行12万册。

2005年8月，经过上级主管部门同意，《刊授党校》杂志在保持原有办刊职能的基础上进行了全新改版，并推出《刊授党校·学习特刊》。2006年底，推出了全彩试刊号《刊授党校·领导月刊》样本。

2010年底，根据中央对党校系统停止在职学历班教学的统一要求，刊授党校实施转型，变"办学为主"为"办刊为主"，对原有的刊物进行全新改版。2011年4月，《刊授党校》杂志完成改版，改版后的《刊授党校》为大16开本，80页，全彩印刷，内容以原创为主。

2011年6月，为了在新形势下提高党建工作科学化水平，充分利用互联网推进党的建设和组织工作，省委组织部决定将中华先锋网作为省委组织部门户网站，由辽宁党刊集团承办。6月17日，新的中华先锋网正式开通运行。作为省委组织部门户网站，中华先锋网以传播党的声音、宣传组织工作、推进党的建设、服务党员群众为宗旨，充分发挥网络在推进党的建设和组织工作中的作用，成为服务党的建设和组织工作的重要平台。2011年，省委组织部专门下发了《关于充分运用中华先锋网推动全省党的建设和组织工作的意见》。2012年点击率已超过500万，并被评为"全国新闻出版业最具影响力网站""辽宁十佳文明标兵网站"，中华先锋网已经成为辽宁党刊集团事业发展的新载体和新优势。

第十五章

宣传党的理论创新成果

| 第一节 |

把宣传党的理论创新成果作为党刊的根本任务

《共产党员》杂志注重围绕中心、服务大局，特别是加强党的理论创新成果的宣传报道。在原有的基础上拓宽报道面，力求办好重点栏目，如《特别策划》《党的工作者注意》《重大决策》《焦点》等，在宣传中央及省委的精神上更准确、更精炼，表达方式更艺术，更易于为读者所接受。

对"三个代表"重要思想的宣传。《共产党员》杂志在《时评》《系列党课》等栏目中深入阐述"三个代表"重要思想。2003 年第 7 期《重大决策》栏目刊登《中共中央关于在全党兴起学习贯彻"三个代表"重要思想新高潮的通知》，《要言》栏目刊登胡锦涛同志《在"三个代表"重要思想理论研讨会上的讲话》，《时评》栏目刊登中组部有关同志的评论文章《做"三个代表"的忠实实践者》，《系列党课》栏目刊登中央党校有关同志的文章《文化是民族的灵魂——谈先进文化是建立一流国家的根本要素》。2003 年第 8 期刊登本刊评论员文章《真学、深学、学以致用、用有所成》，《热点访谈》栏目刊登专访文章《让我们聚集在"三个代表"旗帜下——中央党校副校长李君如系列访谈录》，对"三个代表"重要思想作详细阐述。

对科学发展观的宣传。《共产党员》杂志 2003 年第 12 期《系列党课》栏目刊登了党课文章《树立和落实科学发展观》，阐述了科学发展观的内涵及如何落实科学发展观问题；2004 年第 4 期首页《时评》栏目刊登了本刊特约作者撰写的《科学发展观呼唤"绿色政绩观"；2004年第5期刊登文章《怎样全面准确地把握科学发展观》，对科学发展观的内容、重大的现实意义和深远的历史意义进行了深入阐述；2005年第12期刊登《"发展"为什么必须"科学"》，对"发展"为什么要强调"科学"、什么样的发展才是科学发展等问题进行了阐述；2006年第2期《论坛》栏目刊登《深刻认识科学发展观的基本内涵》。

2004年11月7日，中共中央印发《关于在全党开展以实践"三个代表"重要思想为主要内容的保持共产党员先进性教育活动的意见》，对开展先进性教育活动作出部署。《共产党员》杂志2004年第1期至12期开设了《保持共产党员先进性教育系列党课》专栏，邀请中央组织部组织局相关同志撰写系列党课文章，每期一讲，共分12讲。

2005年，《共产党员》杂志开始开设《先进性教育活动专题》栏目，第4期刊登了《奏响党的先进性的时代强音——辽宁省第一批保持共产党员先进性教育活动的情况综述》《先进性教育活动分析评议阶段问答三题》等文章；第5期刊登《对先进性教育活动中需要进一步明确的有关问题的解答》；第7期刊登了《关于第二批先进性教育活动几个具体问题的解答》《第二批先进性教育活动全面展开》等文章。第二批先进性教育活动开展后，第8期刊登《怎样才能保证先进性教育活动的覆盖面》，特约中组部有关部门同志对"流动党员如何参加先进性教育活动""援疆、援藏和在外地扶贫、挂职锻炼的党员如何参加先进性教育活动"等问题进行解答；第10期增加了基层单位开展先进性教育活动的实践内容；2006年第5期刊登《第三批先进性教育活动需抓好三项重点工作》；2006年第6期刊登《在希望的田野上——大连市在先进性教育活动中开展"千名干部包千村"工作侧记》，报道了大连市在第三批先进性教育活动开展以来，认真落实省委提出的建设"三项民生工程"和"六项重点工作"要求，使先进性教育活动成为群众满意工程的生动实践。

《共产党员》杂志2005年第3期以"开门教育在沈阳"为主题进行了专题策划，宣传了沈阳市把解决问题和促进老工业基地振兴贯彻教育活动的始终的经验做法，刊发本刊记者采写的稿件《走出去 请进来 沉下去——沈阳市扎扎实实开展保持共产党员先进性教育活动》《为民谋利凸显实效》《到群众中受教育》《擦亮"共产党员"这块牌》《发展体现党的先进性》等文章。

为及时总结提炼保持共产党员先进性教育活动与党的先进性建设的实践经验和理论成果，推进党的先进性建设的理论创新和实践发展，由辽宁省委组织部、省委宣传部、省委先进性教育活动领导小组办公室、省委党校、省党建研究会和省社会科学界联合会共同组织了"保持共产党员先进性教育活动与党的先进性建设"征文活动，并在《共产党员》等新闻媒体开辟专栏，陆续刊登理论文章。

第二批学习实践科学发展观活动开始后，《共产党员》杂志从 2009 年第 3 期开始，陆续刊登《扎扎实实抓好第二批学习实践科学发展观活动》《开展第二批学习实践活动要重点把握的问题》《严桦落实责任　务求学习实效》《把科学发展观的要求转化为高校科学发展的正确思路和自觉行动》《深入学习实践科学发展观　构建有利于文化科学发展的体制机制》《第三批学习实践活动重在为基层群众多办实事》等文章。

为深入宣传以"八荣八耻"为主要内容的社会主义荣辱观，《共产党员》杂志 2006 年第 5 期《特别关注》栏目以《唱响"八荣八耻"》为主题刊登一组策划文章《"八荣八耻"：思想道德建设的新标杆》《荣辱榜》《党员干部应带头实践社会主义荣辱观》，并配发《三代领导人关于荣辱观的论述》《模范人物谈荣辱观》等资料链接。

辽宁党刊集团所属杂志着力建设高层次作者群，聘请多名专家学者撰稿。在中央有关部委建立起 50 人的高层次咨询顾问队伍，中央组织部原部长张全景、中央宣传部原常务副部长徐惟诚、中央政策研究室原副主任郑科扬等，或亲自撰写稿件，或接受专访，对《共产党员》杂志及其子刊给予大力支持和长期关注；依靠中省直部门和单位建立起 100 人的专家作者队伍，辽宁省委原书记闻世震、辽宁省委原常委王充闾等均在辽宁党刊集团所属刊物开辟专栏，发表文章，显著提高了辽宁党刊集团各刊网理论宣传的权威性和影响力。

| 第二节 |

宣传党的十六大精神、党的十七大精神

2002 年 11 月 8 日至 14 日，中国共产党第十六次全国代表大会在北京召开。《共产党员》杂志 2002 年第 12 期整本编辑出版了宣传党的十六大精神专刊。

2006 年 10 月 8 日至 11 日，中国共产党第十六届中央委员会第六次全体会议在

北京召开，会议审议通过了《中共中央关于构建社会主义和谐社会若干重大问题的决定》，《共产党员》杂志约请了中央有关部门的专家撰写了《学习党的十六届六中全会〈决定〉20问》，刊发于2006年第11期。

2007年10月15日至21日，中国共产党第十七次全国代表大会在北京召开。《共产党员》杂志2007年第11期上半月在不同的栏目以刊登原文、权威解读、评论文章等形式进行宣传。《上情下达》栏目用14个版面全文刊登胡锦涛同志的报告《高举中国特色社会主义伟大旗帜　为夺取全面建设小康社会新胜利而奋斗——在中国共产党第十七次全国代表大会上的报告》及《中国共产党第十七次全国代表大会关于十六届中央委员会报告的决议》，刊登辽宁省学习宣传贯彻党的十七大精神的相关文章：李克强同志在辽宁省委召开的传达贯彻党的十七大精神干部大会上的讲话摘要《全面准确学习领会党的十七大精神　为实现党的十七大奋斗目标而扎实有效工作》《中共辽宁省委发出通知要求认真学习宣传贯彻党的十七大精神》《各市领导传达贯彻党的十七大精神讲话集萃》等文章。2007年第11期下半月刊登《新一届中共中央领导机构产生纪实》，同时对修订的党章进行宣传，刊登《党章：二十五年与时俱进的五次修订》等文章。2007年第12期上半月重点刊登基层各领域各单位学习贯彻党的十七大精神的相关做法。

2007年12月，《共产党员》杂志为了配合对党的十七大精神的宣传，编辑出版了党的十七大精神学习辅导增刊《学习党的十七大文件参考材料》和《学习十七大党章问答》，共发行17万册。并在广大读者中组织举办了"学习党的十七大文件知识竞赛活动"。

除了《共产党员》杂志外，辽宁党刊集团各刊网也都在宣传党的理论创新成果方面积极发力。2002年，《党建文汇》以11期、12期合刊形式推出党的十六大专辑。2007年，《党建文汇》组织了以党的十七大文件起草人员、本刊顾问为主要作者的《学习党的十七大精神专题系列解读辅导》，刊发在2007年第11、12期上。2007年10月，《刊授党校》精心制作了党的十七大精神学习辅导专刊，受到读者的广泛好评。

注重通过高端论坛、访谈等形式宣传党的理论创新成果

　　注重形式各异、方法多样宣传党的理论创新成果，是《共产党员》杂志保持多年的优良传统。为了深入浅出、通俗易懂地宣传党的理论创新成果，《共产党员》杂志注重采访党建理论专家学者，注重举办高端论坛，扩大刊物宣传影响。

　　2001 年 8 月，《共产党员》杂志在大连举办首届《共产党员》论坛，来自全国各地的 120 多名代表参会。本次论坛的主题是"三个代表"与党的建设——基层党建的实践与创新。论坛还评选出获奖论文 43 篇。《共产党员》杂志在 2002 年第 9 期推出特别策划"有益的尝试"，对《共产党员》论坛进行了重点报道。

　　2003 年 10 月，《共产党员》杂志在杭州举办第二届《共产党员》论坛，来自全国各地的 150 多名代表参会。本次论坛的主题是党的执政能力建设——我们共同的责任。论坛评选出获奖论文 20 篇。《共产党员》杂志在 2003 年第 12 期对第二届《共产党员》论坛进行了重点报道。

2012 年 3 月，《党支部书记》杂志首先发起倡议创办"党支部书记论坛"。9 月，论坛首届年会在沈阳举办

2007 年 4 月至 10 月，《党建文汇》杂志先后在昆明、贵州、杭州、呼和浩特等地召开"加强和改进基层党建工作理论研讨会"。

2012 年 5 月，人民网·中国共产党新闻网和《党建文汇》杂志共同主办了全国创先争优主题案例征集座谈会暨颁奖活动，此次活动得到中央组织部的充分肯定。

2012 年 3 月，《党支部书记》杂志社发起并联合人民网·中国共产党新闻网、求是·红旗文摘杂志社、中华先锋网、浙江共产党员杂志社、组织人事报社、江苏党的生活杂志社、新湘评论杂志社、党员干部之友杂志社等单位主办的"党支部书记论坛"正式成立。9 月，"党支部书记论坛"首届年会在辽宁沈阳举办，与会的领导、专家学者、基层干部和大学生村官们，共同就大学生村官的成长规律，从不同的角度发表了各自的看法，受到了广泛关注。

| 第四节 |

开展知识竞赛、征文等多种活动宣传党的理论创新成果

辽宁党刊集团成立后，《共产党员》杂志等刊物在围绕中心、服务大局，做好常规宣传的同时，开展了以服务党建、教育党员为主题的知识竞赛、主题论坛、征文、摄影美术书法作品展等系列活动，出版了多种形式的学习辅导资料，受到省内外读者的欢迎。

为配合全党开展的以实践"三个代表"重要思想为主要内容的保持共产党员先进性教育活动，2006 年 5 月，由中共中央组织部组织局与共产党员杂志社共同举办的"新时期保持共产党员先进性理论研讨"征文活动评选揭晓，组委会约请专家和有关部门领导，从近 800 篇来稿中评选出一等奖作品 12 篇、二等奖作品 20 篇、三等奖作品 30 篇。

2006 年 4 月至 12 月，《共产党员》杂志举办"党章在我心中"征文活动。该活动得到省内外广大读者的广泛关注，他们通过电子邮件、信函及传真等多种方式向杂志社投稿，这次征文活动共收到电子稿件数百篇，文字稿件近千篇。

2006 年，《党建文汇》杂志与人民日报社、光明日报社、中宣部党建杂志社、中组部党建读物出版社、山东党员干部之友杂志社联合举办纪念建党 85 周年"学习党

章　　永葆先进性"知识竞赛活动。

　　2011 年 3 月，为纪念建党 90 周年，《共产党员》杂志与全国各党刊社联合举办"重温辉煌历史　促进党建创新"征文活动。

　　为深入学习贯彻党的十七届六中全会精神，加强党的建设，推动社会主义文化大发展大繁荣，以优异成绩迎接党的十八大胜利召开，2012 年 1 月至 12 月，《共产党员》杂志与全国各党刊社联合举办"全国党刊喜迎党的十八大·促进文化大发展大繁荣"联合征文活动，得到读者积极响应。

　　2009 年 6 月，《党支部书记》杂志与人民网·中国共产党新闻网联合举办了"怎样当好大学生村官"征文活动，受到中组部领导同志充分肯定。

　　2011 年 8 月，由辽宁省委创先争优活动领导小组办公室主办，辽宁党刊集团及《共产党员》杂志承办的"纪念建党 90 周年，深入开展创先争优活动'三项教育（党史教育、党性教育、形势任务教育）'知识学习问答活动"，历时两个月，圆满结束。经过活动组委会认真评选，评出优秀组织奖 215 个，优秀学习体会文章奖 111 个。

　　2011 年，为纪念建党 90 周年，党建读物出版社、党建研究杂志社、《党建文汇》杂志等单位联合主办纪念建党 90 周年"学习党的基本知识　立足岗位创先争优"知识竞赛。

　　2011 年 7 月，《党支部书记》杂志为了庆祝建党 90 周年，将第 7 期、第 8 期合刊，特约党史专家编著了《中国共产党支部建设 90 年》专辑，获得读者的好评。

　　2011 年，由全国党建研究会主办、《党建文汇》杂志协办的第十二届全国优秀党建读物评选活动于 10 月 14 日在北京落下帷幕。《中国共产党党内民主研究》等 21 种党建读物被评为第十二届全国优秀党建读物。

第十六章

宣传辽宁老工业基地振兴

| 第一节 |

对东北、辽宁老工业基地振兴战略的宣传

2002 年 11 月 8 日，中国共产党第十六次全国代表大会明确提出"支持东北地区等老工业基地加快调整改造，支持以资源开采为主的城市和地区发展接续产业"。2003 年 10 月 5 日，党中央、国务院出台了《关于实施东北地区等老工业基地振兴战略的若干意见》，推动老工业基地振兴上升为国家战略。

《共产党员》杂志始终把服务辽宁振兴发展实践，唱响主旋律，凝聚正能量放在重要位置，宣传报道了辽宁老工业基地建立、发展、改革和全面振兴的生动实践，辽宁奋力推进新一轮振兴、大踏步赶上新时代的历史性成就。

2003 年，《共产党员》杂志在第 7 期刊登对时任辽宁省委书记闻世震的专访，以"实施调整、改造和振兴战略 重塑辽宁老工业基地辉煌"为题，就加快振兴辽宁老工业基地问题进行了全面阐述。

2003 年第 12 期《共产党员》杂志以《奋发进取 重振雄风》为题，刊发了对省委政策研究室主要负责同志关于辽宁老工业基地振兴的专访。

从 2003 年下半年开始，《共产党员》杂志持续刊发了对一些领导、专家和学者的访谈和他们的论述文章，就如何进一步振兴东北老工业基地进行了深入的阐述。时任辽宁省省长张文岳也以《振兴老工业基地要做到"十要"》为题，在《共产党员》杂志刊发文章，提出要树立辽宁老工业基地振兴必定成功的信心，要有锐意进取的

朝气等；中央党校教育长李兴山撰写了题为《振兴东北老工业基地主要对策在于创新》的文章。

《共产党员》杂志2004年第1期以《确保振兴辽宁老工业基地有一个良好开端》为题，刊登时任中共辽宁省委书记闻世震在全省经济工作会议上所作的报告的第二部分"认清形势，统一思想，不断增强振兴老工业基地的责任感和紧迫感"。

《共产党员》杂志2004年第7期对辽宁大学原校长、教授冯玉忠进行了题为《东北振兴与观念转变》的专访，同时刊登辽宁省社会科学界东北振兴专家论坛上与会专家、学者就东北振兴诸多理论和实践问题发表的意见，为振兴东北等老工业基地提供舆论支持。

2004年10月，辽宁省委、省政府决定在全省开展"东北大振兴，辽宁怎么办"大讨论活动。为了配合活动的深入开展，《共产党员》杂志进行了系列报道，努力营造万众一心为加快振兴辽宁老工业基地而不懈奋斗的浓厚社会氛围。

2009年9月9日，国务院通过了《关于进一步实施东北地区等老工业基地振兴战略的若干意见》，《共产党员》第10期下半月对该文件进行了宣传。

| 第二节 |

通过特别策划和深度报道宣传辽宁老工业基地振兴

为更好地宣传报道辽宁老工业基地振兴，《共产党员》杂志从2003年下半年开始，采写编发了多个关于辽宁老工业基地振兴发展的特别报道。

2003年下半年，《共产党员》杂志多位记者随辽宁省委宣传部组织的"实践'三个代表'振兴老工业基地"采访报道团，从沈阳出发，历时半个月采访报道了辽宁人民在积极贯彻执行中央振兴东北老工业基地的战略决策时所展现出的豪迈情怀和火热的建设场景。以《不寻常的秋天里》为题，集中报道了鞍山地方经济与国有特大型企业联合发展、共兴共荣；营口园区经济又添生力军，民营企业敢为天下先，发挥品牌优势，把园区经济办得有声有色；辽河油田的党政领导热情关心困难职工，身体力行地实践"三个代表"重要思想；大连经济开发区，招商引资又出大手笔，为国有企业打造再展宏图的重生之地等经验。

在实施东北地区老工业基地振兴战略一周年之际，《共产党员》杂志2004年第11期上半月集中报道了辽宁振兴发展取得的初步成效

　　2004年春季，《共产党员》杂志记者一行五人，在沈阳市铁西区开展了深入采访，在第4期杂志刊登《东北振兴看铁西》的特别策划，展现了铁西区翻天覆地的变化。"东北振兴看辽宁，辽宁振兴看沈阳，沈阳振兴看铁西。"作为共和国最早的工业基地，沈阳市铁西区历史上曾经创造过无数的辉煌。在振兴东北地区等老工业基地的过程中，铁西同样具有举足轻重的地位。在这组特别策划中，《翻开铁西这本书》讲述了铁西区的吸引力；《秘诀——沈阳机床集团的再辉煌之路》讲述了沈阳机床通过"赛马"机制如何实现人才制胜；《大风歌——沈阳鼓风机集团有限公司再巡礼》为读者展示了沈鼓的无穷动力。

　　《共产党员》杂志2004年第11期以《振兴序曲：坚实的一步——写在实施东北地区等老工业基地振兴战略一周年之际》为题，报道了在中央振兴东北地区等老工业基地战略的强力推动下，辽宁广泛调动各行各业的积极性，抓住机遇，加快发展，振兴发展取得良好开端。

　　2008年，《共产党员》杂志重点宣传报道了我省"五点一线"建设和振兴老工业基地的有关成就，宣传报道了我省社会主义新农村建设和民生工程建设的成就。

　　在全方位报道辽宁老工业基地振兴的同时，《共产党员》杂志又特辟《振兴论坛》专栏，请专家学者、广大读者就振兴辽宁老工业基地的新思路、新体制、新机制、新举措、新途径等问题谈感想、扩思路。

对辽宁国有大型骨干企业的宣传

在报道辽宁老工业基地振兴过程中，《共产党员》杂志始终把报道一些国有大型骨干企业的改革创新进程作为重点宣传内容。

《共产党员》杂志 2005 年第 10 期以《把荣誉写上蓝天》为题，报道了沈阳飞机工业（集团）有限公司自 1951 年创建以来创造的中国航空史上的一个又一个"第一"，以及积极主动参与辽宁老工业基地振兴取得的新成绩。

《共产党员》杂志 2006 年第 7 期以《在"装备中国"中体现先进性》为题，报道了沈阳鼓风机（集团）有限公司实施的"共产党员工程"，促进老工业基地振兴的生动实践。

《共产党员》杂志 2007 年第 6 期上半月以《大连装备制造业的新跨越》为题，报道了大连市抓住临海和开放的优势，积极抢占产业技术制高点，大力培育具有竞争优势的产业集群；积极进入国际商"海"，利用对外开放增强自身竞争力；搭建技术创新平台，驶入技术创新的科技之"海"，大连装备制造业在新起点上开始新跨越等经验和做法。

《共产党员》杂志 2007 年第 9 期上半月以《全力推进沈西工业走廊建设》为题，报道了沈阳市把打造具有国际竞争力的世界级装备制造业基地，作为实现辽宁老工业基地全面振兴的重要标志，推进沈西工业走廊建设带动全省装备制造业实现跨越式发展，以及促进"五点一线"沿海经济带与腹地经济互动发展的实践。

《共产党员》杂志 2007 年第 9 期上半月以《新铁西描绘新蓝图》为题，报道了沈阳市委、市政府对铁西区划进行重大调整，铁西区与沈阳细河经济区重组，确立铁西区、开发区、化学工业园区、冶金工业园区、出口加工区五区联动发展大格局的进展。

《共产党员》杂志 2007 年第 12 期上半月以《鞍钢快速迈向资源节约型企业》为题，报道了鞍钢以当时全国最大的工业污水处理厂鞍钢西部污水处理厂为中心，对现有污水处理设施进行完善，实现污水全部得到有效处理的经验。

| 第四节 |

对资源枯竭型城市转型发展的宣传

为配合推进省委、省政府重点工作,《共产党员》杂志等刊物,把资源枯竭型城市的转型工作作为重点宣传内容。

2001 年，国务院把阜新确定为全国第一个资源枯竭型城市经济转型试点市。以阜新为代表的资源枯竭型城市和地区，充分发挥自力更生、艰苦奋斗、发愤图强的精神，求发展谋出路，经济转型工作取得了突破性进展。

阜新有着 50 余年的煤矿开采历史，曾为国家生产煤炭 5.3 亿吨，创造了辉煌的业绩，由于煤炭资源日渐枯竭而导致城市经济持续低迷、城市下岗职工达到 15.6 万人，阜新成为全辽宁省唯一的城乡同时困难、市级和县区财政同时享受补贴的城市。《共产党员》杂志 2003 年第 10 期刊发以阜新转型为主题的特别策划，其中《涅槃后的重生》描绘了阜新作为资源枯竭型城市开拓发展、重振雄风取得的重大进展；《绿色畅想曲》讲述了阜新成为国家资源枯竭型城市经济转型试点市后一年多来，阜新人民发扬自力更生、艰苦奋斗的精神，使阜新经济快速发展、城市面貌发生巨变的历程；《在希望的田野上》报道了阜新把发展现代农业作为经济转型基本出发点，把解决好下岗职工再就业问题作为经济转型的重要立足点，走出一条适合资源枯竭型城市发展新路子的经验。

抚顺市作为资源枯竭型城市，在转型之路上，以石化工业为主导，积极组织实施煤炭产业转型和加快调整现有产业结构，在发展接续替代产业上迈出了坚实的步伐。2003 年 10 月，《共产党员》杂志派出多名记者深入抚顺，以抚顺转型为主题进行策划报道，从多方面反映抚顺的振兴步伐。《共产党员》杂志 2003 年第 11 期刊登《续写辉煌——抚顺市再振老工业基地雄风纪实》《阳光灿烂的日子——抚顺市治理采煤沉陷问题取得可喜成绩》《不熄之火——抚顺矿业集团有限责任公司转产转型"现在进行时"》等文章。

《共产党员》杂志 2004 年第 3 期以《欣欣向荣的转型城市——北票》为题，报道了地处辽西的北票市奋力实施经济转型，迅速走出因煤炭资源枯竭而陷入的困境，得以涅槃重生的奋斗历程。

2004 年底，辽宁省委、省政府把棚户区群众最困难、最直接、最迫切需要解决的居住问题作为头等大事来抓。《共产党员》杂志 2005 年第 12 期推出特别策划《别了，棚户区》，对辽宁大规模棚户区改造工作进行重点报道。2007 年第 1 期上半月《专题报道》栏目刊登系列文章《在棚改实践中实现城市变迁——抚顺棚户区改造带来的新变化》《关于棚改居民的再就业——鞍山等六市棚改居民就业情况的调查》《和谐春风暖》。2007 年第 10 期上半月刊登长篇纪实通讯《一号工程——辽宁省棚户区改造工作纪实》，对辽宁棚户区改造进行了全景式报道。2008 年第 6 期上半月刊登《党旗辉映棚改家园——全省棚改社区党建工作座谈会见闻》。

第十七章

加强典型宣传力度

| 第一节 |
宣传全国重大典型

2003 年 3 月 11 日，中共中央总书记胡锦涛就深入学习郑培民先进事迹作出重要批示，要求全党同志特别是领导干部都要向郑培民同志学习。《共产党员》杂志在第 5 期推出特别策划"向郑培民同志学习"，刊发通讯《公仆本色——追记湖南省委原副书记、省人大常委会原副主任郑培民》等系列稿件，进一步宣传了郑培民发扬党的优良传统，始终坚持全心全意为人民服务的根本宗旨，始终做到"两个务必"，自觉践行"三个代表"重要思想的事迹。

《共产党员》杂志 2004 年第 5 期刊发了《当代中国工人的楷模》《走近许振超》等通讯，报道了闻名航运界的"桥吊专家"，青岛港前湾集装箱码头桥吊队队长许振超的事迹，同时刊登题为《许振超，我们学习的榜样》的本刊特约评论员文章。

《共产党员》杂志 2004 年第 7 期对任长霞同志的先进事迹作了重点报道。刊登《百姓心中的丰碑——追记公安局长的楷模任长霞》《震撼心灵的七天——任长霞事迹中央新闻采访团采访日记》等通讯，宣传报道了荣获全国"五一"劳动奖章、"全国青年岗位能手""中国十大女杰""全国三八红旗手""全国优秀人民警察""河南省优秀人民警察"等称号 40 余次的公安干警的楷模任长霞。

《共产党员》杂志 2004 年第 12 期对牛玉儒同志的先进事迹作了重点报道，刊登通讯《执政为民的楷模——追记内蒙古自治区党委原常委、呼和浩特市原市委书记牛玉儒》。

宣传辽宁的重大典型

从 2003 年开始，《共产党员》杂志一直跟踪报道丹东凤城市大梨树村党委书记毛丰美同志的感人事迹，跟踪报道大梨树村在毛丰美带领下取得的翻天覆地变化。2003 年第 2 期刊发了通讯《梨花一树正芳菲——凤城市大梨树村二十年来翻天巨变惹人羡》，记录了大梨树村发展变化的艰辛足迹。2005 年第 10 期刊登通讯《"现代愚公"毛丰美》，记叙了毛丰美带领村民不等天不靠地，凭着苦干、实干，将一座座光秃秃的荒山改造成了瓜果飘香的聚宝盆，将一个穷山村发展成集体资产超亿元的文明村的感人故事。《共产党员》杂志对毛丰美的宣传，持续进行了十多年。

2008 年，《共产党员》杂志重点宣传报道了我省优秀信访干部——沈阳市辽中县信访局长潘作良的先进事迹。2008 年第 7 期上半月刊登辽宁省纪念中国共产党成立87 周年暨潘作良同志先进事迹报告会的报道，省委《关于开展向"为党分忧为民解难的优秀信访干部"潘作良同志学习活动的决定》；第 7 期下半月在《封面人物》专栏刊登通讯《信访局长潘作良》。

2010 年 9 月，全国总工会作出《开展向郭明义同志学习活动的决定》，号召广大职工群众学习他的先进事迹，深入学习劳模精神，大力弘扬中国工人阶级伟大品格，用工人阶级的先进思想和模范行为影响带动全社会。2010 年 11 月 12 日，辽宁省学习郭明义深入开展创先争优活动座谈会在沈阳召开。《共产党员》杂志对上述活动都作了详细报道，并对全省窗口单位和服务行业开展学郭明义活动进行了重点报道。2011 年，《党建文汇》杂志第 3 期上半月以《雷锋精神的传人　创先争优的楷模》为题，刊登部分省、自治区、直辖市有关同志谈学习郭明义的文章。2011 年末，《党建文汇》杂志采编人员到鞍山钢铁集团公司参观学习，并同郭明义进行座谈。《共产党员》等杂志对郭明义事迹的宣传报道中有 1.3 万字被收入省委宣传部编辑的《当代雷锋郭明义》一书。

宣传基层一线典型

2003 年 12 月 3 日，由《共产党员》杂志发起的宣传和评选"百名振兴先锋"活动揭晓，评选出李晏家、李茂丰等"百名振兴先锋"。《共产党员》杂志对振兴先锋持续进行宣传报道。如《共产党员》杂志 2005 年第 1 期刊登《青山不改——记辽宁省优秀共产党员、省特等劳动模范、凤城市陶李村党支部书记李茂丰》。

《共产党员》杂志 2008 年第 7 期下半月和第 8 期下半月连续刊登两篇《铿锵叫响"我是共产党员"——记丹东市振兴区头道桥街道三街社区标牌小区党支部书记申传兴》，同时配发《人们心目中的"申老"》及评论员文章《霜重色愈浓》，对申传兴同志的先进事迹作了报道，受到广大读者的好评。第 9 期下半月刊登了申传兴的领导、同事及亲属的感悟，如《万事先为民　夕阳别样红》《甘做设计和发展小区民主的先行者》《祖父是申家的"传家宝"》《党员赞歌》等文章。

2008 年 1 月，《党建文汇》联合阜新市委，采发了长篇通讯《个人名利淡如水，党的事业重如山》，报道了阜新市委组织部干部赵成福的先进事迹。2008 年第 6 期上半月发表本刊记者深入基层采访的稿件《位卑未敢忘忧党——记阜新市委组织部干部赵成福》。

《共产党员》杂志 2012 年第 3 期下半月对盘锦市盘山县离休干部田守诚同志的先进事迹作了重点报道。

《共产党员》杂志 2012 年第 4 期下半月以《乡村"铁娘子"白翠英》为题，对锦州北镇市罗罗堡村党支部书记白翠英同志的先进事迹作了重点报道。

在新中国成立六十周年之际，集中宣传了一批新中国英模。《共产党员》杂志 2009 年第 9 期下半月刊登《享誉全国的劳模代表——孟泰》《闻名全国的"马恒昌小组"》《"走在时间前面的人"——王崇伦》《雷锋精神——一座永恒的丰碑》《捍卫真理的勇者——张志新》《人民的好医生——潘恩良》《"中国机器人"之父——蒋新松》《人民的好公仆——张鸣岐》《秉公执法的"铁法官"——谭彦》《新农村建设带头人——陈玉圭》《辽宁籍中共党员第一人——陈镜湖》《视党籍为生命的赵尚志》《抗日民族英雄——李兆麟》《为党为国忠心耿耿的关向应》《全国女战斗英雄——

FENGMIANRENWU 封面人物

乡村“铁娘子”白翠英

文／程晓松　摄影／一　民

夜幕降临，天上的星星调皮地探出了头。北镇市罗罗堡镇罗罗堡村街道上几十盏路灯亮了，光华似水银泻地，与家家户户的灯火辉映，勾勒出村庄秀丽的轮廓。灯火掩映下，一条平坦宽敞的柏油马路如同一幅长卷，在脚下铺展开来。极目远眺，医巫闾山朦胧地泛出如黛的山色……

白翠英上任村党支部书记的时候，罗罗堡村夜晚的大街上还是漆黑一片，村子是名副其实的“脏乱差穷”村。

“做饭不用柴、活动去广场、天黑有路灯……”这是今天罗罗堡村村民日常生活的景象和写照。

夏秋时节，漫山的果树，满眼的翠绿，枝头硕果累累，处处果香扑面。村在树中，房在林中，人在绿中。果树、鲜花、柏油路、沼气、休闲广场，构成一幅幅美丽和谐的新农村画卷。

从债务村变成富裕村，从富裕村变成锦州市百强村，罗罗堡村的嬗变写在村民的笑脸上。提起殚精竭虑带领村民建设幸福家园的“铁娘子”白翠英，大家都说，她是——

清廉刚毅铁面孔　兴村富民铁肩膀

白翠英身材不高，说话干净利落，办事雷厉风行。然而，这一夜，她辗转反侧，难以入眠。

时间回溯到1991年，白翠英被推上了村党支部书记的岗位。

那时候的罗罗堡村就像是一个瘫痪的“病人”，没有村部，村集体经济不但一穷二白，还欠下30多万元的债务。村容村貌脏乱不说，村民个个也是愁容满面，怨声载道。“这个村子交给我，我能办好吗？”白翠英的心中担忧着。可是，面对乡亲们期盼的眼神，一向要强的她下定决心：一定要干出个样儿来。

她知道，要让村民重新相信党支部，就必须干出点实打实的事儿来。村党支部、村委会实施了“四个一”工程：每户有一张明白卡、村上有一个理财小组、有一个公开栏，各组有一个明白墙，从村到组，定期将村民关注的各项内容如涉农项目、补贴等情况张榜公布。“当村干部，就要一清二白。”这是白翠英常说的一句话。她以“三盆清水”的比喻告诫自己和班子成员：一盆清水用来洗脑，让头脑永远保持清醒；一盆清水用来洗耳朵，让自己能够听到群众的声音；一盆清水用来洗手脚，让自己的手脚永远是干净的。

“三盆清水”让村干部树立起清正廉洁的形象。有一次，白翠英和几个村干部到沟帮子为村里办事，到中午事情也没办完。按常理，赶上饭点找个小饭店吃顿午饭，谁也说不出什么。但白翠英却说：“咱不能带这个头，拿村里的钱下饭店。可出门在外，肚子不能饿着。这样吧，我出钱请大家吃东西。”她自己掏出20元钱，买了面包和汽水，和几位村干部一起站在马路边，顶着冒火的太阳吃了一顿午饭。

这样的事，村民看在眼里，心里的“一杆秤”称出来了：白书记的话不是说在嘴边上的，她是给咱百姓干实事的！

罗罗堡村的新事一桩接着一桩。外债全部还清，集资兴办企业，引进外商投资项目，修建公路涵洞，实施环境亮化工程，兴建灯光广场……如今，罗罗堡村已经形成了包括果树种植、养殖业、石材加工、花生米加工等在内的多个主导产业，农民人均收入过万元，成了远近闻名的富裕村。白翠英在历届村“两委”班子换届选举中都是全票当选为村党支部书记，并获得了省劳动模范等诸多荣誉，2007年作为党代表光荣地出席了党的十七大。人们称赞她——

忘却小家顾大家　扶困济贫寓深情

心底无私的人，总是惦着别人，忘了自己。

2007年9月21日，是白翠英女儿结婚的大喜日子，婚礼地点是远在千里之外的哈尔滨。这是女儿一生中重要的日子，然而直到婚礼结束，女儿期待的目光却始终没有盼来妈妈的身影。

作为一位疼爱孩子的母亲，白翠英怎能不想参加女儿的婚礼？可是，那段时间正是她最忙的时候。党的十七大召开在即，她作为党代表，肩头承载着全市人民的重托，要做的事实在太多了，她夜以继日，分分秒秒都在忙碌着。

遥远的电话打到女儿的手机上。白翠英握着电话，眼圈红了，轻轻地说：“祝福我的女儿婚姻幸福！妈妈真的太忙、太忙了，赶不上最后一趟去哈尔滨的火车，请原谅妈妈。”白翠英的心里满含着歉疚。

她把精力和感情更多地给了罗罗堡村的村民。

村里特困户苏金伟与双目失明的母亲相依为命，家里的三间房，冬不挡风，夏不遮雨。白翠英经上级批准，投入资金7000多元，村干部出工，为他家盖起了三间平房。五保户王绍礼经济困难，家里没钱打井，白翠英组织村干部开会，拿出1200元为王绍礼打了井，解决了他家吃水难的问题。

白翠英的爱温暖着村民的心。72岁的贫困户朱艳玲三间土房因年久失修经常漏雨，白翠英联系镇信用社出资500元钱，为她做防水，解除了老人的后顾之忧。望着白翠英奔波、忙碌的身影，老人异常激动，不住地喃喃自语：“我是赶上好时候了，还是共产党好啊，要不谁管我这孤老婆子……”

共产党员 2012·4下 1

《共产党员》杂志2012年第4期下半月集中宣传报道了锦州北镇市罗罗堡村党支部书记白翠英的先进事迹

郭俊卿》《中共特别党员——黄显声》《中国产业工人的楷模——尉凤英》《材料科学界的一代宗师——师昌绪》《“中华飞天第一人”杨利伟》《新时代的雷锋传人，永远的革命战士——郭明义》等文章。

在喜迎党的十八大之际，《共产党员》杂志2012年第11期下半月集中宣传了我省参加党的十八大的基层党代表，刊登了对大连庄河市鞍子山乡党委书记董德玉、鞍山市台安县西佛镇古洞村党总支书记田相斌、抚顺市新宾满族自治县永陵镇金岗村党支部书记蒋忠良、本溪市桓仁满族自治县古城镇党委书记彭玉刚、丹东凤城市大兴镇党委书记徐宏权、锦州市黑山县胡家镇党委书记齐志山、营口大石桥市官屯镇何家屯村党总支书记曹洪刚、阜新市清河门区细河堡村党总支书记王宪礼、辽阳市弓长岭区安平乡姑嫂村党支部书记赵洪波、铁岭市昌图县马仲河镇党委书记沈国学、朝阳市朝阳县波罗赤镇卢杖子村党支部书记杨喜海、盘锦市大洼县王家镇党委书记于长军、葫芦岛市龙港区双树乡老和村党支部书记李凤祥等基层党代表先进事迹的报道。

第十八章

辽宁党刊进入全国党刊先进行列

进入新世纪以来，《共产党员》《党建文汇》《党支部书记》杂志先后获得多项荣誉称号。

2000 年，《共产党员》杂志荣获首届国家期刊奖，并蝉联全国百种重点社科期刊奖。据国家新闻出版署公告，全国地方党刊获此殊荣的仅此一家。2000 年 1 月 23 日，首届国家期刊奖、第二届全国百种重点社科期刊奖颁奖大会同时在北京举行，共产党员杂志社应邀出席颁奖大会，并获得两项国家期刊最高奖。

首届国家期刊奖和第二届全国百种重点社科期刊奖是在全国范围内，根据"体现导向、坚持条件、客观公正"的评比原则，中央各有关期刊主管部门和全国地方新闻出版管理部门对全国期刊反复认真筛选，经专家组成的评委会初评、复评和定评，又进行公告并接受社会监督后正式评定出的重点期刊。获奖作品具有导向性、示范性和激励性，集中展示了我国期刊的整体水平。

2002 年 1 月，《共产党员》杂志进入中国期刊方阵最高层次——"双高"期刊行列。

2007 年 7 月，《共产党员》杂志被国家新闻出版总署、中国人民解放军总政治部开展的"百种优秀期刊进连队"活动定为入选期刊。

2008 年 7 月，在 2007 年度全国地方党刊、党建类杂志优秀稿件评选活动中，《共产党员》杂志获得"编校质量优秀期刊"称号。

2008 年 7 月，《共产党员》杂志在辽宁省新闻出版局开展的 2006—2007 年度全省期刊等级评审中，被评定为"辽宁省一级期刊"。

2008 年 12 月，在中国期刊协会举办的抗震救灾宣传报道先进期刊和先进个人评选活动中,《共产党员》杂志被评为全国抗震救灾报道先进期刊。12月,在中国期刊协会举办的"编校质量无差错"承诺活动中,《共产党员》杂志获得"编校质量优秀期刊"称号。

2009年8月,《共产党员》杂志在第三届北方期刊奖评选中荣获"十佳期刊"称号。

2009年,为纪念新中国成立60周年,由中国期刊年鉴社出版、全国党刊研究会统纂的《中国党刊60年》出版,《共产党员》杂志及子刊《党建文汇》《党支部书记》等在该书中以《与时俱进改革创新》为题进行了5个版面的宣传。

2009年12月22日,在北京召开的"第四届中国期刊创新年会"上,《共产党员》杂志被中国期刊协会等单位评为"新中国60年有影响力的期刊",原总编辑汤光伍被评为"新中国60年有影响力的期刊人"。辽宁省社科类期刊只有《共产党员》杂志获此殊荣。

2010年10月,在第九届辽宁省期刊等级评审中,《共产党员》杂志被评定为"一级期刊"。

2007年7月,《党建文汇》杂志被国家新闻出版总署、中国人民解放军总政治部开展的"百种优秀期刊进连队"活动定为入选期刊。11月,《党建文汇》被国家新闻出版总署选定为"向农家书屋推荐重点期刊"。

2007年7月,《党支部书记》杂志接到国家新闻出版总署报刊司和解放军总政宣传部新闻出版局的联合通知,在"百种优秀期刊进连队"的评选活动中,《党支部书记》杂志成功入选,成为捐赠边海防连队的100种优秀期刊之一。

2008年7月,《党支部书记》杂志在辽宁省新闻出版局开展的全省期刊等级评审中,被评定为"辽宁省一级期刊"。

2009年10月,《党支部书记》杂志入选国家新闻出版总署《2009年农家书屋重点出版物推荐目录》。

共产建设

第五篇
——

中国特色社会主义新时代的
《共产党员》杂志

（2012 年 10 月至 2023 年 12 月）

第十九章

宣传习近平新时代中国特色社会主义思想

党的十八大以来，以习近平同志为主要代表的中国共产党人，顺应时代发展，从理论和实践结合上系统回答了新时代坚持和发展什么样的中国特色社会主义、怎样坚持和发展中国特色社会主义这个重大时代课题，创立了习近平新时代中国特色社会主义思想。习近平新时代中国特色社会主义思想是当代中国马克思主义、二十一世纪马克思主义，是中华文化和中国精神的时代精华，实现了马克思主义中国化的新飞跃。辽宁党刊集团及所属各刊网深刻领会习近平新时代中国特色社会主义思想的精神实质和丰富内涵，遵循传播规律、创新话语表达，在润物无声、引人入胜上持续下功夫，全面准确宣传贯彻落实习近平新时代中国特色社会主义思想，为坚持不懈用党的创新理论凝心铸魂提供舆论支持、营造浓厚氛围。

| 第一节 |
宣传党的十八大精神、十九大精神、二十大精神

一、宣传党的十八大精神

党的十八大召开前夕，《共产党员》杂志开辟《喜迎十八大》栏目，展示辽宁在党的建设、经济发展、民生工作、生态文明建设等方面的经验做法、可喜成绩，宣传报道在各项工作中涌现出来的先进集体和先进个人典型，为宣传党的十八大精神预热。

党的十八大召开后，《共产党员》杂志将学习宣传贯彻党的十八大精神作为头等

大事和首要政治任务，迅速行动，集中力量，展开了大篇幅、高质量的宣传。

为帮助广大读者深入学习党的十八大精神，《共产党员》杂志于 2012 年 11 月出版了增刊《党的十八大报告学习读本》。以"为什么说党的十八大是在全面建成小康社会决定性阶段召开的一次十分重要的大会""怎样理解党的十八大的主题"等 80 条问答，对读者学习党的十八大报告进行全面解读与辅导。读本出版后，受到广大基层党组织与党员的欢迎，共发行 6 万余册。

《共产党员》杂志 2012 年 12 期上半月为学习宣传贯彻党的十八大精神专刊。专刊以新一届中共中央政治局常委同中外记者见面的现场照片为封面，分为"卷首语""重要文献""学习贯彻""综合报道""学习辅导"等五部分对党的十八大进行全面报道。

12 期下半月，以 20 页的篇幅开辟《学习宣传贯彻党的十八大精神》专栏，刊登党的十八大报告摘要、十八大报告重点解读等辅导内容，辽宁省委召开会议学习宣传贯彻党的十八大精神的相关报道，全国各地、辽宁各地以不同形式庆祝党的十八大召开、学习宣传贯彻党的十八大精神的相关报道，各条战线先进典型对党的十八大报告的理解感悟等内容。

2013—2017 年，《共产党员》杂志在每期上半月的《要言要讯》栏目中刊登习近平总书记等党和国家领导人的近期讲话摘要，在每期下半月《上情下达》栏目刊登中央的新规定、新要求，帮助读者结合近期要闻理解以习近平同志为核心的党中央在新时代治国理政的新思想、新方略。在每期上下半月的《党建论坛》《理论热点》《党课参考》等栏目刊登有关党的十八大精神的理论文章；在《工作动态》《基层党建》等栏目刊登辽宁各级党组织学习贯彻党的十八大精神，以党建引领各项工作的经验做法。

二、宣传党的十九大精神

为迎接党的十九大胜利召开，《共产党员》杂志于 2017 年上半月第 7 期至第 10 期，连续 4 期推出特别策划"砥砺奋进的五年"，邀请中央党史研究室专家从历史的角度，梳理五年来"四个全面"战略布局的来龙去脉、实施进展情况，使读者更好地理解把握其深刻内涵与现实意义。

2017 年第 10 期下半月推出"牢记嘱托　履行职责"专刊，对辽宁省出席党的十九大生产和工作第一线的 22 名代表先进事迹作了重点报道。

党的十九大召开后，《共产党员》杂志将学习宣传贯彻党的十九大精神作为头等大事和首要政治任务，集中力量，突出主题，展开了持续高质量宣传。

《共产党员》杂志 2017 年 11 期上半月为《迈进新时代》专刊，主要内容为"党的十九大重要文献"。专刊刊载了习近平总书记代表十八届中央委员会作的报告《决胜全面建成小康社会　夺取新时代中国特色社会主义伟大胜利》、党的十九大修改的《中国共产党章程（修正案）》、党

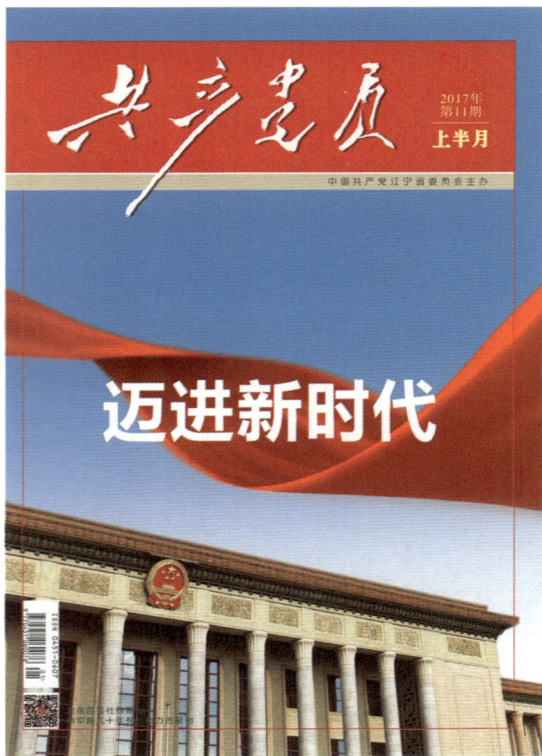

《共产党员》杂志 2017 第 11 期上半月推出宣传贯彻党的十九大精神专刊——《迈进新时代》

的十九大通过的《中国共产党第十九次全国代表大会关于十八届中央委员会报告的决议》《中国共产党第十九届中央委员会第一次全体会议公报》等内容。《上情下达》栏目刊登习近平总书记参加党的十九大贵州代表团讨论、十九届中央政治局进行第一次集体学习等内容。

11 期下半月为《引领新时代的坚强领导核心》专刊。主要内容是约请有关专家撰写《党的十九大报告学习问答》，并提供 100 道测试题，帮助广大读者更好学习领会党的十九大精神。

12 期上半月推出 12 页篇幅的特别策划"学习宣传贯彻党的十九大精神"，约请相关专家解读党的十九大精神；下半月推出 12 页篇幅的特别策划"认真学习党章　严格遵守党章"，约请专家讲解学习贯彻党章的重大意义、党章建设的发展历程、十九大对党章所作的主要修改、十九大党章修正案的主要特点、十九大党章修正案的重大历史贡献等内容。

2018—2022 年，《共产党员》杂志在上、下半月的《特别策划》《上情下达》《党建论坛》《党建经验》《党员风采》等栏目中，从重要讲话、有关要求、理论解读、经验做法、模范人物等不同角度，认真学习宣传贯彻习近平新时代中国特色社会主义思想和党的十九大精神，宣传质量高、声势大、效果好。

三、宣传党的二十大精神

《共产党员》杂志 2022 年第 10 期下半月为《辽宁省出席党的二十大生产和工作第一线代表风采》专刊。专刊以《二十大代表风采》栏目作为主要内容，刊登辽宁省出席党的二十大代表名单，报道了辽宁省出席党的二十大 23 名生产和工作第一线代表的先进事迹。

党的二十大召开后，《共产党员》杂志 2022 年第 11 期上、下半月为宣传党的二十大精神专刊。上半月刊登党的二十大有关文献；下半月由《要闻要论》《特稿》和《解读》三部分组成。在《要闻要论》中，刊登了习近平总书记参加党的二十大广西代表团讨论、二十届中共中央政治局常委同中外记者见面、中央政治局召开会议研究部署学习宣传贯彻党的二十大精神等重要报道，刊登了辽宁省召开传达学习党的二十大精神大会、省委书记张国清在省文化中心宣讲党的二十大精神、省委常委会召开会议传达学习贯彻习近平总书记在中共中央政治局第一次集体学习时重要讲话等重要内容。在《特稿》栏目中，全文转载了有关新一届中央委员会和中共中央纪律检查委员会诞生、党的新一届中央领导机构产生、党的二十大报告诞生、《中国共产党章程（修正案）》诞生等重要内容。在《解读》栏目中，刊登了中共中央举行新闻发布会解读党的二十大报告和中国共产党第二十次全国代表大会秘书处负责人就党的二十大通过的《中国共产党章程（修正案）》答记者问等重要内容。

2023 年第 1 期上半月《时政》栏目，全文刊登习近平总书记在党的二十届一中全会上的重要讲话《为实现党的二十大确定的目标任务而团结奋斗》。

《共产党员》杂志从 2023 年第 1 期起，持续在上半月《学习问答》栏目刊登《党的二十大报告学习辅导百问》。同时，在上、下半月的《特别策划》《上情下达》《党建论坛》《党建经验》《党员风采》等栏目中，从重要讲话、有关要求、理论解读、

《共产党员》杂志 2022 年第 11 期下半月推出学习贯彻党的二十大精神专刊

经验做法、模范人物等不同角度，大力宣传广大党员干部群众对党的二十大的热烈反响和积极评价，宣传各地区各部门学习贯彻党的二十大精神的具体举措和实际行动。

| 第二节 |

宣传党内集中教育活动

一、宣传党内群众路线教育实践活动

从 2013 年第 6 期起，《共产党员》杂志推出专题策划、设立相关专栏，以大量篇幅对党的群众路线教育实践活动进行宣传报道。如 2013 年第 7 期上半月推出"根植于人民"特别策划，以 16 页的篇幅，报道了党的群众路线教育实践活动工作会议相关情况，刊登了有关专家从历史和现实角度对党的群众路线的解读、老一辈革命家心系人民群众的故事等内容，摘编了毛泽东、邓小平、江泽民、胡锦涛、习近平等同志关于群众路线的重要论述。第 7 期下半月推出"服务群众　感动基层"特别策划，以 14 页的篇幅，刊登了 9 位在平凡岗位上任劳任怨、无私奉献，与群众携手共筑"中国梦"的基层一部先进事迹。第 8 期上半月推出"一切为了群众　一切依靠群众"特别策划，以 18 页的篇幅，展现了辽宁省开展党的群众路线教育实践活动的经验做法和亮点。从 2014 年第 3 期起，在下半月刊设立《教育实践活动》栏目，刊登各地、各单位在教育实践活动中的经验做法和成绩。

2014 年第 6 期上半月推出"春天的故事"特别策划，以 14 页的篇幅，展现辽宁省第一批党的群众路线教育实践活动深入整改情况和各地扎实开展第二批教育实践活动的情况。

二、宣传"三严三实"专题教育

《共产党员》杂志 2015 年第 6 期上半月推出 16 页篇幅的特别策划"作风建设永远在路上"，约请中央有关部门专家从理论、历史、实践等多个层面，全面深入地解读开展"三严三实"专题教育、践行"三严三实"好作风的必要性和重要性。从本

期起，在上、下半月的《要言要讯》《专题报道》《党建论坛》等栏目中刊登大量稿件，对"三严三实"进行理论解读，对在专题教育中涌现出的先进事迹、人物典型进行宣传报道。此外，共产党员杂志社与人民网·中国共产党新闻网、中国组织人事报社、北京支部生活杂志社等单位联合举办"三严三实"优秀党课教案征集宣传活动。

三、宣传"两学一做"学习教育

《共产党员》杂志2016年第5期上半月推出特别策划"以'两学一做'学习教育成效凝聚辽宁全面振兴强大力量"，以14页篇幅宣传辽宁学习教育工作会议相关要求，刊登省委组织部编写的《"两学一做"学习教育问答》。从本期起，在上、下半月的《要言要讯》《专题报道》《党建论坛》等栏目中刊登大量稿件，对"两学一做"进行理论解读，对在学习教育中涌现出的先进事迹、人物典型进行宣传报道。

2016年第6至9期上半月，相继推出"讲政治　有信念　永葆共产党人本色""讲规矩　有纪律　做合格共产党员""讲道德　有品行　塑造党员良好形象""讲奉献　有作为　做出无愧于时代的业绩"特别策划，刊登习近平总书记相关重要论述，约请专家对"四讲四有"进行解读。

四、宣传"不忘初心、牢记使命"主题教育

《共产党员》杂志2019年第6期上半月推出18页篇幅的特别策划"中国共产党人的初心和使命"，摘编了习近平总书记关于共产党人的初心和使命的重要论述，约请专家对共产党人的初心和使命进行解读阐释。

第7、8、9期上半月分别推出特别策划"忠诚：检验高素质党员干部的首要标准""干净廉洁：检验高素质党员干部的重要标准""敢于担当：检验高素质党员干部的突出标准"，分别围绕主题教育任务要求，摘编习近平总书记相关重要论述，从历史与现实、理论与实践各角度进行梳理和解读。

第9期下半月推出28页篇幅的特别策划"不忘初心　牢记使命　永远奋斗"，约请部分市委、市直机关、省属企业和高校负责同志撰写文章，讲述本地区本单位

开展主题教育的做法，报道开展主题教育的经验。此后，在《要言要讯》《经验交流》《先锋评论》等栏目中持续刊登消息、通讯和评论文章，宣传中央关于开展主题教育的要求，及全省各地区各部门开展主题教育的做法和成果。

五、宣传党史学习教育

《共产党员》杂志 2022 年第 4 期上半月在《要言要讯》栏目中刊登相关报道；第 5 期上半月推出 14 页篇幅的策划"推动党史学习教育常态化长效化历史逻辑与现实路径"，对学习教育进行理论解读。

配合党史学习教育，第 6 期上半月推出策划"百年党史中'六地'辽宁的青春之歌"，讲述了辽宁作为抗日战争起始地、解放战争转折地、新中国国歌素材地、抗美援朝出征地、共和国工业奠基地、雷锋精神发祥地产生的英雄事迹和感人故事。第 7 期上半月推出策划"彪炳史册　光耀千秋"，通过英雄故事解读伟大的东北抗联精神。在 2022 年下半月《史海观澜》栏目中刊登从党的一大到党的十九大的相关故事，回顾党的百年辉煌历程。

六、宣传学习贯彻习近平新时代中国特色社会主义思想主题教育

《共产党员》杂志在 2023 年第 4 期上半月《要言要讯》栏目中刊登中央关于在全党深入开展学习贯彻习近平新时代中国特色社会主义思想主题教育工作的部署和要求。第 5 期上半月刊登了习近平总书记在主题教育工作会议上的讲话全文。此后，《共产党员》杂志在下半月开辟《主题教育》专栏，并在上、下半月的《工作研究》《求实论坛》《经验交流》《组工信息》《乡村振兴》等栏目中持续刊登主题教育的相关解读文章，报道各地区各部门在主题教育中的做法、经验，宣传主题教育的成果和在主题教育中涌现出的先进单位和个人。

| 第三节 |

宣传脱贫攻坚和乡村振兴

2014 年第 9 期下半月，《共产党员》杂志与辽阳市委组织部共同推出特别策划"一枝一叶总关情"，讲述了辽宁省向薄弱村选派第一书记的做法、经验和成果，展示了 4 名驻村第一书记的先进事迹。

《共产党员》杂志 2015 年第 4 期下半月，推出特别策划"定要山村换新颜"，讲述了辽宁省委、省政府从省、市、县三级机关和企事业单位抽调 5300 多名干部深入 1790 个贫困村开展驻村扶贫工作的做法、经验和成绩，展示了 8 位驻村干部的先进事迹。

《共产党员》杂志 2016 年第 11 期下半月与辽宁省委组织部组织二处联合推出特别策划"驻村帮扶进行中……"，报道了辽宁省向贫困村选派驻村工作队取得的阶段性成效和 8 位驻村工作队队员的感人事迹。

2018 年 1 月，辽宁省委、省政府制定印发了实施乡村振兴战略三年行动计划（2018—2020 年）。《共产党员》杂志在 2018 年第 4 期下半月推出特别策划"信心满怀乘势而上 扎实推进乡村振兴"，宣传、解读该计划及其配套文件《关于全省深化农村改革壮大村级集体经济的意见》。

《共产党员》杂志 2018 年第 8 期下半月推出特别策划"发展壮大村级集体经济"，摘编省委组织部主要负责同志在全省发展壮大村级集体经济工作经验交流会上的讲话以及部分市县的成功做法。

《共产党员》杂志 2018 年第 9 期下半月推出特别策划"广阔天地大有可为"，以工作综述、人物通讯、工作日记等形式，总结了辽宁省及部分地区大规模选派干部人才到乡村工作推动乡村振兴的做法和经验，报道了 7 名到乡村工作党员干部的先进事迹。

《共产党员》杂志 2019 年第 12 期下半月与省委组织部组织二处共同推出特别策划"脱贫攻坚战中'最可爱的人'"，以 24 页篇幅介绍辽宁选派 1.5 万名干部到乡村工作的做法和经验，展示 10 名驻村第一书记带领乡村脱贫攻坚奔小康的先进事迹。

从 2020 年第 7 期起，《共产党员》杂志在上、下半月开设《决胜全面小康 决战脱贫攻坚》栏目。第 7 期上半月的该栏目中，推出专题"全面小康路上的历史画卷"，邀请中央党史和文献研究院专家学者从历史的视角、理论的高度、实践的层面，全方位梳理中国人的小康梦到实现全面小康的伟大而艰辛的历程。在第 8 期上半月的该栏目中，推出专题"脱贫攻坚战：全面建成小康社会的关键"，由中央党史和文献研究院专家学者解读党的十八大以来，以习近平同志为核心的党中央打响脱贫攻坚战的理念、机制、方式、成绩、影响等。《共产党员》杂志下半月第 7 至 12 期分别以本溪战报、锦州答卷、辽阳担当、抚顺战役、阜新路径、朝阳精神为主题，展示这些市开展脱贫攻坚工作的做法、经验和成绩。

《共产党员》杂志 2021 年第 1 期下半月推出 20 页篇幅的特别策划"铁岭：写好乡村振兴这篇大文章"，以市委主要领导同志署名文章、工作综述、经验材料、通讯等形式，展示铁岭乡村振兴工作的做法、经验和成绩。

《共产党员》杂志 2021 年第 11 期下半月推出 18 页篇幅的特别策划"党建引领，本溪绘就乡村振兴大美画卷"，以工作综述、通讯、心得体会、评论等形式，展示了本溪以党建引领乡村振兴工作的做法、经验和成绩。

《共产党员》杂志 2022 年第 3 期下半月与省委组织部组织二处共同推出特别策划"以组织振兴全面推进乡村振兴"，对全省抓党建促乡村振兴电视电话会议进行报道，对在会议上作交流发言的地区和部门的做法、经验和成绩进行宣传。

2023 年，在辽宁全面振兴新突破三年行动的首战之年，辽宁省印发《关于充分发挥农村基层党组织引领作用深入开展"党群共同致富"活动的实施意见》。《共产党员》杂志 2023 年第 7 期下半月推出专题"党群共同致富——绘出乡村好'丰'景"，展示"党群共同致富"活动开展以来，辽宁省以党建引领乡村产业振兴的做法、经验和成绩。

第二十章

宣传全面从严治党

| 第一节 |

宣传习近平总书记关于党的建设的重要思想

《共产党员》杂志 2016 年第 10 期下半月推出 "严明党的政治纪律和政治规矩" 特别策划，摘编了习近平总书记关于严明党的政治纪律和政治规矩的重要论述，并邀请辽宁省委党校有关专家撰写了 "党的政治纪律和政治规矩的基本内涵" "严明党的政治纪律和政治规矩的重大意义" "违反党的政治纪律和政治规矩的主要表现及其危害" "保持政治定力，做严明党的政治纪律和政治规矩的表率" 等学习辅导文章。

《共产党员》杂志 2019 年第 11 期上半月推出 "形式主义官僚主义是党和人民的大敌" 特别策划，摘登了习近平总书记关于反对形式主义、官僚主义的重要论述，并邀请中央党史和文献研究院相关专家学者撰写文章，多角度对习近平总书记的重要论述以及如何反对和整治形式主义、官僚主义进行深入阐释。

《共产党员》杂志 2019 年第 12 期上半月推出 "自我革命：中国共产党的制胜之道" 特别策划

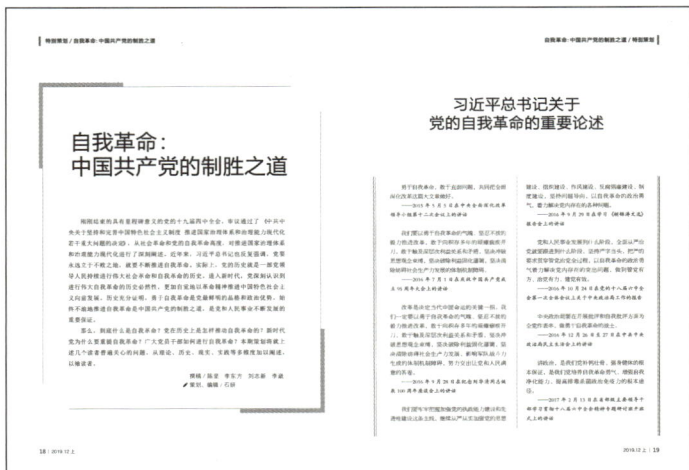

《共产党员》杂志2019年第12期上半月推出"自我革命：中国共产党的制胜之道"特别策划，摘登了习近平总书记关于党的自我革命的重要论述，并就什么是自我革命、党在历史上是怎样推动自我革命的、新时代党为什么要重提自我革命、广大党员干部如何进行自我革命等方面，邀请中央党史专家从理论、历史、现实、实践等多维度加以阐述和解读。

| 第二节 |
宣传全面从严治党的重大战略部署

党的十八届六中全会对全面从严治党作出重大部署和制度安排，审议通过了《关于新形势下党内政治生活的若干准则》和《中国共产党党内监督条例》。为帮助读者准确把握党的十八届六中全会精神，《共产党员》杂志2016年第11期上半月推出24页篇幅的特别策划"开创全面从严治党新局面"，全文刊登了党的十八届六中全会公报以及中央宣传部举行六中全会新闻发布会的报道，并以关键词阐释、图说、数说、延伸阅读等丰富多彩的形式，邀请专家学者对全会精神进行深入解读。第12期上半月推出特别策划"36年，党内生活再立新规"，约请中央党史专家撰文，采用文字与图表相结合的方式，对新准则与1980年2月党的十一届五中全会制定的《关于党内政治生活的若干准则》进行对比和分析，对"党内政治生活"这一概念进行深入解读；第12期下半月推出特别策划，摘登了习近平总书记关于强化党内监督的重要论述，并邀请有关专家撰写了学习辅导提纲，供读者参考。

2015年10月，中央印发了《中国共产党纪律处分条例》。为帮助广大党员干部深入学习贯彻《中国共产党纪律处分条例》，《共产党员》杂志2016年第5期下半月推出特别策划"《中国共产党纪律处分条例》背后的案例故事"。策划以中央纪委监察部网站上的案例为素材，分为"把严守党的政治纪律和政治规矩摆在首位""切实执行组织纪律维护党的集中统一""严守廉洁纪律　永葆清廉本色""严守群众纪律保持党同人民群众血肉联系""严明党的工作纪律　依规开展各项工作""严守生活纪律　培养高尚情操"等六个版块，从反面案例入手，敲响廉洁警钟，引导党员干部深入落实全面从严治党要求，进一步牢固树立党章党规党纪意识，做到守纪律、讲规矩，知敬畏、存戒惧。

2017年1月6日至8日，中国共产党第十八届中央纪律检查委员会第七次全体会议在北京举行。会议审议通过了《中国共产党纪律检查机关监督执纪工作规则（试行）》。《共产党员》杂志2017年第2期下半月推出特别策划，以图文形式宣传报道全会精神特别是习近平总书记重要讲话精神，并邀请省纪委撰文，对十八届中央纪委七次全会精神进行深入的解读。

2019年9月4日，中共中央印发修订后的《中国共产党问责条例》。《共产党员》杂志2019年第9期下半月推出特别策划"《中国共产党问责条例》是全面从严

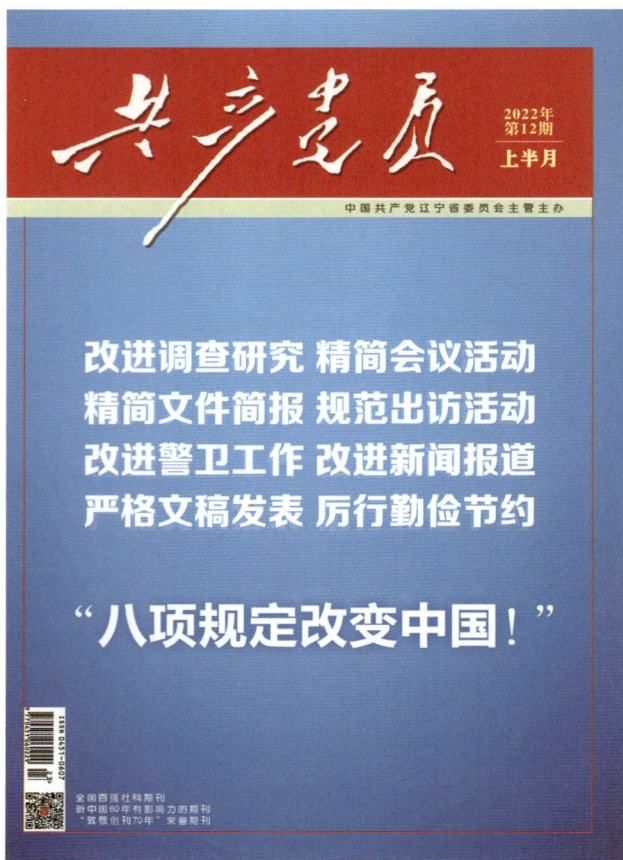

《共产党员》杂志2022年第12期上半月在中央八项规定出台10周年之际，推出"八项规定改变中国！"特别策划

治党的制度创新"，邀请辽宁省纪委研究法规室的有关同志撰文，从"制定实施《问责条例》的重要意义"《问责条例》呈现出的七大亮点"《问责条例》的主要内容和精神实质"扎实推进《问责条例》的贯彻落实"长管长严，让失责必问、问责必严成为常态"几个方面进行深入解读，并从中央纪委国家监委网站摘登了《〈问责条例〉背后的案例故事》，供读者学习参考。

在中央八项规定出台十周年之际，《共产党员》杂志2022年第12期上半月推出特别策划"'八项规定改变中国！'——《十八届中央政治局关于改进工作作风、密切联系群众的八项规定》出台十周年"，邀请中央党史和文献研究院的有关专家撰文，从"八项规定出台的战略考量"八项规定正式出台与全面落实"中央领导以上率下带头执行八项规定"八项规定显著成效与深远影响"八项规定出台十年的深刻

启示"几个方面进行详细解读。

| 第三节 |

宣传反腐败斗争

党的十八大以来，《共产党员》杂志在上半月常设《法纪经纬》《以案说法》等栏目，充分发挥刊物的宣传教育作用，聚焦坚持党要管党、全面从严治党，注重发好党刊声音，讲好反腐倡廉故事，为持之以恒推动全面从严治党向纵深发展营造良好的舆论氛围、提供坚强的思想保证。

《法纪经纬》栏目以省纪委监委为依托，紧紧围绕全省党风廉政建设、反腐败工作主线，以全省反腐倡廉经验报道、权威信息发布、法律政策解读、新闻报道集纳、廉政建设言论等形式刊发各类文章几百篇，全方位、多视角展现了我省党风廉政建设、反腐败工作的风貌。

《以案说法》栏目从中央纪委国家监委网站摘登党员干部违纪违法典型案例，以案为鉴，以案明纪，以案促改，让党员干部知敬畏、存戒惧、守底线，防微杜渐、警钟长鸣，从中吸取教训，不断提高拒腐防变能力。栏目开办以来，已刊登相关文章百余篇。

第二十一章

宣传新时代辽宁老工业基地全面振兴

| 第一节 |
宣传习近平总书记关于东北、辽宁振兴发展的重要讲话和指示批示精神

党的十八大以来，习近平总书记多次到辽宁调研考察，多次参加全国人大辽宁代表团审议，多次主持召开东北、辽宁全面振兴座谈会，对新时代东北、辽宁全面振兴作出一系列重要讲话和指示批示。《共产党员》杂志从2013年开始，通过推出宣传辽宁全面振兴的特别策划，常设《振兴辽宁》专栏，开设《重大决策》《经验交流》《成果巡礼》《工作调研》等栏目，持续宣传习近平总书记的重要讲话和指示批示精神，宣传中央关于老工业基地全面振兴的政策和重大部署，宣传辽宁省委、省政府贯彻落实习近平总书记重要讲话和指示批示精神、中央决策部署的重要举措、生动实践、宏大场景和新时代辽宁全面振兴展现出的新气象、新担当、新作为。

2013年8月28日至31日，习近平总书记到辽宁考察工作，特别强调领导干部要自觉讲诚信、懂规矩、守纪律。《共产党员》杂志2013年第10期上半月以《共产党员必须懂规矩》为题，报道了习近平总书记在辽宁的考察活动，并在《党建论坛》栏目刊登了部分县市区委书记学习习近平总书记关于"讲诚信、懂规矩、守纪律"重要论述的学习体会。其后，《共产党员》杂志把学习贯彻"讲诚信、懂规矩、守纪律"重要论述精神作为重要宣传内容，约请省委有关部门负责同志、专家学者持续进行解读，陆续刊发各级领导干部的学习体会文章。2015年，《共产党员》杂志对全省开

展的"学讲话讲诚信懂规矩守纪律鼓士气促振兴"大学习大讨论进行了持续报道。

2015年7月16日至18日，习近平总书记到吉林调研期间，在长春召开部分省区党委主要负责同志座谈会并发表重要讲话。《共产党员》杂志2015年第8期上半月推出"本刊特稿"《激发内生动力 加快振兴发展——学习贯彻习近平总书记关于东北振兴重要讲话》，对总书记重要讲话精神进行深度解读。

2017年3月7日，习近平总书记参加第十二届全国人大五次会议辽宁代表团审议并发表重要讲话。《共产党员》杂志2017年第4期上半月推出特别策划"不负重托 致力振兴"，刊登《巨大的鼓舞 有力的行动——辽宁迅速传达认真学习深入贯彻习近平总书记参加辽宁代表团审议时的重要讲话精神》《辽宁老工业基地新一轮全面振兴的根本遵循和行动指南》《下大力气推进供给侧结构性改革》《坚定不移推进国有企业改革发展》《推进干部作风转变》《以习近平同志为核心的党中央为辽宁振兴打出政策"组合拳"》等系列报道；第5期上半月推出特别策划"奋斗成就梦想"，刊登《把总书记重要指示要求和党中央决策部署落到实处》《在持续用力抓落实上下功夫》《推进供给侧结构性改革是"必由之路"》《推进国有企业改革发展是必须抓好的"龙头"》《推进干部作风转变，建设一支思想素质高、道德品行好、执政本领强、工作作风实的干部队伍"最为关键"》等系列报道；第6期上半月推出特别策划"实现'三个推进'量化细化具体化"，刊发《贯彻落实习近平总书记重要讲话精神的重大意义和总体要求》《扎实推进供给侧结构性改革 培育振兴发展新动能》《扎实推进国有企业改革发展 夯实振兴发展重要基础》《扎实推进干部作风转变 凝聚振兴发展的强大力量》《加强组织领导 抓好工作落实》等系列报道，回顾总结辽宁振兴历程，解读总书记重要讲话精神。

2018年9月25日至28日，习近平总书记到东北三省考察，在沈阳主持召开深入推进东北振兴座谈会并发表重要讲话。《共产党员》杂志2018年第10期上半月以《用实际行动回报总书记的亲切关怀和殷切希望》为题进行了报道，并转发了新华社的文章《实现新时代东北全面振兴——解读习近平总书记在深入推进东北振兴座谈会上的重要讲话》。第11期上半月刊登《以新气象新担当新作为推进辽宁振兴——学习贯彻习近平总书记在辽宁考察时和在深入推进东北振兴座谈会上的重要讲话精神体会》，对总书记重要讲话精神进行解读。第12期下半月推出特别策划"奋力开创辽宁全面振兴全方位振兴新局面"，刊登《解放思想推动辽宁高质量发展》《在新起点上实现各领域改革新突破》《切实增强创新驱动内生动力》《统筹推进区域协调发展》《更好支持生态建设和粮食生产》《深度融入共建"一带一路"》《着力保障和改善民生》《坚定不移推进全面从严治党》《解放思想锐意进取推动辽宁全面振兴》等系列报道，及时反映全省各级党委、政府和广大党员干部深刻理解和把握总书记重要讲话精神丰富内涵和实践要求，奋力开创辽宁全面振兴全方位振兴新局面的情况。

2022 年 8 月 16 日至 17 日，习近平总书记到辽宁考察。《共产党员》杂志 2022 年第 9 期上、下半月分别全文转载《人民日报》报道《习近平在辽宁考察时强调 在新时代东北振兴上展现更大担当和作为 奋力开创辽宁振兴发展新局面》《"我们对东北振兴充满信心"——习近平总书记考察辽宁纪实》。

| 第二节 |

宣传省委、省政府推进辽宁全面振兴的重大思路举措

2017 年 4 月 1 日，辽宁省委、省政府在沈阳举行中国（辽宁）自由贸易试验区揭（授）牌仪式。《共产党员》杂志 2017 年第 8 期下半月推出特别策划"辽宁进入'自贸新时代'"，对"自由贸易区"进行解释，对我国 11 个自由贸易试验区进行梳理，以图解形式解读中国（辽宁）自由贸易试验区总体方案，对辽宁自贸试验区建设三年规划进行解读，对辽宁稳步推进自贸试验区工作进行介绍，对自贸试验区带来的美好前景进行展望。

2017 年 12 月 1 日，省委十二届五次全会在沈阳召开，审议通过了《中共辽宁省委关于高举习近平新时代中国特色社会主义思想伟大旗帜深入学习贯彻党的十九大精神加快辽宁老工业基地振兴的实施意见》等文件。《共产党员》杂志 2018 年第 1 期上半月推出特别策划"新时代新气象新作为 开创辽宁振兴发展新局面"，全面宣传了会议精神。

2018 年 1 月 2 日，省委十二届六次全会暨省委经济工作会议在沈阳召开，会议全面部署 2018 年经济工作。《共产党员》杂志 2018 年第 2 期上半月推出特别策划"加

快辽宁振兴发展"，约请省委政研室专家撰写文章，宣传解读会议精神。

《共产党员》杂志 2018 年第 3 期上半月，全文转载《人民日报》记者对时任辽宁省委书记陈求发的专访《重振辽宁老工业基地雄风》，并推出特别策划"集聚振兴发展新动能"，从新时代、新战略、新举措、新机制等方面，深入解读省委关于辽宁全面振兴的新蓝图、新引擎、新格局。

《共产党员》杂志 2018 年第 4 期上半月刊登本刊记者对时任辽宁省委书记陈求发的专访《把全国"两会"精神转化为推进辽宁振兴发展的强大动力》。

《共产党员》杂志 2018 年第 5 期下半月推出特别策划"五大区域同频共振齐发力"，从基本内涵、重大意义、原则要求、组织实施等方面对"五大区域发展战略"进行解读，对辽宁沿海经济带、沈阳经济区、突破辽西北、沈抚新区、县域经济的各自定位和要点进行说明。

《共产党员》杂志 2018 年第 12 期下半月推出特别策划"奋力开创辽宁全面振兴全方位振兴新局面"，从解放思想、改革创新、区域协调发展等角度，对省委关于辽宁全面振兴全方位振兴的具体部署要求进行深入宣传。

2020 年 11 月 26 日至 27 日，省委十二届十四次全会在沈阳召开。全会审议通过了《中共辽宁省委关于制定辽宁省国民经济和社会发展第十四个五年规划和二〇三五年远景目标的建议》。《共产党员》杂志在 2021 年第 3 期下半月《本刊持稿》栏目约请有关专家撰写《擘画振兴新蓝图　开创振兴新局面》，对《建议》进行解读。

2022 年 8 月 4 日，省委举办"中国这十年·辽宁"主题新闻发布会。《共产党员》杂志 2022 年第 9 期上半月《专题报道》栏目对新闻发布会进行报道，全文刊登时任省委书记张国清主题发布内容《始终牢记习近平总书记殷殷嘱托　奋力开创辽宁振兴发展新局面》以及张国清回答记者提问实录。

《共产党员》杂志 2023 年第 8 期下半月《要言要讯》栏目全文转载省委书记郝鹏的署名文章《用好全面振兴全方位振兴的"金钥匙"　谱写中国式现代化辽宁新篇章》。

2023 年 11 月 6 日至 7 日，省委十三届六次全会在沈阳举行。全会审议通过了《中共辽宁省委关于深入贯彻落实习近平总书记在新时代推动东北全面振兴座谈会上重要讲话精神　奋力谱写中国式现代化辽宁新篇章的意见》。《共产党员》杂志 2023 年第 12 期上半月推出《奋力谱写辽宁全面振兴新篇章》专刊，由《卷首语》《要言要讯》

《共产党员》杂志 2023 年第 12 期上半月推出《奋力谱写辽宁全面振兴新篇章》专刊

《书记论坛》《深度解读》四部分组成。在《书记论坛》中，《共产党员》杂志约请全省 14 个市市委书记和沈抚改革创新示范区党工委书记撰写文章，讲述辽宁各地在全面振兴新突破三年行动中的思路和做法。

| 第三节 |

宣传辽宁全面振兴的新气象、新担当、新作为

《共产党员》杂志 2014 年第 3 期上半月推出特别策划"深化改革：全面振兴又一春"，全面回顾了 2013 年辽宁全面振兴发展的工作亮点、振兴成效。

2017 年 2 月 9 日，辽宁省优化营商环境建设年电视电话会议召开。《共产党员》杂志 2017 年第 3 期下半月推出特别策划"幸福沈阳 从'心'而动"，讲述沈阳市打造国际化营商环境、开创"幸福沈阳共同缔造"新局面的经验做法。

《共产党员》杂志 2018 年第 6 期上半月推出特别策划"党旗引领百年钢企浴火重生"，讲述本钢集团加强党建工作激发企业活力的故事，展示了本钢集团党委通过党建引领打赢扭亏增盈攻坚战的做法和成绩。

《共产党员》杂志 2018 年第 11 期下半月推出特别策划"'党建 + 营商环境建设'推动辽宁全面振兴"，以访谈省委常委、工作综述、工作心得、通讯等形式，展示了省直机关"党建 + 营商环境建设"工作的做法、经验和成绩。

《共产党员》杂志 2020 年第 1 期下半月推出特别策划"挺起振兴脊梁——辽宁省国资国企改革攻坚纪实"，从加强党建引领、管干部聚人才、加强国有资产监督等方面，对辽宁省加快国资国企改革的做法、经验和成绩进行宣传。

《共产党员》杂志 2020 年第 3 期下半月推出 24 页篇幅的特别策划"为振兴发展谋远固本"，以工作综述和通讯等形式，讲述了辽宁统筹推进基层党建工作，为辽宁振兴发展提供坚强组织保证的做法、经验和成绩。

《共产党员》杂志 2021 年第 2 期、第 3 期下半月分别推出特别策划"丹东：筑牢坚强战斗堡垒""沈阳：打造高质量发展的'硬核'组织保障""以高质量党建推动两新组织高质量发展"，以市委主要领导署名文章、工作综述、经验材料、通讯等形式，展示丹东、沈阳以高质量党建引领高质量发展的做法、经验和成绩。

《共产党员》杂志 2021 年第 4 期下半月推出特别策划"集聚振兴发展的'人才力量'"，以工作综述、经验材料、通讯等形式，展示了辽宁省及 14 个市开展人才工作的做法、经验和成绩。

《共产党员》杂志 2021 年第 9 期下半月推出 20 页篇幅的特别策划"以优化营商环境开创振兴发展新局面"，以工作综述、经验材料、通讯、市委组织部主要负责同志署名文章等形式，展示了辽宁省开展"人人都是营商环境、个个都是开放形象"活动的成绩成果。

2022 年，经中组部党建研究所、全国党建研究会非公专委会评审，辽宁省沈阳、锦州等地的 5 个典型入选"2021 年度百个两新党建优秀案例"。《共产党员》杂志 2022 年第 4 期下半月与省委组织部非公党建工作处共同推出特别策划"持续用力久久为功　高质量党建激发非公企业活力"，推介入选的 5 个优秀案例，总结全省 2021 年非公企业党建工作做法及成效。

《共产党员》杂志 2022 年第 10 期上半月推出特别策划"加快辽宁科技成果向现实生产力转化"，以工作综述、通讯、经验材料等形式，展示了辽宁在推进科技成果产业化工作中的做法、经验和亮点。

从 2023 年起，辽宁实施全面振兴新突破三年行动计划。《共产党员》杂志 2023 年第 4 期下半月刊登省委书记郝鹏的署名文章《以实施全面振兴新突破三年行动为引领　奋力谱写推进中国式现代化辽宁新篇章》。第 5 期下半月推出专题"振兴新突破　首季'开门红'"，以工作综述、成绩图表、系列评论等形式对 2023 年第一季度辽宁振兴发展的亮点、成绩进行梳理和解读。

《共产党员》杂志 2023 年第 12 期上半月刊登省委书记郝鹏《在中共辽宁省委十三届六次全会第二次全体会议上的讲话》。

第二十二章

宣传优秀共产党员先进事迹

《共产党员》杂志2013年第9期下半月推出14页篇幅的特别策划"扫出一片天"，以长篇通讯、图片纪实、访谈等形式，集中宣传全国创先争优优秀共产党员、朝阳市环卫局副局长、城市道路清扫保洁管理大队大队长夏志国的先进事迹。

《共产党员》杂志2013年第10期下半月推出12页篇幅的特别策划"百姓利益大于天——追记凤城市宝山镇岔路村党支部书记王忠有"，以长篇通讯、新闻特写、回忆摘录、访谈等形式，对王忠有的先进事迹进行集中宣传。

2014年12月4日，中共辽宁省委原常务书记李荒逝世。《共产党员》杂志组织骨干记者深入采访，以《天心昭日月　风范励后人》为题在2015年第2期下半月《本刊特稿》栏目进行重点报道，并在《辽宁日报》刊登。文章先后被人民网、共产党员网、澎湃新闻等网站转载。

2015年，在"三严三实"专题教育中，辽宁省委决定将牺牲在抗洪抢险第一线的锦州市委原书记张鸣岐同志作为"三严三实"专题教育的重大典型，省委组织部、辽宁党刊集团组织编写图书《张鸣岐的故事》，由辽宁人民出版社出版。省委组织部、辽宁党刊集团在沈阳召开《张鸣岐的故事》出版座谈会，时任省委常委、组织部部长辛桂梓出席会议并讲话。《共产党员》杂志2015年第7期下半月推出14页篇幅的特别策划"以张鸣岐为镜践行'三严三实'"，以评论、消息、座谈会发言、长篇通讯等形式对张鸣岐的先进事迹和高尚情怀进行深入宣传。

《共产党员》杂志2015年第1期下半月、第8期下半月相继刊登《趟路人——记彰武县阿尔乡镇北甸子村党支部书记董福财》和《用坚守诠释忠诚的"治沙书记"——董福财先进事迹调查报告》，对"治沙英雄"董福财的先进事迹进行宣传。

2015 年 12 月 15 日，中共辽宁省委作出开展向毛丰美同志学习活动的决定。《共产党员》杂志 2016 年第 2 期下半月推出 20 页篇幅的特别策划"当代共产党人先进和优秀的光辉旗帜"，刊登学习决定和时任省委书记李希的相关批示，刊登时任省委常委、组织部长辛桂梓的署名文章《学习毛丰美　做党和人民需要的好党员好干部》，刊登省委组织部《用"实干"铸就不朽丰碑——丹东凤城市大梨树村原党委书记毛丰美同志先进事迹调查报告》，并以"众说"、"数说"、"图说"、日记、歌曲、亲属回忆文章等形式，全面展示毛丰美的先进事迹和为民情怀。从本期起，《共产党员》杂志开设《主题征文》栏目，择优刊登参加学习毛丰美同志先进事迹征文活动的文章。

2016 年 6 月 1 日，抚顺市传染病医院艾滋病管理科科长兼艾滋病治疗与关爱中心主任邹笑春因病去世。6 月 29 日，辽宁省委作出决定，追授邹笑春"辽宁省优秀共产党员"称号，号召全省广大党员向她学习。《共产党员》杂志 2016 年第 8 期下半月推出特别策划"让人间充满爱"，刊登了时任省委书记李希和省委常委、组织部长辛桂梓的相关批示，刊登了省卫生计生委主要负责同志、抚顺市委组织部撰写的文章，并以长篇通讯、医疗知识链接等形式宣传邹笑春的先进事迹。

《共产党员》杂志 2018 年第 2 期下半月推出特别策划"不忘初心　立德树人"，以通讯、评论等形式宣传全国时代楷模、大连海事大学马克思主义学院教授曲建武的先进事迹。

《共产党员》杂志 2018 年第 6 期下半月推出特别策划"十余载坚守科技扶贫路"，以长篇通讯、图片报道、评论、访谈等形式，对锦州市义县副县长、辽宁省农业科学院果树科学研究所副所长、辽宁省科学技术厅义县特派团团长王宏的先进事迹进行宣传。

《共产党员》杂志 2019 年第 2 期下半月推出 26 页篇幅的特别策划"榜样的力量"，刊登了从 2014 年至 2018 年获得"辽宁好人·时代楷模"称号的先进个人和集体简介，讲述了获得"辽宁好人·最美人物"称号的姜大光等 5 名同志的先进事迹。

《共产党员》杂志 2019 年第 6 期下半月推出 22 页篇幅的特别策划"致敬劳动者"，宣传解读劳动精神，以通讯形式宣传辽宁省获得全国五一劳动奖状的先进单位和获得全国五一劳动奖章的先进个人。

《共产党员》杂志 2019 年第 10 期下半月推出 30 页篇幅的特别策划"为奋斗者喝彩",集中宣传雷锋、王崇伦等 20 名奋斗者的先进事迹。

《共产党员》杂志 2020 年第 10 期下半月刊登通讯《孙景坤——血战上甘岭》,宣传隐功埋名的"七一勋章"获得者、"时代楷模""全国道德模范"抗美援朝老战士孙景坤的英雄事迹。

2020 年下半年,《共产党员》杂志开设《纪念中国人民志愿军抗美援朝出国作战 70 周年》栏目,与中华先锋网共同采写抗美援朝老兵那启明、杨殿生等人的先进事迹,在该栏目陆续刊登。

2022 年 5 月 10 日,庆祝中国共产主义青年团成立 100 周年大会在北京隆重举行。《共产党员》杂志 2022 年第 6 期下半月推出特别策划"展青春风采 做时代先锋",对获得中国青年五四奖章和辽宁青年五四奖章的 16 名优秀青年先进事迹进行宣传。

第二十三章

开展党建研究工作

2014年10月，经省委组织部同意、省编办批准，辽宁省党建研究所正式成立，隶属辽宁党刊集团。2015年10月，根据省编办通知，党建研究所隶属关系由隶属辽宁党刊集团调整为隶属省委组织部，辽宁党刊集团代管。

根据省委组织部的要求，辽宁省党建研究所承担全省党建研究任务，具体职能有：根据省委、省委组织部的要求，围绕党建工作重大问题进行调查研究；承担省委组织部及中央、省委有关部门下达的课题研究任务；承办省党建研究会日常工作；联系指导全省各市、县（市、区），各系统党建研究工作；配合省委组织部利用党刊党网等媒体，搞好党建研究成果宣传工作；编辑出版党建图书或刊物，为上级机关及领导提供咨询参考；完成省委组织部交办的其他任务。

辽宁省党建研究所聘请中组部原部长、全国党建研究会顾问张全景，辽宁省委原书记闻世震，全国党建研究会会长、中央党校原常务副校长虞云耀，中央政策研究室原副主任、全国党建研究会顾问郑科扬为党建研究所顾问，聘请中央党史研究室原副主任谷安林、中纪委驻中科院原纪检组组长王庭大、中央组织部党建研究所所长彭立兵等16人为党建研究所特邀研究员。

党建研究所成立后，认真开展课题研究。先后以"全面从严治党若干现实问题"为主题，针对"四个全面"战略布局下党建工作面临的重大理论问题以及地方党委换届、村级组织换届等热点敏感问题，开展系列课题研究，形成了多项研究成果，陆续上报省委和省委组织部，部分成果在中央媒体刊登。中组部、中央文献研究室、中央党校、全国党建研究会等37名专家，以及我省52名市县领导和专家参与了课题研究。党建研究所撰写的《严实相成，严以责实》在人民网、共产党员网刊载后，全国数十家媒体转发。

2014 年，辽阳市委组织部、省党建研究所共同撰写了《党员干部直接联系群众的有益实践——辽阳市连续 20 年联贫的经验及其意义》，经验形成后，中组部部务委员、基层办主任吴玉良专门听取了汇报，充分肯定了这一做法。

党建研究所还根据形势任务的要求，召开系列座谈会。2014 年 6 月，党建研究所参与组织召开深入学习贯彻习近平同志党的建设重要论述研讨会，邀请中纪委、中组部、中央党校、全国党建研究会、求是杂志社、人民网、中组部党建所等单位的领导和专家，省内党建理论工作者，部分市县委、高校党委负责同志深入研讨。时任省委常委、组织部部长辛桂梓全程参加并主持座谈会。会议取得高质量的理论研究成果被全国媒体广泛转发。

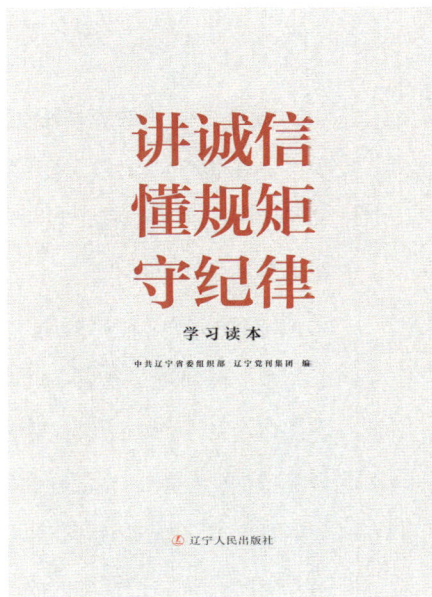

2014 年 8 月，省委群众路线教育实践活动办公室、辽宁省党建研究所、共产党员杂志社共同举办了党的群众路线教育实践活动民主生活会研讨会，中央教育实践活动办公室、中央巡回督导组的领导同志、部分省委督导组组长、市委书记、市委组织部长、县（市）委书记参加研讨会。根据这次研讨会的成果，党建研究所形成了《党的群众路线教育实践活动专题民主生活会的经验与启示》，报中组部和省委组织部，并下发全省各级党委。

2014 年，在省委组织部的部署和指导下，辽宁党刊集团抽调精干力量组成编写组，编写了《讲诚信 懂规矩 守纪律学习读本》（以下简称《读本》）。省委组织部下发通知，要求全省党员干部认真学习，并将《读本》作为各级党委中心组、党支部"三会一课"学习的重要内容，作为各级党校、行政学院、干部院校的培训教材。《读本》下发给全省 8 万多名副县（处）级以上领导干部。2016 年，《读本》被中组部、国家新闻出版广电总局评为"全国党员教育培训精品教材"。

2015 年，党建研究所根据党的十八大以来习近平总书记系列重要讲话精神，以及中央关于遵守党的政治纪律和政治规矩的新要求，编辑了《党员干部遵守政治规矩学习手册》，经省委同意，下发到全省副县（处）级以上领导干部，成为党员领导干部必备的"口袋书"。

2016 年，省党建研究所承担了全国党建研究会重点课题"如何建立党内清爽的同志关系"的研究，被评为全国党建研究优秀党建课题成果。

2017 年 9 月 14 日，省党建研究所参与组织了全国优秀共产党员、"时代楷模"毛丰美精神研讨会，会议在丹东凤城市大梨树村召开，7 位同志围绕学习研究宣传毛丰美精神，从不同侧面、不同角度作了交流发言。时任省委常委、组织部部长辛桂梓同志出席会议并讲话。

2018 年，全国党建研究会确定 3 个重点课题，其中"改革开放 40 年党的建设成就与经验研究"这一课题委托辽宁省牵头。省委组织部牵头成立了由省委组织部、省党建研究会、省委党校、省党建研究所等有关单位领导和专家学者组成的课题组，集中时间、集中精力开展攻关。全国党建研究会对这一课题研究高度重视，4 月中旬在辽宁省召开课题协调会，全国党建研究会顾问、中央党校原常务副校长虞云耀，时任全国党建研究会副会长佟延成、高永中等出席会议，负责 17 个子课题的上海、广东、山东、内蒙古等省区市和中国纪检监察学院等部门的有关同志到会进行交流，形成了高质量研究成果，获全国党建研究会优秀课题特别奖。同时，着眼总结改革开放 40 年来党的建设的理论和制度成果，省党建研究所编辑了《改革开放 40 年党的建设重要文献选编》，获全国党建研究会 2018 年度优秀课题特别奖。

在开展课题研究的同时，党建研究所利用辽宁党刊集团党建宣传和研究优势，承担了省委组织部交办的重点任务，进一步扩大了党建宣传和研究效果。

2018 年 4 月，辽宁省委组织部、省党建研究会部署编印党的十一届三中全会以来党的建设重要文献资料。文献资料的时间范围，从 1978 年 11 月开始，到 2018 年 5 月为止。收入文献资料的来源，主要是中央文献研究室编辑、中央文献出版社出版的《三中全会以来重要文献选编》，中央办公厅法规局编辑、法律出版社出版的《中央党内法规和规范性文件汇编（1949 年 10 月—2016 年 12 月）》。全部篇目均按时间顺序排列。文献资料共 17 册，总文字量 580 万字，编印后送中组部有关局（室）、全国党建研究会、全国党建研究所、省委组织部，得到有关领导和专家的肯定。

2018 年 8 月，经省委组织部部务会研究决定，省委组织部所属、原辽宁党刊集团管理的省党建研究所撤销编制。2019 年 9 月 17 日，省委编办正式通知确定撤销省党建研究所编制。

第二十四章

融入辽宁报刊传媒集团（辽宁日报社）

　　2018 年 2 月 26 日至 28 日，党的十九届三中全会在北京召开，全会审议通过了《中共中央关于深化党和国家机构改革的决定》和《深化党和国家机构改革方案》。2018 年 3 月 30 日，辽宁省委十二届七次全会审议通过了《中共辽宁省委关于贯彻落实党的十九届三中全会精神深化机构改革的意见》，拉开了全省党和国家机构改革序幕。

　　辽宁党刊集团是涉改单位之一。2018 年 5 月 21 日，辽宁省委办公厅印发了《省直公益性事业单位优化整合方案》，决定整合辽宁报业传媒集团（辽宁日报社）、辽宁党刊集团等单位，组建辽宁报刊传媒集团（辽宁日报社）。

　　2018 年 8 月 24 日，省委办公厅关于印发《辽宁报刊传媒集团（辽宁日报社）主要职责、内设机构和人员编制规定》的通知，明确辽宁报刊传媒集团（辽宁日报社）设 9 个内设机构，其中《共产党员》编辑中心（共产党员杂志社）为内设机构之一，负责《共产党员》杂志的编辑出版工作；辽宁报刊传媒集团（辽宁日报社）设 26 个分支机构，包括原辽宁党刊集团所属《党建文汇》杂志、《党支部书记》杂志、《刊授党校》杂志、中华先锋网以及原来隶属原省委党史研究室的《党史纵横》杂志等。

　　2018 年 10 月 12 日，辽宁报刊传媒集团（辽宁日报社）党委作出《关于组建集团〈共产党员〉编辑中心（共产党员杂志社）的决定》，明确《共产党员》编辑中心（共产党员杂志社）的主要职责是：承担对《共产党员》等刊（网）的编采、管理及资产运营等工作。

　　《共产党员》编辑中心（共产党员杂志社）的成立，标志着原辽宁党刊集团正式融入了辽宁报刊传媒集团（辽宁日报社），迈上了发展新征程。

《共产党员》编辑中心（共产党员杂志社）重新组建后，省委及辽宁报刊传媒集团（辽宁日报社）党委又对《共产党员》编辑中心（共产党员杂志社）职责和机构编制等事项作出调整优化。2019年7月2日，《共产党员》编辑中心由内设机构调整为分支机构，更名为共产党员杂志社；2019年8月26日，集团党委决定成立共产党员杂志社党刊融媒体编辑部。2019年11月19日，集团党委决定成立共产党员杂志社经营管理部。2021年4月13日，集团党委决定成立共产党员杂志社内参编辑部和党建读物编辑部。2021年12月10日，集团党委决定撤销共产党员杂志社党刊融媒体编辑部，成立共产党员杂志社融媒体运营中心。

共产党员杂志社重新组建后，始终得到省委及省委组织部、省委宣传部的亲切关怀和有力领导。2018年10月针对共产党员杂志社在发行工作上面临的新情况和新挑战，省委专门提出要求，省委机关刊《共产党员》杂志等辽宁党刊的省内发行工作由各级组织部门和宣传部门共同负责，仍以各级组织部门统一组织订阅为基本渠道，以党费和财政补贴为党刊订阅的主要经费来源，确保省内党刊的发行渠道不变、发行队伍不散、订阅经费不减，继续发挥党的政治优势和组织优势，保持省内党刊发行工作的连续性和稳定性。

2021年5月27日，时任辽宁省委书记、省人大常委会主任张国清到辽宁报刊传媒集团（辽宁日报社）调研，对辽宁党刊工作给予充分肯定。2021年11月15日，省委常委会对做好党刊工作提出明确要求，强调《共产党员》杂志是辽宁省委主办的在全国具有影响力的品牌党刊，是宣传党的理论、对党员进行经常性教育的重要载体。要坚持正确办刊方向，传播党的声音，当好党的喉舌，发扬光荣传统，增强时代感，进一步提升刊物质量，把这个杂志办好。省委组织部、省委宣传部要加强对《共产党员》杂志编辑、发行工作的领导，加大扶持力度，及时帮助解决困难问题，为其发展壮大创造良好条件。

2021年7月12日，时任省委常委、宣传部部长刘慧晏到共产党员杂志社调研，召开座谈会，要求共产党员杂志社要格外珍惜、不断弘扬好杂志社在70多年办刊实践中形成的优良传统并不断研究新问题、开创新局面；要高度重视内容生产，保持已有竞争优势、形成新的竞争优势；要坚持党刊姓党的办刊原则，争做学习宣传阐释习近平新时代中国特色社会主义思想的表率，用心服务好辽宁振兴发展大局，在媒体融合发展上勇于创新，不断扩大辽宁党刊的影响力和覆盖面；要以党建为统领抓班子、带队伍，确保办刊的正确导向，确保办刊特色和刊物竞争力，确保建成全国一流的党刊党网。

在省委及省委组织部、省委宣传部的高度重视和有力指导下，共产党员杂志社坚持以习近平新时代中国特色社会主义思想为指导，深刻领悟"两个确立"的决定性意义，增强"四个意识"、坚定"四个自信"、做到"两个维护"，严格落实党的意识形态工作责任制，自觉融入省委工作大局，深入推进媒体融合发展，取得了良好的社会效益和经济效益。共产党员杂志社在原辽宁党刊集团两次荣获中国出版政府奖基础上再次荣获"中国出版政府奖·先进出版单位奖"，保持了原辽宁党刊集团的经济效益水平，杂志社利润连创新高。

第二十五章

提升重大主题策划宣传质量

在融入辽宁报刊传媒集团（辽宁日报社）后，共产党员杂志社将主题策划摆在突出位置，周密组织，精心做好深度报道，深入宣传党史国史，充分展示党和国家的伟大历程、辉煌成就，有力发挥了舆论引导、价值引领的重要作用。杂志社先后与中央党史和文献研究院、辽宁省委组织部、省委宣传部、省纪委监委、省委党史研究室、省档案馆等多个单位和部门合作，以系列报道和集中报道等方式推出主题策划210多个。

| 第一节 |

宣传党史、新中国史

《共产党员》杂志与辽宁省委党史研究室共同推出特别策划"辽宁改革开放：情怀未减志更坚"，邀请8位同志撰写文章，回顾改革开放40年来的亲身经历和发展成就，刊登于2018年第10期下半月。

2020年，是中国人民志愿军抗美援朝出国作战70周年。《共产党员》杂志与省委党史研究室共同推出特别策划"抗美援朝在辽宁"，以评论、史事述评、党史故事等形式，回顾辽宁人民在党的领导下开展支援抗美援朝的往事，讲述抗美援朝战争的重要史实、重要节点和英雄人物，刊登于2020年第5期下半月。

2020年，《共产党员》杂志与省委党史研究室共同推出"辽宁城市解放传奇"专题，讲述辽宁14个市解放的历史珍闻，以其解放的时间顺序在下半月《史海观澜》

栏目逐期刊登。

2021 年是中国共产党成立 100 周年。《共产党员》杂志 2021 年第 1 期上半月推出 16 页篇幅的特别策划"中国共产党与中国社会发展进步"，约请中央党史和文献研究院专家学者从主流价值观的孕育、国家治理体系的建立、工业化历史进程的完成等八个角度，撰文论述中国共产党创造的人类社会发展史上惊天动地的发展奇迹。

2021 年，为庆祝伟大的中国共产党成立 100 周年，《共产党员》杂志开设《庆祝建党 100 周年》栏目。约请中央党史和文献研究院专家学者编写"百年百词话我党"，以短小的词条形式，撷取中国革命、建设、改革、复兴历程中的 100 个重要历史事件，真实生动再现百年大党的光辉历程，在上、下半月连续刊登；约请中央党史和文献研究院专家学者梳理党史上的重要事件，讲述党史上重要人物，在每期上半月刊发；与辽宁省委党史研究室合作推出辽宁地方党史系列专稿，讲述辽沈大地上发生的重要党史事件。

从 2021 年第 2 期至第 6 期，《共产党员》杂志约请中央党史和文献研究院专家撰稿，相继推出特别策划"跨越百年看中国共产党的自身政治建设""跨越百年看中国共产党的自身思想建设""跨越百年看中国共产党的自身组织建设""跨越百年看中国共产党的自身作风建设""跨越百年看中国共产党的自身纪律建设"，系统解读百年以来党的自身建设。

2023 年是辽沈战役胜利暨东北全境解放 75 周年。《共产党员》杂志第 11 期下半月推出特别策划"纪念辽沈战役胜利、东北解放 75 周年——红色江山来之不易 守好江山责任重大"，以封面、评论、党史故事等形式，阐述了辽沈战役的过程、意义和影响，讲述了辽沈战役中六场重要战斗，介绍了战役中涌现出的英雄人物及其战斗故事。

| 第二节 |

结合重大时间节点推出专刊

为庆祝中国共产党成立 100 周年，《共产党员》杂志 2021 年第 7 期上半月推出《百年辉煌》专刊，下半月推出《时代风采》专刊。

在《百年辉煌》专刊中，《要言要讯》栏目刊登习近平总书记在庆祝中国共产党成立100周年大会上的讲话，中央办公厅关于认真学习贯彻习近平总书记重要讲话精神的通知，中央关于授予"七一勋章"的决定和关于表彰全国优秀共产党员、全国优秀党务工作者和全国先进基层党组织的决定，中央组织部关于表彰全国优秀县委书记的决定。在《百年辉煌》专刊中，约请专家学者撰写稿件，从"中国共产党的产生是开天辟地的大事变""中国共产党为苦难的中国带来新的光明与希望""中国共产党推动国家从封建专制走向人民民主""中国共产党从根本上扭转了中华民族的命运""中国共产党实现了中国人民全面建成小康社会的梦想""向着全面建成社会主义现代化强国目标迈进"等角度，梳理、解读中国共产党百年光辉历程，讲解、阐释伟大建党精神和井冈山精神、苏区精神等百年历程中的26个伟大精神。

在《时代风采》专刊中，《要言要讯》栏目刊登了"七一勋章"颁授仪式在京隆重举行、辽宁省召开"两优一先"表彰大会等消息；《时代风采》栏目刊登辽宁获得全国优秀共产党员、全国优秀党务工作者、辽宁省优秀共产党员、辽宁省优秀党务工作者等称号的21名人物典型的先进事迹，刊登辽宁省荣获全国先进基层党组织称号的15个先进集体的先进事迹。

2023年，是毛泽东等老一辈革命家为雷锋同志题词60周年。《共产党员》杂志2023年第3期下半月推出"让雷锋精神在新时代绽放更加璀璨的光芒"专刊，集中宣传弘扬雷锋精神。专刊共设12个栏目，刊发27篇文章。其中，《要闻》《要论》《活动》等栏目刊登近期关于开展学雷锋活动、弘扬雷锋精神的重要会议活动相关报道，集纳习近平总书记关于雷锋精神的重要论述；《足迹》《讲述》等栏目盘点雷锋在辽宁工作、成长经历，刻画战友、同事、学生眼中的雷锋形象；《样板》《标兵》栏目集中展示辽宁省全国学雷锋活动示范点、全国学雷锋岗位标兵的事迹和风采；《品读》栏目带领读者赏析雷锋创作的诗歌，展示雷锋鲜为人知的文学素养；《印记》栏目系统梳理《共产党员》杂志60多年来宣传雷锋事迹、弘扬雷锋精神、报道学雷锋活动的精彩版面和重点文章。

专刊出版后，在广大党员干部中引发强烈反响，受到新闻出版界广泛关注，取得良好宣传效果。辽宁省委宣传部《辽宁新闻阅评》2023年第7期刊登阅评文章《深情讲述雷锋故事　汇聚强大精神动力》，对专刊予以肯定，指出："共产党员杂志社策划推出的纪念专刊，不仅为纪念雷锋同志、弘扬雷锋精神营造了良好氛围，同时也发挥了凝聚人心、提振士气的重要作用，有助于引导激励全省广大党员干部进一步振奋精神、激发斗志、立足岗位、建功立业，争做新时代雷锋精神的传承人和践行者，为完成辽宁全面振兴新突破三年行动目标任务作出贡献，其中的成功经验值得各媒体认真学习借鉴。"

2023 年 9 月 7 日，习近平总书记在黑龙江省哈尔滨市主持召开新时代推动东北全面振兴座谈会并发表重要讲话。《共产党员》杂志 2023 年第 10 期下半月推出《牢记嘱托显担当》专刊，回顾总书记的辽宁足迹，展示全省上下沿着总书记的足迹砥砺奋进的生动场景。专刊共设置 6 个栏目，刊登 31 篇文章，其中《要闻》主要转载权威媒体关于习近平总书记主持召开新时代推动东北全面振兴座谈会并发表重要讲话的报道，刊登辽宁省委常委会召开扩大会议、辽宁省委召开全省领导干部会议，传达学习总书记重要讲话精神的报道；《回顾》转载了权威媒体关于习近平总书记此前三次考察辽宁的报道；《评论》转载了《辽宁日报》发表的社论和系列评论。共产党员杂志社骨干记者分赴总书记三次考察辽宁时走过的地方进行深入采访，撰写 13 篇通讯，生动展示这些单位牢记总书记的谆谆教导，奋发有为，再创佳绩，相关文章刊登在《足迹》栏目中。

第二十六章

持续推进媒体融合发展

　　党的十八大以来，原辽宁党刊集团高度重视传统媒体与新兴媒体的优势互补、一体发展。2017年，原辽宁党刊集团推出《关于推动党刊集团媒体融合发展的意见》，提出坚持以先进技术为支撑、内容建设为根本，推动传统媒体和新兴媒体在内容、渠道、平台、经营、管理等方面深度融合，不断提升党刊党网的传播力、引导力、影响力和公信力。

　　在办好中华先锋网的同时，本着强化移动优先意识、积极推动移动媒体建设，以"党刊党网＋移动新媒体"模式整合集团内部资源，针对不同受众特点，强化微信公众号、移动客户端、微视频等新技术应用，初步形成了载体多样、渠道丰富、覆盖广泛的移动传播矩阵。2016年1月，"党支部书记"微信公众号开通；2017年1月16日，"共产党员微平台"微信公众号开通。

　　融入辽宁报刊传媒集团（辽宁日报社）以来，共产党员杂志社认真学习贯彻中央及省委关于推进媒体融合发展的部署要求，落实集团党委推进媒体融合发展的工作安排，媒体融合工作取得新成绩、迈上新台阶。

|第一节|

推动中华先锋网做大做强

　　2019年，按照辽宁报刊传媒集团（辽宁日报社）的统一部署，积极落实媒体融合发展任务，持续推进融媒体平台项目建设。2019年7月，改版后的中华先锋网，新闻发布系统各项功能得到优化升级，其他相关系统（在线学习、网上答题等）完成基础设计，为以后提高综合工作效率，更好地发挥党建综合应用平台作用提供了重要技术保障。

2019年下半年，中华先锋网发布庆祝新中国成立70周年相关稿件200多篇，发表基层党组织工作经验报道360多个。同时，为充分利用和发挥中华先锋网的网络平台优势，促进共产党员杂志社各刊网融合，将杂志社各刊主要宣传内容在网站集纳刊登并及时更新。

2020年，中华先锋网紧紧围绕全省党的建设重点工作加强组织策划，持续做好"习近平新时代中国特色社会主义思想"网络专题的更新维护，并策划了"抗击疫情　辽宁在行动"专题，审发各类稿件千余篇，制作全省一线抗疫人物事迹短视频"寻找身边的雷锋"10部；策划了"决胜小康　奋斗有我"专题，发布各类稿件超过600篇；在纪念中国人民志愿军抗美援朝出国作战70周年宣传方面，策划抗美援朝专题，审发稿件120多篇，其中原创采写文章近50篇，制作原创短视频致敬老兵系列15条。还策划制作了"共克时艰　共促振兴""文化颂中华""辽宁持续优化营商环境"等多个重要专题。

2021年，在中国共产党成立100周年之际，策划推出"奋斗百年路　启航新征程""学党史悟思想办实事开新局"专题，共发布各种稿件900余篇。策划"2021年全国'两会'""2021年辽宁'两会'"等专题，发布稿件300余篇。持续更新"抗击疫情　辽宁在行动""决胜小康　奋斗有我""辽宁组工动态"等专题。

2022年，中华先锋网重点策划开设了"青春心向党　奋进新时代""聚焦2022全国'两会'""乡村振兴正当时""丹东市：鸭绿江畔党旗红""2022辽宁'两会'""中国共产党辽宁省第十三次代表大会""2022年北京冬奥会、北京冬残奥会""'解政策、推落实、促发展'政企对话会""中国共产党第二十次全国代表大会""深入学习宣传贯彻党的二十大精神""新时代　新征程　新伟业"等19个专题。

2023年，中华先锋网策划发布了"学习贯彻习近平新时代中国特色社会主义思想主题教育""学思想　强党性　重实践　建新功""新时代　新征程　新伟业""聚焦2023全国'两会'""辽宁全面振兴新突破三年行动""牢记嘱托显担当　首战之年建新功"等14个专题。其中，主题教育专题发布稿件1778条，"学思想　强党性

重实践　建新功"专题发布稿件 926 条。及时宣传辽宁全面振兴新突破三年行动、全省各领域各地区党建经验、涌现出的党员典型先进事迹等，充分报道辽宁全面振兴新突破过程中各领域各地区在首战之年完成重点任务、开展重大活动、奋斗者事迹、央地合作进展成效等。

| 第二节 |

提高微信公众号影响力

2018 年以来，"共产党员微平台"等微信公众号坚持宣传习近平新时代中国特色社会主义思想，宣传新时代全省党的建设取得的辉煌成就、宣传全省各地区各部门各单位党建工作经验，陆续推出"纪念中国人民志愿军抗美援朝出国作战 70 周年""抗美援朝老战士风采录""党史学习教育'五个一百'之百名先锋话使命""红色印记""奋斗百年路　启航新征程""奋进新征程　建功新时代""新时代新征程新伟业""三年行动首战之年·奋力夺取开门红""沿着总书记的足迹·看辽宁"等系列策划报道。2019 年 9 月，"共产党员微平台"等微信公众号编辑发稿流程、安全应急预案等制度进一步完善。截至 2023 年底，"共产党员微平台"用户总数达 13.2 万。

2021 年 8 月，经辽宁报刊传媒集团（辽宁日报社）党委批准，由共产党员杂志社代运营辽宁省委组织部"辽宁先锋"微信公众号。截至 2023 年底，"辽宁先锋"微信公众号用户总数 30.2 万。代运营以来，共产党员杂志社连续 3 年收到辽宁省委组织部的表扬信。

| 第三节 |

成立共产党员杂志社媒体融合机构，组织协调杂志社层面的重要策划

2019 年 8 月 26 日，共产党员杂志社党刊融媒体编辑部成立，组织协调共产党员杂志社刊、网、微共同打造出多个大型策划宣传报道。这些报道形成强大的传播合力，在内容上紧密呼应，在不同平台呈现多样化的宣传形式，不仅吸引了更多受众，也提升了共产党员杂志社宣传报道的影响力和覆盖面。

2020年，党刊融媒体编辑部协调五刊一网组织实施大型策划中国人民志愿军抗美援朝出国作战70周年宣传报道。为铭记历史，传承和弘扬伟大的抗美援朝精神，党刊融媒体编辑部组织共产党员杂志社与省委老干部局、省委党史研究室、省档案馆、省军区政治工作局、辽沈晚报社，共同开展了"抗美援朝老战士访谈"系列活动，对全省和驻军部队的部分志愿军老战士进行访谈，共产党员杂志社编采人员共撰写33篇人物报道，《党史纵横》出版了《鸭绿江畔的追忆——抗美援朝老战士访谈》专辑，共产党员杂志社与省委老干部局共同编辑了《鸭绿江畔的追忆——抗美援朝老战士访谈纪实》画册。《共产党员》杂志、中华先锋网、"共产党员微平台"微信公众号刊发相关内容，形成了一次采集，多种生成，多渠道刊发的全媒体报道，收到了较好的宣传效果。

2021年，围绕庆祝中国共产党成立100周年、开展党史学习教育，从3月份开始，按照省委宣传部要求，党刊融媒体编辑部协调共产党员杂志社"五刊一网一微"组成联合报道组，开展"红色印记——辽宁党史回眸"系列主题宣传，在刊、网、微刊发文章、推送视频合计244篇（个）。从5月份开始，为庆祝建党100周年，推进党史学习教育走深走实，与省委组织部相关处室共同策划了在全省基层党组织中开展"百名书记谈初心、百名先锋话使命、百个支部展风采、百堂精品党课、百集微视频教育片"的"五个一百"系列主题活动，后经省委党史学习教育领导小组同意，"五个一百"主题宣传纳入到了全省党史学习教育的重要内容，以共产党员杂志社刊、网、微为平台，开设专栏，持续进行报道，扩大宣传声势。截至2021年11月，刊、网、微共刊发各类文章、推送视频311篇（个）。

2021年12月，辽宁报刊传媒集团（辽宁日报社）党委决定，撤销共产党员杂志社党刊融媒体编辑部，成立共产党员杂志社融媒体运营中心。

2022年12月，按照辽宁报刊传媒集团（辽宁日报社）党委的要求，为加大共产党员杂志社主题策划宣传力度，推动杂志社所属各媒体进一步融合互动，扩大党刊党网的传播影响力，决定成立共产党员杂志社重大主题策划宣传组，统筹做好重大主题的策划宣传。策划宣传组每月召开会议，围绕上级有关宣传工作部署要求，加强与省委有关部门、各地区各单位的沟通联系，研究确定杂志社近期重点宣传主题、报道内容，各刊、网、端、微具体任务等。

权威党建信息聚合平台

宣传党的理论

推广党建经验

报道党内工作

展示党员风采

先锋频道全新上线

扫描二维码
登录"先锋"频道

2023年，融媒体运营中心协调组织全媒体推出《以新气象新担当新作为实现全面振兴新突破——深入学习宣传贯彻党的二十大精神·书记访谈》及"辽宁全面振兴新突破三年行动""老一辈革命家为雷锋同志题词60周年""沿着总书记的足迹·看辽宁"等重大主题策划。

| 第四节 |

开通北国（辽望）客户端先锋频道

为贯彻落实集团党委关于加快推进共产党员杂志社媒体融合发展步伐的部署安排，2022年7月1日，共产党员杂志社在北国客户端正式开通了先锋频道。先锋频道开通后，与杂志社所属《共产党员》《党建文汇》《党支部书记》《刊授党校》《党史纵横》及中华先锋网、"共产党员微平台"微信公众号、"党支部书记"微信公众号以及代运营的省委组织部"辽宁先锋"微信公众号，共同组成全方位、立体化展现党的中心工作特别是辽宁党建工作的全媒体宣传矩阵。

北国客户端"先锋频道"下设《关注》《专题》《亮点》《风采》《党课》《党务》6个常规栏目和"五刊一网"6个专项栏目，重点宣传党的理论、报道党的工作、推广党建经验、展示党员风采。2023年8月14日，北国客户端更名为辽望客户端。辽望客户端"先锋频道"先后推出了"学习宣传贯彻党的二十大精神""以新气象新担当新作为　实现全面振兴新突破""领导干部进园区进企业　服务振兴新突破""党群共同致富""组织部长论坛·学思想　见行动　促振兴"等专题策划报道。

共产党员

——

第六篇

共产党员杂志社
所属其他党刊

第二十七章

《党建文汇》杂志

1987年1月，《党建文汇》创刊号出版。从1988年第1期开始，《党建文汇》与中共中央宣传部宣传局停止合办关系，改由共产党员杂志社独立编辑出版。

2000年2月，辽宁党刊集团成立，《党建文汇》隶属辽宁党刊集团。2018年7月19日，辽宁报刊传媒集团（辽宁日报社）挂牌成立。《党建文汇》随辽宁党刊集团并入辽宁报刊传媒集团（辽宁日报社）。

《党建文汇》创刊三十余年来，在中央有关领导和相关部门的关心支持下，在省委的正确领导下，坚持"党刊姓党"的办刊原则，及时宣传中央大政方针，积极传播党的新思想、新理论，认真传达中央组织部的工作部署、指导意见，精选精编各地党建创新经验、党员模范事迹、党史动人故事，普及时政要闻、党务知识、工作智慧、生活常识。创刊以来，在全国党建时政类期刊中独树一帜，先后荣获"中国共产党类核心期刊""全国十佳文摘期刊""读者最喜爱的文摘期刊""北方优秀期刊"等荣誉称号。从1994年开始，刊物连续多年被辽宁省新闻出版局评定为省一级期刊。

创刊以来，《党建文汇》单独或联合有关部门、刊社举办了多次在全国有很大影响力的党建活动，刊物影响力不断扩大，月发行量曾连续多年超过百万份。

举办全国优秀党建读物评选活动。1989年3月，由《党建文汇》编辑部首先倡导发起，与求是杂志社政治理论部、党建研究杂志社、中国图书评论杂志社、书刊导报社共同举办了第一届全国党建读物评选活动。直至2016年3月，全国优秀党建读物评选活动共举办了13届，为促进党建理论研究和实践发展起到了积极作用。《人民日报》、新华社、中央电视台、中央人民广播电台、《新闻出版报》等重要媒体都

党建文汇

2023年第11期
下半月
总第764期

第三届"一带一路"国际合作高峰论坛
The Third Belt and Road Forum for International Cooperation

中国共产党类核心期刊　　全国十佳文摘期刊　　"百种优秀期刊进连队"期刊　　向农家书屋推荐重点期刊

ISSN 1003-806X

9 771003 806234

一本文汇在手
博览党建精华

191

曾作过宣传报道。

举办知识竞赛活动。1995年，中组部组织局、党建读物出版社、党建文汇杂志社联合举办了学习建设有中国特色社会主义理论和党章知识竞赛活动。据统计，全国有200多万名党员参加了这次竞赛活动。此后，相继举办了以学习党的十五大文件、纪念建党80周年、学习党的十六大文件、纪念建党90周年等为主题的知识竞赛活动，各级党组织和广大党员热情支持、踊跃参与。

开展党建理论研讨活动。1989年4月26日至29日，《党建文汇》信息研究中心会同《人民日报》政法部、经济部，《半月谈》杂志社，《中国政治体制改革》编辑部，中央党校《党校论坛》《理论动态》编辑部，理论信息报社等新闻单位，在辽宁省大连市举办了在新体制下大中型企业党委工作"到位"焦点、难点研讨活动。参加研讨活动的有来自北京、上海、天津、湖北、山东、辽宁等15个省市自治区部分大中型企业的党委书记、厂长及有关新闻单位、理论研究部门的代表，共130余人。1994年9月，党建文汇杂志社与人民日报理论部、金华市委组织部、金华市经济技术开发区工委联合在北京召开现代企业制度与党的建设研讨会。中央组织部、中央宣传部、中央纪委、中央政策研究室、中央党校、国家经贸委等有关部门的负责同志和党建、经济、体改理论的专家学者，部分大型企业党委书记、厂长（经理）共50余人参加。《人民日报》、新华社、中央电视台分别报道了这次研讨会情况。2007年4月至10月，党建文汇杂志社先后在云南、贵州、浙江、内蒙古等地召开"加强和改进基层党建工作理论研讨会"。创刊以来，《党建文汇》一直坚持"两条腿走路"，推出了一批本刊记者采写的重大宣传报道，发挥了原创和汇编两方面的优势。1988年7月15日，《党建文汇》记者专访了时任中共中央政治局委员、中组部部长宋平，杂志第9期发表文章《不搞神秘化 增加透明度——访中共中央组织部部长宋平》。

第二十八章

《党支部书记》杂志

《党支部书记》杂志创刊于 2006 年 1 月，由共产党员杂志社主管主办，是全国唯一一种专门面向全国基层党组织书记这个群体而创办的党刊。杂志的办刊宗旨是：为新时代党支部书记全面提升素质能力、做好支部工作提供精准优质的服务。读者对象定位为全国各行业各领域基层党支部书记，聚焦怎样当好党支部书记、怎样做好支部工作两大问题，达到实用、可读、耐看三种效果。

创刊以来，《党支部书记》杂志坚持围绕中心，服务大局，坚持办刊宗旨和读者定位，准确宣传阐释党的创新理论，展示全国优秀基层党支部书记风采，交流先进基层党支部工作经验，举办众多影响广泛的活动，深受广大读者欢迎。

2007 年 7 月，《党支部书记》杂志入选捐赠边海防连队的 100 种优秀期刊。2008 年 7 月，《党支部书记》杂志在辽宁省新闻出版局开展的全省期刊等级评审中，被评定为"辽宁省一级期刊"，2009 年 10 月入选国家新闻出版总署《2009 年农家书屋重点出版物推荐目录》。

2009 年 6 月，《党支部书记》杂志与人民网·中国共产党新闻网联合举办了"怎样当好大学生村官"征文活动。2010 年 4 月，联合全国 29 家党刊及人民网共同举办"推进学习型党组织建设、提高党建科学化水平"征文活动。

2011 年 7 月，《党支部书记》杂志为庆祝建党 90 周年，特约党史专家编著《中国共产党支部建设 90 年》专辑。

2012 年 3 月，党支部书记杂志社发起并联合人民网·中国共产党新闻网、求是·红旗文摘杂志社、中华先锋网、浙江共产党员杂志社、组织人事报社、江苏党

党支部书记

党支部书记

党支部书记
DANGZHIBUSHUJI

2023.06
总第210期

从三赴雄安，读懂总书记倡导的城市规划建设理念
践行"两山"理念　余村点绿成金
"秤砣支部"引领村集体转型发展
把基层党组织建设成为坚强战斗堡垒

2023年 第6期 总第210期

封面人物 高丰：为美好生活多出一份力

的生活杂志社、新湘评论杂志社、党员干部之友杂志社等十多家单位主办的"党支部书记论坛"正式成立。9月，"党支部书记论坛"首届年会在辽宁沈阳举办。

2013年3月，《党支部书记》杂志推出纪念毛泽东等老一辈革命家为雷锋题词发表50周年专题"伟大时代需要伟大精神"。2014年4月，《党支部书记》杂志推出百期纪念专题"100期，我们的足迹"。2015年10月，《党支部书记》杂志推出报道辽宁农村基层党建工作的专题"筑牢党在农村的执政根基"。

为适应新形势新要求，推进刊网融合发展，更好地服务读者，2016年1月，"党支部书记"微信公众号开通。

2017年4月，杂志社受辽宁省委组织部委托，编辑出版了全省国有企业党支部书记培训教材《国有企业党支部书记工作手册》。2017年6月，杂志社受辽宁省直机关工委委托，编辑出版了学习材料《省直机关"两学一做"学习教育知识竞答1000题》。

2019年9月，《党支部书记》杂志推出《"不忘初心、牢记使命"主题教育》专辑。2020年3月，《党支部书记》杂志推出《战"疫"》专辑。2021年7月，《党支部书记》杂志推出《中国共产党支部建设100年》专辑。

为满足新时代读者需求、探索高质量发展路径，编辑部经过认真谋划，2021年1月，改版升级后的《党支部书记》杂志正式出版，内文由80页增至128页，内容更加丰富，实现了社会效益与经济效益双丰收。

党的二十大胜利召开后，《党支部书记》杂志于2022年11月及时推出《中国共产党第二十次全国代表大会》专辑，于12月接续推出宣传贯彻落实党的二十大精神专题策划"既当实干家又当宣传家"，报道全国部分党的二十大代表立足岗位实际，宣传贯彻党的二十大精神的事迹。

多年来，《党支部书记》受到社会各界的广泛好评，社会影响持续扩大，被誉为"党务工作的指南"。

2009年，《党支部书记》杂志举办的"怎样当好大学生村官"征文活动，受到中组部表扬："'怎样当好大学生村官'征文活动搞得很好，文章来自一线，写得有情、有感、有味。"

2014年4月，《党支部书记》杂志推出百期纪念专题"100期，我们的足迹"，时任全国党建研究会顾问、中央组织部原部长张全景，全国党建研究会会长、中央党校原常务副校长虞云耀，中国期刊协会会长、原新闻出版总署副署长石峰为杂志题词。

第二十九章

刊授党校及《刊授党校》杂志

1983年1月刊授党校成立后，得到了中央领导同志和中组部、中宣部、中央党校的热情关怀和支持。时任中共中央政治局委员、中央党校校长王震为刊授党校校刊题写刊名。中组部原部长张全景、中宣部原常务副部长徐惟诚、中央政策研究室原副主任郑科扬等，曾担任刊授党校名誉校长。

新华社、《人民日报》等中央媒体先后报道过刊授党校创办和发展方面的消息。1983年3月2日《人民日报》第一版以《辽宁成立一所刊授党校》为题报道了刊授党校成立的消息：我国第一所刊授党校在沈阳创办，3月1日正式开学，全国各省、市、自治区已有15万党员和要求入党积极分子报名参加学习。《红旗》杂志1985年第4期刊载《运用多种形式开展正规化理论教育》一文，谈到"辽宁省委共产党员杂志社创办的刊授党校，注册学员达35万，其中干部占70%。山东、天津等13个省、市、自治区都将刊授党校作为干部正规化理论教育的途径之一"。1985年9月27日《光明日报》发表的《辽宁〈共产党员〉杂志社传播精神文明引人入胜》一文中说，在全国颇有影响的刊授党校，是为满足读者学习马列主义理论和党的建设理论知识的要求办起来的，目前参加学习的学员已达46万人。中共中央组织部《组工通讯》1989年第1期刊载了《一所"没有围墙的党校"》一文。文中说，辽宁省委以《共产党员》杂志为依托，创办刊授党校，五年内已兴办三届，培训学员53万人。刊授党校有两个明显的特点：一是办学形式灵活，适应性强；二是课程设置充分考虑实际工作需要，教材的编写力求理论联系实际，通俗易懂。刊授党校被人们誉为"没有围墙的党校"。报名入学者十分踊跃。1991年6月30日，中央人民广播电台晚间新

刊授党校

第 **11** 期
总第472期
2023年11月1日出版

王震

要有政治信仰和政治能力／提升新时代调查研究能力／国歌嘹亮催奋进

永远高扬北大荒精神

ISSN 2095-316X

闻对刊授党校进行了报道。广播中说："辽宁刊授党校坚持进行马克思主义基本理论教育，8 年累计培训了 30 个省、自治区、直辖市的 60 多万名党员干部和党外积极分子，为普及马克思主义基本理论，加强党的思想建设发挥了重要作用。1991 年 7 月 21 日，《人民日报》登载了《辽宁刊授党校办学效果好》一文。文中说："刊授党校在中央党校支持下，以《刊授党校》杂志为阵地，采用刊授和面授相结合的教学方式，组织党员、干部学习马列。办学 8 年来，累计有 63 万人参加学习，学员遍及全国 30 个省、自治区、直辖市。"

到 2011 年底，累计培训省内外 110 多万基层干部和党员，毕业学员遍布除港澳台以外的内地 31 个省、自治区和直辖市，在干部教育培训史上写下了浓墨重彩的华美篇章。

刊授党校创办后，根据办学的需要，作为刊授党校学刊的《刊授党校》杂志应运而生。1984 年 1 月，《刊授党校》创刊号正式出版。此后的近 30 年间，它作为刊授党校进行干部教育培训的学刊，一直发挥着"面对面的老师"的积极作用。

从 2005 年开始，《刊授党校》杂志不断进行改版。2005 年 8 月，推出《刊授党校·学习特刊》；2006 年底，推出《刊授党校·领导月刊》全彩试刊号；2008 年 7 月，《刊授党校》杂志对刊物内容再次进行全面调整。改版后的刊物，突出党的建设主线，内容侧重提高领导干部和管理人员的执政能力、领导科学发展能力和经营管理能力。自此，《刊授党校》杂志在内容主题、结构框架、栏目设置和装帧版式等方面已基本成型。

2010 年底，《刊授党校》迎来了华丽转身。经省委组织部批准，刊授党校停止干部在职学历教育的职能，《刊授党校》杂志实施转型，变办学为主为办刊为主，纳入全省干部教育培训体系。2011 年 4 月，《刊授党校》杂志推出了全新版本：16 开本、80 页、全彩印刷，刊物内容以原创为主。刊物改版后，《刊授党校》杂志在内容和装帧方面精益求精，不断改进，以崭新面貌和全新姿态，得到了广大读者的认可。

2012 年 5 月 22 日，省委组织部和党刊集团联合召开"在干部教育培训中充分发挥《刊授党校》杂志作用座谈会"，会上提到很多地方把《刊授党校》杂志的专题策划作为专题研讨班的学习内容和党课教材，从而使优质教育培训资源得到丰富并延伸到了基层。

2012 年底，《刊授党校》杂志省内发行量突破 4 万册。

2013 年，中组部干教局致函《刊授党校》杂志社，对刊物给予充分肯定。

2014 年，《刊授党校》杂志推出的 12 个专题策划均得到中国共产党新闻网转载，多篇文章登上该网"党刊精彩文章推荐"排行榜前十名。

2015 年 6 月，《刊授党校》第 6 期，反映全省干部教育工作的专题策划《固根守魂　凝聚力量》，先后被人民网·中国共产党新闻网、新华网、共产党员网、凤凰网等 40 多家网站转载。中国共产党新闻网党建频道还以此为素材，制作了一期题为《两年 47.8 万人次　辽宁开展大规模干部培训》的专题报道。2015 年 9 月，《刊授党校》杂志在中国期刊博览会、中国期刊年鉴等单位主办的"中国最美期刊"评选活动中入围；2018 年，《刊授党校》杂志在该评选中再次入围。2022 年 12 月，《刊授党校》杂志入选北京国际图书博览会"2022 中国精品期刊展"。

第三十章

《党史纵横》杂志

《党史纵横》杂志创刊于 1988 年 1 月 1 日，是一份综合性、大众化的中国共产党核心期刊，国内外公开发行。杂志创刊 36 年来，在存史、资政、育人、服务现实方面发挥了重要作用。陈云同志曾称赞《党史纵横》是"一本很有史料价值的刊物"。彭真同志曾称赞《党史纵横》是"存史、资政、育人的好教材"，并于 1990 年 11 月为《党史纵横》杂志题写刊名，沿用至今。

《党史纵横》杂志创刊后，由中共辽宁省委党史资料征编委员会主办，《党史纵横》编辑部编辑出版，月刊，内部刊物。1989 年 8 月 25 日，经国家新闻出版署同意，辽宁省新闻出版局批准，《党史纵横》杂志正式出版，16 开 48 页，内部发行。1989 年第 1 期至 1992 年第 6 期为双月刊，从 1993 年第 1 期开始为月刊。

1992 年 6 月 30 日，经辽宁省新闻出版局研究，并报国家新闻出版署批准，同意中共辽宁省委党史研究室与中共辽宁省委组织部合办《党史纵横》，仍以省委党史研究室为主要主办单位并主管。

1995 年 4 月 19 日，辽宁省机构编制委员会办公室批复，同意设立党史纵横杂志社，为省委党史研究室领导的事业单位，规格相当于副县处级，人员编制 10 名，所需经费自筹，杂志社设正、副社长（兼总编）各一名。

2018 年 7 月 19 日，党史纵横杂志社脱离辽宁省委党史研究室，正式并入辽宁报刊传媒集团（辽宁日报社）共产党员编辑中心（共产党员杂志社）。

《党史纵横》杂志创刊以来，秉承"存史、资政、育人"的办刊宗旨，以丰富多彩的党史党建内容，向广大党员、干部、群众宣传党史、军史、新中国史，成为深

党史纵横

总第451期
2023
11

OVERTHEPARTYHISTORY

弘扬光荣传统　赓续红色血脉　牢记初心使命　开创美好未来

沈南第一个党支部纪念馆

入党誓词

沈南第一个党支部纪念馆

党的自我革命：一个全新范畴和重大命题

党的自我革命：一个全新范畴和重大命题

新中国成立后毛泽东第一次到杭州

"一代楷模" 黄克诚

中华苏维埃共和国举办的第一次体育运动会

ISSN 1003-3361

9 771003 836231

201

受读者欢迎的一本学习党史、开展党建工作的刊物。30多年来,《党史纵横》始终坚持以马克思主义为指导,遵循"解放思想、实事求是、严肃活泼、鉴史为今"的十六字办刊方针,立足辽宁,面向全国,形成了独特的办刊风格:讲真话、求真理是她的执着追求;"可信、可读、可鉴、可存"是她的独特风格;"重大事件决策背景,风流人物事迹写真,现实课题历史分析,珍贵史料拾遗补缺"是她的主要内容。

30多年来,《党史纵横》杂志为广大读者再现中国革命的历史风云,展示逶迤而又气势磅礴、雄浑而又绚丽多彩的历史画卷,宣传介绍各个历史时期的重大事件、重要人物,歌颂各个领域、各条战线、各行各业在社会主义革命和建设中特别是在改革开放中取得的优异成绩和涌现的先进单位及典型人物。

《党史纵横》杂志以思想性、教育性、知识性、文化性、史料性、学术性、高品位和大信息量为特色,高扬爱国主义主旋律,突出以史鉴今、资政育人的办刊宗旨,在党史研究、宣传、教育方面作出了应有的贡献,取得了良好的效益,得到了社会的认可。《党史纵横》自创刊以来,始终坚持与时俱进、开拓创新的办刊风格,既在反映历史上真实、生动、形象、深刻,又在表现现实上视野高远、视角独特,具有鲜明的时代特征。所刊载的文章史料翔实、权威厚重、深入浅出、寓庄于俗,可读、可信、可用、可存,深受广大读者的欢迎和好评,连续多年被评为全国优秀党史期刊。

作为辽宁省唯一一份公开发行的权威党史刊物,《党史纵横》杂志积极发挥宣传全省党史工作平台的作用,全力支持省内各市党史部门的研究工作,及时刊发反映基层党史研究成果和党建工作成绩的文章。1991年,在中央党史研究室组织的全国党史报刊评比中,《党史纵横》杂志被评为同类期刊(44家)中名列前茅的四个优秀刊物之一;1994年,在辽宁社科期刊评比中,《党史纵横》荣获优秀期刊一等奖。

共产建虚

大事记

1948 年

3月1日　　　《翻身乐》杂志在哈尔滨创刊。

6月1日　　　根据东北局宣传部的决定，从第4期开始《翻身乐》的读者对象改
　　　　　　　为区、村干部。

9月下旬　　　东北局宣传部决定派孟奚到编辑部主持工作。《翻身乐》杂志直接由
　　　　　　　东北局宣传部领导。为了加强对刊物的领导，正式成立了编委会。

9月27日　　　孟奚组织召开《翻身乐》编委会，会议由东北局宣传部陈星主持，
　　　　　　　会上讨论研究了《翻身乐》的读者对象、任务、性质和编辑方法。

11月2日　　　东北全境解放。11月21日，翻身乐杂志社随东北局机关和东北书
　　　　　　　店搬迁到沈阳。新址在沈阳市马路湾东北书店（今马路湾新华书店）
　　　　　　　楼上。

11月5日　　　《翻身乐》杂志从第9期开始改为半月刊。

年末至　　　　《翻身乐》杂志组成新的编委会，编委会成员除了杂志社领导外，还
1949年1月　　有四位县委宣传部长：辽宁省辽阳县委宣传部长、辽西省锦西县委
　　　　　　　宣传部长、吉林省蛟河县委宣传部长、黑龙江省双城县委宣传部长。
　　　　　　　这是执行全党办刊的一个创举。

1949 年

3月5日　　　《翻身乐》杂志创刊一周年之际，时任东北局宣传部部长李大章为杂
　　　　　　　志撰写文章《大家动手把〈翻身乐〉办得更好一些》。

5月18日　　　东北局宣传部两次召开部务会议决定："《翻身乐》杂志从'七一'
和6月4日　　起改为旬刊。以农村干部为主要对象，提高指导作用，进一步通俗
　　　　　　　化，必须加强县、区、村干部和农村支部的联系，建立基层通讯网，
　　　　　　　加强编辑工作。"

6月20日　　　第24期上刊登了《翻身乐》杂志将改名为《新农村》杂志的启事。

7月5日　　　由《翻身乐》改为《新农村》的第1期杂志正式出刊。

12月5日　从《新农村》杂志第16期开始，出版周期由10日刊恢复为半月刊。

1950年

年初开始　东北局宣传部对《新农村》杂志的编辑方针、读者对象又有新的规定。《东北局宣传部1950年工作计划大纲》中规定《新农村》杂志“读者对象除区、村干部外，并照顾农村党员需要，增加支部教育方面的内容”。

1月10日　东北局宣传部干教处《1950年前三个月的工作计划（草案）》中对《新农村》杂志提出要求：“继续提高《新农村》的质量，着重典型示范性的通讯报道和有关知识介绍。”

7月5日　《新农村》杂志第31期启用郭沫若题写的刊名。

9月中旬　新农村杂志社社长孟奚出席全国第一次出版工作会议，以全国第一份通俗性政治读物社长身份，在会上作了《〈新农村〉的方向与经验》介绍，发言受到好评，《人民日报》在同年10月4日全文转载这篇讲话。

1951年

3月10日　《新农村》杂志改由新农村杂志社出版，发行工作仍由新华书店东北总店发行部负责。社址迁移到沈阳市南市区南新街，不久与东北局宣传部合署办公。

4月20日　东北局宣传部在给中宣部的报告中说，东北地区出版的通俗读物《新农村》，“在农民群众中已有广泛的影响”。

5月20日　《人民日报》发表新农村杂志社社长孟奚撰写的《通俗期刊〈新农村〉的编辑工作》。

5月25日　从第52期开始，《新农村》杂志刊名改用毛泽东同志的题字。

7月4日　东北局宣传部在给东北局的报告中说：“《新农村》现发行近七万份，

在农村干部、党员中已有相当基础，在全国工农通俗出版物中也是较好的一个。"

8 月 　　孟奚调东北局宣传部任党员教育处副处长，同时兼管《新农村》工作。

1952 年

1 月 10 日 　　《新农村》杂志第 1 期出版。从这一期开始，《新农村》由过去的总分期号改为以年分期。出版单位由原新农村杂志社改为东北人民出版社。

7 月 　　《新农村》杂志与东北人民出版社农业编辑室合署办公。

1953 年

1 月 10 日 　　由中共中央东北局宣传部主办的《宣传员手册》停刊。有关农村宣传及宣传员学习和宣传材料，以及提高农村宣传工作和宣传员水平的工作，均由新农村杂志社承担。

4 月 25 日 　　出版的第 8 期《新农村》杂志印数超 12 万册。

10 月 10 日 　　杂志社派记者高愈勋为中国人民第三届赴朝慰问团的随团记者，到朝鲜慰问中国人民志愿军。

1954 年

年初 　　经过新农村杂志社全体同志的总结和东北局宣传部宣传处处务会议的讨论决定，《新农村》是以区干部为主的，区、村干部，农村党员，宣传员为对象的通俗的政治性的综合刊物。

5 月 　　供通讯员阅读的不定期出版的内部刊物——《新农村通讯》出版。

8 月 　　中共中央东北局撤销，新农村杂志社由中共辽宁省委宣传部直接领寻，杂志由辽宁人民出版社出版。

1955 年

10 月 10 日　《新农村》杂志从第 19 期开始，由原来竖排版改为横排版。

12 月 10 日　《新农村》杂志从第 23 期开始，启用毛泽东同志为《新农村》题写
　　　　　　的另一个刊头（毛泽东同志曾为《新农村》题写两个刊头。第一个
　　　　　　刊头是从 1951 年 5 月第 52 期开始启用至 1955 年第 22 期）。

1955 年　　《新农村》杂志的读者对象由原来的以区、村干部为主要对象，改变
　　　　　　为以农村党的基层组织和农村共产党员为对象。

1956 年

年初　　　　辽宁省委宣传部经请示省委同意，决定出版一个公开发行的刊物，
　　　　　　目的是加强指导基层党的组织建设，交流基层工作经验，对广大党
　　　　　　员和群众进行社会主义和共产主义教育。

3 月 15 日　《新农村杂志社 1956—1957 年工作规划》明确指出：本刊是以农村
　　　　　　共产党员、非党积极分子为主要对象的政治性通俗读物。根据读者
　　　　　　的文化程度和接受能力，必须坚决贯彻通俗化群众办刊方针，反对
　　　　　　一切脱离实际、脱离群众的偏向。

8 月 1 日　《共产党员》试刊第 1 期出版。在本期"编者的话"中明确："这是
　　　　　　一本面向工矿企业党员和职工的政治性通俗读物。它的主要内容是：
　　　　　　通俗地宣传与解释党的方针、政策和决议，浅显地阐述党的建设的
　　　　　　基本原则，生动地反映党员、群众的意见和要求，具体地交流企业
　　　　　　基层党组织活动的经验。"

8 月 16 日　《共产党员》试刊第 2 期出版。在这期试刊中，开设了《小言论》《支
　　　　　　部活动简讯》《生活小故事》《答读者问》《小品》《时事讲话》《编者
　　　　　　的话》等栏目，共发表了 20 篇文章，22 幅漫画插图，印数 10 万册。

在目录页上标注了"公开刊物，本期赠阅"的字样。

9 月 1 日　《共产党员》杂志创刊号正式出版。

9 月 16 日　《共产党员》杂志第 2 期出版，紧紧围绕学习宣传贯彻落实党的八大会议精神，从各个方面进行报道。

1957 年

5 月 10 日　出版的第 9 期开始到第 12 期，连续在每期社论位置，刊登了《学会正确处理人民内部矛盾的新本领》的长篇文章。

1958 年

1 月 22 日　《共产党员》杂志第 2 期在封底刊登的征订广告中明确：《新农村》杂志是"以农村党的基层组织和农村共产党员为主要读者对象的公开发行的通俗的初级党刊"。

7 月 23 日　在《新农村》第 14 期的封面上正式标出"初级党刊"字样。

《新农村》杂志在标明《新农村》是"初级党刊"以后，编辑方针有了重大改变，党刊的内容逐渐增加，特别是从 4 月末以后，党刊的特色更加鲜明，在这种新形势下，根据广大读者的需求，为充分发挥刊物的宣传指导教育作用，决定将《新农村》更名为《好党员》。

8 月 2 日　时任中共辽宁省委副书记李荒批示同意刊物改名。

8 月 9 日　时任中共辽宁省委宣传部部长刘异云批示同意刊物改名。

9 月 9 日　《好党员》第 1 期正式出版。

1959 年

年初　《好党员》杂志制定了总编室工作条例（草稿），就总编室工作、编辑工作、群众工作、干部学习、思想政治工作、日常行政工作及其他工作七个方面作了具体规定。

1 月	《好党员》杂志第 1 期，集中报道了党的八届六中全会精神。
2 月	《好党员》第 3 期，发表了郭沫若为刊物题写的刊名。
9 月	《好党员》杂志第 18 期，重点宣传报道了庆祝新中国成立十周年。
11 月	《好党员》杂志第 21 期，围绕农村社会主义教育运动进行了报道。

1960 年

3 月	《好党员》第 6 期围绕着学习毛主席著作等内容进行了报道。
6 月	《好党员》第 12 期结合毛主席著作的学习和当前党员思想实际，编发了一套党课教材，题目是《做一个共产主义的革命战士》。
9 月	《好党员》第 18 期对辽宁抗击台风灾害中涌现出的英雄模范人物进行了报道，时任中共辽宁省委第二书记黄欧东为杂志撰写文章《发扬共产主义者的美德》。

1961 年

1 月 20 日	中共辽宁省委共产党员杂志社、中共辽宁省委好党员杂志社联名向省委作了《关于〈共产党员〉〈好党员〉两个刊物合并出版的请示》。
2 月	《好党员》《共产党员》进行合并工作。总编辑由省委宣传部副部长石飞兼任，副总编辑汤光伍（兼中共辽宁省委宣传部党员教育处处长）。不久，改由汤光伍担任总编辑。
3 月 10 日	出版合刊后第 1 期《共产党员》，以杂志社的名义就两刊合并的理由、方针任务等进行说明。

1962 年

2 月 5 日	共产党员杂志社制定了《〈共产党员〉群众工作规划》，就群众二作

中通讯组的任务、通讯组的具体要求、几项工作制度、具体工作步骤四个方面作了规划。

1963 年

1 月 25 日　《共产党员》第 2 期刊登了《中共辽宁省委组织部、宣传部关于组织党员学习优秀党员雷锋同志模范事迹的通知》。配发了《共产党员必须以高标准要求自己》的社论。发表了长达 17 页的通讯《一个优秀的共产党员——雷锋》，较系统地介绍了雷锋的事迹。

3 月 10 日　出版的第 5 期《共产党员》首页刊登毛泽东同志题词"向雷锋同志学习"。

4 月 10 日　第 7 期《共产党员》首页发表了时任中共辽宁省委第二书记黄欧东《学习雷锋同志高尚的共产主义品德》的文章。第 6、7、8 期刊物，以《学习雷锋同志的品德和风格，做一个真正的共产主义战士》为专栏，连续发表有关雷锋事迹和学习活动的文章。

1964 年

1 月 10 日　第 1 期《共产党员》开辟《读毛主席的书，听毛主席的话，按毛主席指示办事》专栏，发表时任辽宁省委宣传部部长刘异云《关于组织广大群众学习毛主席著作》的评论文章。从这期开始，还以《学习毛主席著作辅导参考材料》为栏目，连续发表辅导学习毛主席著作的文章。这一期介绍了《愚公移山》。

1965 年

2 月 20 日　第 3、4 期《共产党员》合刊，开辟了《怎样做一个全心全意为人民服务的好干部》大家谈专栏。

6月15日	本月出版的《共产党员》增刊号为学习毛主席著作的专刊。
11月20日	第22期《共产党员》，集中报道了"毛主席的好战士"王杰同志的先进事迹。
12月5日	第23期《共产党员》，以《革命青春的赞歌——记毛主席的好战士王杰》为题，继续介绍王杰同志的先进事迹。

1966 年

1月20日	第2期《共产党员》发表《把毛主席著作作为党课教育的基本教材》的评论。从这期开始开辟了《活学活用毛主席语录》专栏。
2月20日	第4期《共产党员》刊登了中共辽宁省委发出关于深入开展学习毛主席著作运动的指示。这一期开辟了《向毛泽东同志的好学生——焦裕禄同志学习》专栏，刊发长篇通讯《共产党人忘我精神的榜样——毛主席的好学生，前中共河南省兰考县委书记焦裕禄同志的不朽事迹》。
4月20日	第8期《共产党员》以《一个心眼干革命——共产党员尉凤英的先进事迹》为题，用12页篇幅介绍了尉凤英的事迹。

1967 年

| 7月20日 | 《共产党员》杂志停刊。 |

1974 年

| 11月12日 | 辽宁省编制委员会发文批复成立《支部生活》杂志社。 |

1975年

3月　　　　　辽宁省革命委员会宣传组开始筹办《支部生活》杂志。

9月19日　　《支部生活》杂志社向辽宁省革委会宣传组、组织组的核心小组提出《关于筹办〈支部生活〉杂志实施方案的请示报告》。

9月29日　　辽宁省革命委员会向国务院请示"关于创办《支部生活》杂志的报告"。

11月27日　《支部生活》试刊出版。

12月9日　　国务院有关部门发文同意出版《支部生活》杂志。

1976年

1月16日　　《支部生活》杂志第1期出版。

1977年

11月9日　　中共辽宁省委组织部发文批准：从1978年第1期起，将《支部生活》恢复《共产党员》刊名。

1978年

1月20日　　《支部生活》刊名恢复原来刊名《共产党员》。

6月20日　　《共产党员》第6期发表了本刊通讯员、本刊记者采写的通讯《坚强的党性、顽强的斗争——记共产党员刘丽英同志的事迹》，《人民日报》《辽宁日报》均以重要位置全文转载，在全国引起了强烈反响。

1979 年

1 月 20 日　《共产党员》杂志第 1 期首篇刊登了 1978 年 12 月 22 日通过的《中国共产党第十一届中央委员会第三次全体会议公报》。同时刊登了《三中全会公报学习思考题》。

4 月 20 日　《共产党员》杂志第 4 期推出为张志新烈士平反昭雪的专刊。刊登了中共辽宁省委《关于为张志新同志彻底平反昭雪、追认她为革命烈士的决定》。同期刊登了时任中共辽宁省委书记徐少甫在为张志新同志平反昭雪大会上的讲话节录，本刊记者集体采写以程志、纪新的名字发表的长篇通讯《为真理而斗争，誓死捍卫党——优秀共产党员张志新同林彪、"四人帮"进行殊死斗争的事迹》，以及张志新同志被捕后，写的一份《感想》的部分摘录《"党性原则决不能放弃"》。此后，《共产党员》杂志开始大量地系统地刊登张志新烈士的事迹，关于张志新的报道宣传达两年之久，影响之大，是杂志社典型宣传的空前之举。先后发表各种体裁的文章（包括照片、美术作品）450 篇（幅）以上，被包括《人民日报》在内的各种报刊转用的达 100 篇（幅）以上。在全国引起了广泛的震动和深刻的影响。

5 月 20 日　《共产党员》第 5 期刊登辽宁省委原副书记周桓谈张志新烈士《她坚持四项原则的精神非常突出》等相关文章。

5 月 25 日　《人民日报》第一版登载了本刊供稿的题为《要为真理而斗争——优秀共产党员张志新同林彪、"四人帮"进行殊死斗争的事迹》的通讯。

8 月上旬　由共产党员杂志社发起，在黑龙江省哈尔滨市召开东北三省党员教育刊物座谈会。

8 月 20 日　《共产党员》第 8 期刊登本刊记者采写的通讯《坚持学习，坚持真理，坚持斗争——张志新同志在狱中的几个故事》。

9 月 20 日　《共产党员》第 9 期发表时任省委第一书记任仲夷在中国共产党辽宁省第五次代表大会上作的题为《全省党员动员起来，为加速社会主义现代化建设而奋斗》的工作报告。

1980 年

1 月 17 日　时任省委第一书记任仲夷接见有关同志，就办好《共产党员》杂志问题谈话，时任省委组织部部长陈一光、副部长张凌云、共产党员杂志社总编辑汤光伍参加。

3 月 18 日　辽宁省委组织部、省委宣传部向省委提交报告《关于进一步办好〈共产党员〉杂志的意见》。

3 月 29 日　中共辽宁省委发出辽委发〔1980〕32 号文件，批转了省委组织部、宣传部《关于进一步办好〈共产党员〉杂志的意见》。

7 月 10—17 日　由杂志社主办和主持的第一次 22 省、市、自治区党刊工作座谈会在大连召开。

1981 年

3 月 20 日　为纪念中国共产党成立 60 周年，《共产党员》编辑部发起征文启事《我把党来比母亲》。

5 月 20 日　《共产党员》第 5 期刊登时任省纪委第一书记徐少甫就党风的几个问题答本刊记者问。

6 月 20 日　《共产党员》第 6 期刊登时任省委第一书记郭峰为纪念建党 60 周年答本刊记者问《要做与人民群众血肉相连的好党员好干部》。

6 月 24 日　共产党员杂志社在沈阳中华剧场举行纪念共产党员杂志社创刊 33 周年纪念会。时任省委书记（当时省委设第一书记）白潜、张正德，时任省委常委、宣传部部长刘异云及省委各部委和有关方面负责同志出席了会议。

9 月　《共产党员》杂志发起的《我把党来比母亲》征文活动结束，共收到 3000 余篇征文。

1982 年

6 月
共产党员杂志社为配合中央对党员进行的党性党风党纪教育，编印《党性党风党纪问题 250 题》。

9 月
共产党员杂志社编发《工矿企业思想政治工作条例》。

10 月
共产党员杂志社配合党的十二大文件学习，编印《学习新党章 200 题》《学习十二大报告 200 题》。

11 月 20 日
出版的《共产党员》第 11 期围绕贯彻党的十二大会议精神进行了集中宣传振道。

1983 年

1 月
共产党员杂志社编发《有关党的宣传文件汇编》一书。

共产党员杂志社创办辽宁刊授党校。时任中共中央政治局委员、中央党校校长王震为刊授党校校刊题写了刊名。

3 月 1 日
刊授党校在沈阳中华剧场举行开学典礼。时任省委书记（当时省委设第一书记）、刊授党校校长孙维本发表讲话。

3 月 2 日
《人民日报》于第一版刊登了刊授党校成立的消息。

3 月 27 日
时任省委书记李铁映（当时省委设第一书记）到编辑部听取总编辑汤光伍的工作汇报，认为办刊授党校是件好事。

3 月 30 日
纪念《共产党员》杂志创刊 35 周年大会在省委礼堂举行。

6 月中下旬
《老同志之友》杂志创刊。

9 月
刊授党校召开各市、地学区兼职教育长座谈会。

10 月 18 日
共产党员杂志社召开发行和通讯员工作会议。时任省委书记孙维本（当时省委设第一书记）在会上讲话。

中共辽宁省委组织部、省委宣传部向各市、地、县、区委组织部、宣传部，省委、省政府直属机关党委组织部、宣传部，沈阳铁路局、辽河石油勘探局、东北输油管理局党委政治部，发出《关于认真组织发行和阅读〈共产党员〉杂志的通知》。

11 月 29 日	全国党员教育刊物工作座谈会在济南召开。
12 月 31 日	中央宣传部、中央组织部联合发出《关于转发〈全国党员教育刊物工作座谈会纪要〉的通知》。中组部委托辽宁省委共产党员杂志社等代为整理。
	时任中纪委常委刘丽英接受《共产党员》杂志记者采访。

1984 年

1 月	《刊授党校》杂志正式创刊。时任省委书记孙维本（当时省委设第一书记）撰写《发刊词》。
6 月	中共辽宁省委整党办公室与共产党员杂志社合办《整党文摘》。《整党文摘》是《党建文汇》杂志的前身。
7 月	共产党员杂志社同理论与实践杂志社、辽宁社会科学院、辽宁日报社联合发起召开"工业企业改革理论讨论会"。
	经省委批准，共产党员杂志社于 7 月创办《改革之声》杂志。
7 月 20 日	中共辽宁省委组织部、宣传部、省委党校联合发出《关于充分利用刊授党校加强对干部和党员进行马克思主义基本理论教育的通知》。
10 月	1984 年度全国党员教育刊物工作座谈会在四川省成都市和重庆市举行。共产党员杂志社在会上提交了《刊授党校是对干部和党员进行马列主义基本理论教育的一种行之有效的形式》等 3 篇经验材料。在这次会议上，中宣部表扬《共产党员》杂志具有"强烈的开拓精神和创新意识"。
12 月	共产党员杂志社与辽宁日报社、辽宁人民广播电台、辽宁电视台等 12 家媒体共同发起"爱我中华，修我长城"社会赞助活动。

1985 年

4 月　　在张志新牺牲 10 周年之际，当月出版的《共产党员》杂志第 7 期、第 8 期，连续开辟了《缅怀张志新烈士》专栏。

6 月　　从第 1 期开始，《共产党员》杂志新设《刹住新的不正之风》专栏，至第 11、12 期合刊，陆续发表 8 篇"珊瑚"的署名评论文章，对全面整党过后依然存在的各种"不正之风"给予了严厉的批评，在当时产生很大的影响。

9 月　　《共产党员》杂志第 17 期用较多的篇幅重点报道了盘山县第三中学语文教师魏书生的事迹。

1986 年

1 月　　《共产党员》杂志第 1 期对"人民的好医生"、原台安县人民医院院长潘恩良的先进事迹进行重点宣传，长篇通讯《一个党外的布尔什维克》被多家报刊转载。

　　　　由中共辽宁省委整党办公室主办、共产党员杂志社《整党文摘》编辑部编辑出版的《整党文摘》，从 1986 年起更名为《整党与党建》。

4 月　　《共产党员》杂志李淑艳、王国庆、姚铁军、曲飏 4 名记者赶赴云南，深入边防前沿阵地采访。

5 月　　《共产党员》杂志在云南前线举行会议，表彰受到中央军委通令嘉奖的老山前线 10 名优秀共产党员。

6 月 17 日　　《共产党员》杂志举办的评选百名党风端正的优秀党员领导干部表彰大会在沈阳举行。时任省委副书记孙奇、省人大常委会主任张正德、省政协主席徐少甫等出席大会，孙奇作了重要讲话。会后，中央人民广播电台、《光明日报》及省内多家媒体报道了这次评选表彰活动。

10 月 14 日　　共产党员杂志社举办的评选百名优秀思想政治工作者表彰大会在沈阳举行。

1987 年

1 月 20 日　《整党与党建》改名为《党建文汇》，由中宣部宣传局、共产党员杂志社合办。1988 年 1 月，《党建文汇》杂志独立编辑出版。

6 月 14 日　《共产党员》杂志在沈阳召开大兴安岭扑火救灾中立功的 10 名共产党员座谈会。时任省人大常委会主任张正德，省委常委、宣传部长沈显惠等来到会场看望 10 位灭火英雄和与会的同志。《共产党员》杂志第 7 期对此次座谈会和 10 位扑火英雄的事迹进行了大篇幅报道。

7 月　　　《共产党员》杂志与甘肃《党的建设》杂志在某地联合举行宣传老山前线战功卓著的 11 名共产党员座谈会。《共产党员》第 8 期对此次座谈会和 11 位共产党员的英雄事迹进行了大篇幅报道。

7 月 28 日　在省委召开的全省先进党支部和优秀共产党员事迹经验交流会上，《共产党员》杂志举办的评选百名优秀党支部书记和百名优秀共产党员活动同时揭晓名单，100 名优秀党支部书记和 105 名优秀共产党员受到表彰。

8 月　　　《求是》杂志第 8 期刊登时任中共中央政治局委员、中组部部长宋平署名文章《关于辽宁党建工作的调查》，文章提到《共产党员》杂志及其子刊在宣传党的建设工作中发挥了重要作用。

1988 年

1 月　　　《共产党员》杂志第 1 期刊登杂志社评选出的 1987 年辽宁省党的建设 10 件大事和 1987 年辽宁省 10 位新闻人物。

2 月 26 日　《共产党员》杂志在北京举行纪念创刊 40 周年茶话会。时任辽宁省委书记全树人主持会议。

2 月 29 日　《共产党员》杂志在沈阳召开创刊 40 周年纪念会。郭峰、黄欧东、孙奇、李泽民、徐少甫等出席会议。纪念会前后，薄一波、宋任穷、李德生、黄火青、黄欧东、王鹤寿等为杂志题词。

3月10日 省委宣传部、省委组织部、省委办公厅、省纪委向省委报送《关于在改革开放中进一步办好〈共产党员〉杂志几个问题的报告》。省委批转了这个报告，并在批语中指出：省委希望，全省各级党委要站在新的历史时期加强党的建设的高度，把《共产党员》杂志作为自己的参谋、助手和得力工具，使其在新时期党的建设中发挥更大的作用。各有关部门也要给《共产党员》杂志提供方便条件，帮助他们解决工作中遇到的问题。

9月4日 由共产党员杂志社和辽宁电视台联合举办的第三届"向导奖"党的知识竞赛决赛圆满结束。时任省委副书记孙奇，省委常委、组织部部长尚文，省委常委、秘书长于希岭，省人大常委会原主任张正德等观看了竞赛并为获奖代表颁奖。

9月17日 《共产党员》杂志举办的第二届评选百名优秀思想政治工作者表彰大会在沈阳举行。

9月 《党建文汇》杂志第9期刊登本刊记者专访文章《不搞神秘化 增加透明度——访中共中央组织部部长宋平》。

1989 年

1月 《共产党员》杂志第1期刊登1988年辽宁省党的建设10件大事和1988年辽宁省10位新闻人物。

《共产党员内部版》改名为《党员特刊》。

中组部《组工通讯》第1期以《一所"没有围墙的党校"》为题介绍了辽宁刊授党校的办学简况。

1月31日 由省委组织部、省委宣传部、省妇联和共产党员杂志社联合举办的评选优秀女领导干部表彰大会在沈阳召开。

1月5日 《党建文汇》杂志在全国范围内举办了推选和宣传百名大中型企业优至6月5日 秀党委书记的活动。

3月	《党建文汇》杂志第3期刊登《第一届全国优秀党建读物评选活动启事》。此项活动由党建文汇杂志社联合求是杂志社政治理论部、党建研究杂志社、中国图书评论杂志社、书刊导报社共同举办。评选范围为党的十三大以来至1988年底，经国家出版单位正式出版的党建读物。
4月28日	由省委宣传部、团省委、共产党员杂志社联合举办的评选百名优秀青年思想教育工作者表彰大会在沈阳召开。全树仁、王光中、李长春、徐少甫、孙奇等省委领导同志出席会议并颁奖。
8月3日	由共产党员杂志社、省美术家协会、省摄影家协会联合主办的辽宁省首届"先锋奖"美术、摄影、书法展在辽宁美术馆开幕。
9月	共产党员杂志社、辽宁人民广播电台、沈阳电视台举办纪念新中国成立四十周年大型音乐会《历史的回声》。
10月22日	第一届全国优秀党建读物评选活动在北京召开颁奖大会。
12月4—11日	由共产党员杂志社和中华教育艺术研究会主办的"中国当代思想教育艺术高级讲习班"在沈阳、鞍山、本溪、丹东、辽阳等地举行。

1990 年

1月	党建文汇杂志社与求是杂志社政治理论部、党建研究杂志社、新闻出版报、本溪钢铁公司党委联合举办"第二届全国最佳党建读物评选"活动。
6月13日	由中央电视台和共产党员杂志社联合举办的全国首届"我爱中国共产党"党的知识竞赛座谈会在北京举行。
6月28日	在求是杂志社举行了"第二届全国优秀党建读物评选"颁奖仪式。
6月29日	共产党员杂志社举办的"歌唱中国共产党，歌唱社会主义"新歌征集活动揭晓后，"双歌唱"新歌演唱座谈会在北京人民大会堂召开。
9月16—18日	由中央电视台和共产党员杂志社联合举办的全国首届"我爱中国共产党"党的知识竞赛表奖会在沈阳举行，来自全国29个省、区、市

的 500 多名获奖代表参加了表奖会。

1991 年

1 月 　　《党建文汇》杂志第 1 期刊登本刊记者采访时任中央政研室副主任、本刊顾问郑科扬的文章《还是要两手抓》。

3 月 1 日 　由省委组织部、省委宣传部、省妇联、共产党员杂志社联合组织的评选全省 20 名优秀女干部活动揭晓，王欣等 20 名女干部在辽宁省纪念"三八"国际劳动妇女节 81 周年大会上受到表彰。

6 月 　　由《共产党员》杂志与《人民日报》国内政治部、天津《支部生活》、江西《江西党建》、广东《支部生活》、陕西《共产党人》、重庆《当代党员》杂志共同举办的"在党支部书记的岗位上"征文活动圆满结束。

6 月 25 日 　共产党员杂志社与中央电视台在北京人民大会堂联合举办全国第二届"我爱中国共产党"党的知识竞赛表奖会。

9 月 26 日 　党建文汇杂志社在求是杂志社举行了第三届全国优秀党建读物颁奖大会。

1992 年

1 月 16 日 　辽宁省委作出向薄刃石同志学习的决定。自 1992 年第 2 期起，《共产党员》杂志开辟《向薄刃石同志学习》专栏。

1 月 26 日 　党建文汇杂志社与全国党建研究会等六家单位在北京人民大会堂联合举办了"本钢杯"第四届全国优秀党建读物颁奖大会。

5 月 　　《共产党员》杂志第 5 期刊登了对时任辽宁省委书记全树仁的专访《辽宁开放的大思路》。

11 月 　　《共产党员》杂志第 11 期、12 期合并出版党的十四大专刊。

1993 年

3 月 11 日　纪念刊授党校创办十周年座谈会举行。

12 月　《共产党员》杂志第 12 期刊登对时任省委书记顾金池的专访《光辉的旗帜》。

1994 年

1 月起　《共产党员》杂志举办"学习《邓小平文选》第三卷"知识竞赛活动。

4 月　《共产党员》杂志第 4 期刊登对时任中纪委常委刘丽英的专访《反腐败要常抓不懈》。

6 月起　共产党员杂志社与党建杂志社、辽宁人民出版社和《党的基本路线知识全书》编委会共同举办"党的基本路线知识竞赛"。11 月 7 日，"党的基本路线知识竞赛抽奖暨《党的基本路线知识全书》出版座谈会"在北京召开。

8 月　《共产党员》杂志第 8 期刊登长篇通讯《人民公仆张鸣岐》，对在抗洪抢险中以身殉职的锦州市委书记张鸣岐进行重点报道。

9 月　党建文汇杂志社与人民日报理论部、浙江省金华市委组织部、金华市经济技术开发区工委联合在北京召开现代企业制度与党的建设研讨会。中央组织部、中央宣传部、中央纪委、中央政策研究室、中央党校、国家经贸委等有关部门的负责同志和党建、经济、体改理论领域的专家学者，部分大企业党委书记、厂长（经理）共 50 余人参加。

12 月 11 日　《共产党员》杂志举办的"我和《共产党员》"征文活动评选结果揭晓。由党建文汇杂志社联合全国党建研究会、求是杂志社政治理论部、党建研究杂志社、党建杂志社、新闻出版报社、本溪钢铁公司党委共同举办的第五届全国优秀党建读物评选颁奖会在北京举行。

1995 年

1 月起	共产党员杂志社与山西经济出版社联合举办《邓小平文选》学习测试活动。7 月 24 日，颁奖会在沈阳举行。
5 月	《共产党员》杂志举办的"加强党的建设知识测试"活动圆满结束。《党建文汇》杂志第 5 期刊登学习建设有中国特色社会主义理论和党章知识竞赛活动启事。该项活动由中央组织部组织局、党建读物出版社、党建文汇杂志社联合举办。《党建文汇》第 9 期刊登了《二百万党员参加"两个学习"知识竞赛》及"两个学习"知识竞赛评选结果。
6 月	《共产党员》杂志通过刊登党和国家领导人题词、长篇通讯、回忆文章等形式，以较大篇幅报道了孔繁森同志的先进事迹。
	《共产党员》杂志开展历时一年的"在新时期党务工作岗位上"征文活动圆满结束。
7 月	辽宁遭受百年不遇的特大洪水灾害。《共产党员》杂志第 9 期刊登记者采写的特稿《辽沈大地战洪图》。
10 月 11 日	刊授党校第十次教育长工作座谈会在昆明举行。来自全国 20 多个省、区、市的 200 多位学区、分学区、分校的负责人在会上交流了经验。
10 月 25 日	由中央组织部组织局、党建研究所、党建读物出版社、党建文汇杂志社共同主办的学习邓小平建设有中国特色社会主义理论和党的知识竞赛活动颁奖大会，在中组部培训中心举行。

1996 年

2 月	《党建文汇》杂志第 3 期刊登了《"本钢杯"第六届全国优秀读物评选活动启事》，该项活动由全国党建研究会与本溪钢铁公司党委、党建文汇杂志社、求是杂志社政治理论部、党建杂志社、党建研究杂志社、新闻出版报社联合举办。
8 月	共产党员杂志社同辽宁省扶贫开发领导小组、辽宁省扶贫开发促进

会在全省联合开展评选"扶贫状元"活动。

8月18—21日　第三届全国民间文摘研讨会在上海举行。研讨会评选出全国 10 种读者最喜爱的文摘期刊，《党建文汇》榜上有名。

12月　由北京大学图书馆和北京高校图书馆期刊工作研究会共同主持汇编的《中文核心期刊要目总览》在对"中国共产党类核心期刊"评估中，《党建文汇》等 14 种期刊入选。

1997 年

3月　《共产党员》杂志第 3 期刊登了时任省委书记顾金池的文章《继承小平同志遗志　推进辽宁改革开放》。

7月　《共产党员》杂志第 7 期对香港回归作了重点报道。
《共产党员》杂志举办的"村党支部工作'进步奖'征文"活动结束。

9月　《党建文汇》杂志第 9 期刊登《关于开展组织学习党的十五大文件知识竞赛活动启事》，此项活动由全国党建研究会、中组部组织局、党建读物出版社、党建研究杂志社、党建文汇杂志社、党员干部之友杂志社联合举办。

10月　《共产党员》杂志举办的"邓小平与二十世纪的中国"知识竞赛活动揭晓。
《共产党员》杂志第 10、11 期合并出版党的十五大宣传专刊。

1998 年

1月　《共产党员》杂志获评"全国百种重点社科期刊"。

2月5日　时任省委副书记张行湘到共产党员杂志社调研。张行湘听取了杂志社工作汇报，并对杂志社下一步工作提出要求。

2月25日　由党建文汇杂志社与全国党建研究会、中组部组织局、党建研究杂志社、党建读物出版社和党员干部之友杂志社共同举办的全国学习党的十五大知识竞赛活动组委会召开会议，进行评选工作。

3月20日　　"新时期党建研讨暨共产党员杂志社创刊五十周年、刊授党校建校15周年座谈会"在北京人民大会堂辽宁厅举行。时任辽宁省委书记闻世震主持座谈会。

6月　　　　《共产党员》杂志第6期对科学家蒋新松的先进事迹进行了重点报道。

1999 年

1月　　　　《共产党员》杂志第1期刊登消息：总部设在英国伦敦的世界期刊联盟最新出版的《世界期刊概况》一书介绍，1997年全世界期刊行业发行量最大的前50名刊物排名顺序已定，中国辽宁《共产党员》《党员特刊》榜上有名。

9月　　　　《共产党员》杂志第9期刊登对时任省委书记闻世震的专访《长风破浪会有时》，就辽宁国有企业改革与发展问题进行了阐述。

11月28日　由国家新闻出版署组织的首届"国家期刊奖"评选揭晓，《共产党员》杂志荣获首届"国家期刊奖"。

2000 年

1月　　　　中组部干部调查审理局与辽宁《党建文汇》杂志、上海《组织人事报》等八家报刊联合举行"新形势下干部监督工作的实践与探索"征文活动。

2月　　　　省委决定组建辽宁党刊集团，并由辽宁省委主办、辽宁省委组织部主管。

8月20日　　《干部之友》试刊号出版。

2001 年

1月1日	经辽宁省新闻出版局批准，《基层学习指导》更名为《北方旅游》。
1月	《干部之友》杂志正式创刊。

为推进党的建设伟大工程，展示党的十五大后理论研究与实践取得的丰硕成果，全国党建研究会决定开展第八届全国优秀党建读物评选活动，党建文汇杂志社设评委会办公室，负责评选日常工作。11月17日，第八届全国优秀党建读物评选活动总评会在北京举行。2002年1月19日，颁奖仪式在北京举行。

6月20日	党建文汇杂志社与中组部组织局、全国党建研究会等单位联合举办的纪念建党80周年党的知识竞赛活动颁奖大会在北京举行。
10月8日	省编委正式批准成立辽宁党刊集团党员读物编辑发行中心。
10月	辽宁省委办公厅下发22号文件，将《理论与实践》列为全省重点党报党刊（共两家，另一家为《辽宁日报》）。

《干部之友》实施改刊，对刊物的内容、栏目设置及内文版式设计进行重大调整。

10月12日	刊授党校与北京师范大学联办的首届北京师范大学研究生课程进修班在昌图县委三楼会议室举行开学典礼。

2002 年

1月	《党建文汇》杂志正式改版为半月刊。

《党员特刊》完成扩版增页。

2月	党建文汇杂志社特邀中组部组织局一处，撰写了《党的地方和基层组织选举工作流程》一书，以增刊的形式出版。
4月8日	干部人事月报社划归辽宁党刊集团。至此，辽宁党刊集团形成了《共产党员》《理论与实践》《党员特刊》《党建文汇》《干部之友》《刊授党校》《干部人事月报》《北方旅游》《辽宁老年报》等"八刊一报"

格局。

10 月 22 日 经国家新闻出版总署批准,《干部人事月报》正式更名为《人力资源》。

11 月 《党建文汇》举办"学习党的十六大文件知识竞赛"活动。

《党建文汇》第 11 期、12 期采取合刊的形式,集中版面刊登学习党的十六大文件精神的稿件。

2003 年

1 月 《党员特刊》正式改为半月刊。

2 月 《党建文汇》杂志从第 2 期开设"如何保持共产党员先进性"论坛征文活动。

3 月 《刊授党校》杂志出版了建校 20 周年纪念专刊,展现刊授党校 20 年的发展历程。

4 月初 刊授党校建校 20 周年纪念大会在沈阳召开。

4 月 全国党建研究会启动"第九届全国优秀党建读物评选活动"。

7 月 1 日 中华先锋网正式开通。

12 月 在全国报刊治理整顿工作中,《党建文汇》杂志经中宣部批准作为《共产党员》子刊予以保留。《理论与实践》《党员特刊》《干部之友》停刊;《北方旅游》《人力资源》划转辽宁社会科学院;《辽宁老年报》划转辽宁日报报业集团。

2004 年

3 月 27 日 党建文汇杂志社在北京召开了第九届全国优秀党建读物总评会议。

5 月 22 日 刊授党校与中国政法大学联合举办的法律专业在职硕士学位研究生班举行了开学典礼,入学学生 50 人。

7 月 3 日 刊授党校与北京师范大学联合举办的行政管理在职硕士研究生班举

行开学典礼，入学学生 45 人。

2005 年

1 月	《共产党员》编辑部邀请中央有关部门同志编写了《保持共产党员先进性教育活动学习材料专辑》，以增刊形式出版。7 月，编辑出版了《第二批保持共产党员先进性教育活动学习材料专辑》。两本增刊的编辑出版，得到省委先进性教育活动领导小组办公室的肯定。
2 月 28 日	第三届国家期刊奖表彰大会在北京举行。《共产党员》荣获第三届国家期刊奖提名奖。
10 月 15 日	刊授党校与北京师范大学、中国政法大学联办在职博士生班开班，共招收学员 42 人。

2006 年

1 月	《党支部书记》杂志创刊，是专门面向全国基层党组织书记群体而创办的杂志。
4—12 月	《共产党员》杂志举办"党章在我心中"征文活动。
6 月	党建文汇杂志社与人民日报社、光明日报社、党建杂志社、党建读物出版社、党员干部之友杂志社联合举办的纪念建党 85 周年"学习党章　永葆先进性"知识竞赛活动启动。
9 月 20 日	中国文摘期刊研究会主办、党建文汇杂志社承办的中国文摘期刊研究会第 17 届年会在大连举办。
2006 年底	《刊授党校》杂志推出全彩试刊号《刊授党校·领导月刊》样本。

2007 年

1 月	《共产党员》杂志由月刊改为半月刊。

1月7日	《党支部书记》编辑部在北京召开高层作者座谈会，中纪委、中组部、中宣部、中央政策研究室等十几位负责同志、专家参加了会议。
1—7月	全国党建研究会主办，党建文汇杂志社承办第十届全国优秀党建读物评选活动。党建文汇杂志社作为评委会办公室负责日常联系工作。
4—10月	党建文汇杂志社先后在昆明、贵州、杭州、内蒙古等地分别召开"加强和改进基层党建工作理论研讨会"。
4月、11月	《党支部书记》编辑部先后编辑出版《党支部工作实用手册》《党的十七大精神学习专辑》两本增刊。
7月27日	省委组织部印发《关于在加强党员经常性教育中做好〈共产党员〉杂志订学用工作的意见》指出，《共产党员》杂志是对党员进行经常性教育的重要教材，《共产党员》杂志的订阅范围可以扩大到基层党小组和有订阅能力的党员。
7月	《共产党员》《党建文汇》《党支部书记》杂志被国家新闻出版总署、中国人民解放军总政治部开展的"百种优秀期刊进连队"活动定为入选期刊。
11月	《党建文汇》被国家新闻出版总署选定为"向农家书屋推荐重点期刊"。
12月	《共产党员》杂志编辑出版了增刊《学习党的十七大文件参考材料》和《学习十七大党章问答》，共发行17万册，并举办了"学习党的十七大文件知识竞赛活动"。
	党建文汇杂志社联合党建杂志社、上海组织人事报社举办了首届全国优秀党课教案推介评选活动及"党员教育论坛"。活动于2008年3月结束。

2008年

1月	《共产党员》杂志以月发行130多万份继续高居全国党刊之首；《党建文汇》杂志发行量达到新高，突破109万份，继《共产党员》后

成为全国发行量超百万的四种刊物之一;《党支部书记》杂志发行 15
万份。以上三本杂志覆盖全国 31 个省区市,保持了全国党刊排头兵
的地位。

4月22日　　经省委批准,省委组织部和辽宁党刊集团共同召开"以改革创新精
　　　　　神全面推进党的建设暨《共产党员》杂志创刊 60 周年座谈会"。

6月　　　　《共产党员》《党建文汇》《党支部书记》杂志在辽宁省新闻出版局开
　　　　　展的 2006—2007 年度全省期刊等级评审中,被评定为"辽宁省一级
　　　　　期刊"。

10月　　　《共产党员》杂志与省委学习实践领导小组办公室合编了《深入学习
　　　　　实践科学发展观读本》,以《共产党员》增刊的形式出版。

12月　　　在中国期刊协会举办的抗震救灾宣传报道先进期刊和先进个人评选
　　　　　活动中,《共产党员》杂志获评全国抗震救灾报道先进期刊;《党建
　　　　　文汇》副主编侯成路获评全国抗震救灾报道先进个人。

　　　　　在中国期刊协会举办的"编校质量无差错"承诺活动中,《共产党员》
　　　　　杂志获评"编校质量优秀期刊"。

　　　　　中国期刊协会召开第四届第二次常务理事会,《共产党员》杂志被增
　　　　　补为全国期刊协会常务理事单位。

　　　　　辽宁省新闻出版局和省期刊协会举办的第二届"辽宁省期刊人奖"
　　　　　评选结束,《共产党员》主编肖益民、《党建文汇》主编李增福荣获
　　　　　第二届"辽宁省期刊人奖"。

　　　　　在国家新闻出版总署和中国期刊协会召开的纪念中国期刊业改革开
　　　　　放 30 周年暨表彰大会上,辽宁党刊集团在会上介绍了办刊经验。

12月16日　《中国新闻出版报》以《有覆盖才有影响,有个性才有市场——辽宁
　　　　　党刊集团在改革创新中行进》为题,报道了辽宁党刊集团的改革创
　　　　　新工作。

2009 年

3 月	为配合全省第二批学习实践科学发展观活动的开展，《共产党员》杂志与省委学习实践活动领导小组办公室合编了《深入学习实践科学发展观读本》（修订本），以《共产党员》增刊的形式出版。
6 月	《党支部书记》杂志与人民网·中国共产党新闻网联合举办了"怎样当好大学生村官"征文活动，受到中组部负责同志肯定。
7 月	党支部书记杂志社编辑出版了《党支部基础工作规范》《新思路 新起点》两本增刊。
8 月	《共产党员》杂志在第三届北方期刊奖评选中荣获"十佳期刊"称号。
9 月	为庆祝中华人民共和国成立 60 周年，《共产党员》杂志第 9 期分别以《建国以来辽宁建设发展十件大事》和《建国以来辽宁十大英模事迹》为题作了 20 个版面的专题策划，从多角度反映辽宁 60 年来的建设成就和典型人物。
	为配合全省第三批学习实践科学发展观活动的开展，《共产党员》杂志与省委学习实践活动领导小组办公室合编了《深入学习实践科学发展观读本》（第三版），以《共产党员》增刊的形式出版。
10 月	《党建文汇》第 10 期上半月出版《中共中央关于加强和改进新形势下党的建设若干重大问题的决定》学习专辑。
	《党支部书记》杂志入选国家新闻出版总署《2009 年农家书屋重点出版物推荐目录》。
12 月	《共产党员》杂志原总编辑汤光伍被中国期刊协会评为"新中国 60 年百名杰出出版人物"。
12 月 19 日	刊授党校中国政法大学在职博士生班六班开班典礼举行。
12 月 22 日	在北京召开的"第四届中国期刊创新年会"上，《共产党员》杂志被中国期刊协会等单位评为"新中国 60 年有影响力的期刊"，原总编辑汤光伍被中国期刊协会评为"新中国 60 年有影响力的期刊人"。
12 月 26 日	刊授党校中国政法大学在职研究生班十班开班典礼举行。

2010 年

2月1日 《党支部书记》杂志主编杨喜祥获得第三届"辽宁省期刊人奖"。

4月 《党支部书记》杂志联合全国29家党刊及人民网共同举办"推进学习型党组织建设、提高党建科学化水平"征文活动。

6月 党建文汇杂志社与人民网·中国共产党新闻网联合开展了"创先争优"主题活动案例征集活动。人民网·中国共产党新闻网同时设党建文汇专页。

6—7月 党建文汇杂志社举办了迎"七一"党的基础知识竞赛活动。

10月 在第九届辽宁省期刊等级评审中,《共产党员》《党建文汇》《党支部书记》杂志被评定为"辽宁省一级期刊"。

2011 年

1月底 辽宁党刊集团于2010年底决定,刊授党校实施转型,变办学为主为办刊为主,对原有的刊物进行全新改版。刊授党校杂志社提交《关于在干部教育培训工作中进一步发挥〈刊授党校〉杂志作用的请示》,省领导对此作出重要批示,刊校转型正式启动。

3月 为纪念建党90周年,《共产党员》杂志与全国部分党刊社联合举办"重温辉煌历史 促进党建创新"征文活动。

6月 省委组织部决定,中华先锋网由省委组织部主管,辽宁党刊集团承办。由省委创先争优活动领导小组办公室主办,辽宁党刊集团承办的"纪念建党90周年,深入开展创先争优活动'三项教育(党史教育、党性教育、形势任务教育)'知识学习问答活动"启动。

《共产党员》杂志与辽宁省委党史研究室联合推出"建党九十周年辽宁十大人物"专题报道。

6月17日 新组建的中华先锋网举行开通仪式,省委组织部领导出席。

6月22日 由《党建文汇》编辑部承办的"喜迎中国共产党成立90周年全省期

刊社长总（主）编论坛"在沈阳举行。此次论坛主题是"创先争优、强化队伍、谋求发展"。

6月底　为纪念建党 90 周年，党建文汇杂志社、党建读物出版社、党建研究杂志社等单位联合主办纪念建党 90 周年"学习党的基本知识　立足岗位创先争优"知识竞赛。

7月　《党支部书记》杂志第 7 期、8 期合刊，特约党史专家编著了《中国共产党支部建设 90 年》专辑。

11月　《共产党员》杂志第 11 期对辽宁省第十一次党代会进行重点报道。

2012 年

1月　《共产党员》杂志与全国部分党刊社联合举办"全国党刊喜迎党的十八大·促进文化大发展大繁荣"联合征文活动。

3月　《共产党员》杂志第 3 期对辽宁省窗口单位和服务行业学郭明义活动进行重点报道。

《共产党员》杂志第 3 期对盘锦市大洼县离退休老干部田守诚同志带领群众养河蟹致富先进事迹作了重点报道。

党支部书记杂志社发起并联合人民网·中国共产党新闻网、求是·红旗文摘杂志社、中华先锋网、浙江共产党员杂志社、上海组织人事报社、江苏党的生活杂志社、湖南新湘评论杂志社、山东党员干部之友杂志社等单位主办的"党支部书记论坛"正式成立。

5月10日　人民网·中国共产党新闻网和党建文汇杂志社共同主办的全国创先争优主题案例征集座谈会暨颁奖活动在人民日报社隆重举行。中组部有关同志出席会议。

5月　中央组织部党建研究所、党建研究杂志社、中国期刊协会党刊分会、《共产党员》杂志联合举办"红船杯"以基层党组织建设的优异成绩迎接党的十八大征文活动。

5月22日　辽宁省委组织部、辽宁党刊集团在沈阳联合召开在干部教育培训中充分发挥《刊授党校》杂志作用座谈会。

6 月 19 日　　由党建文汇杂志社承办的全国党建研究会第十二届全国优秀党建读物评选工作顺利进行，评委会第一次全体会议在辽宁友谊宾馆举行。10 月 14 日评选工作结束。《中国共产党党内民主研究》等 21 种党建读物被评为第十二届全国优秀党建读物。

7 月　　《共产党员》杂志第 7 期对辽宁省创先争优表彰大会进行重点报道。

8 月　　《共产党员》杂志第 8 期对锦州王桂兰同志的先进事迹作了重点报道。

9 月　　"党支部书记论坛"首届年会在辽宁沈阳举办。

10 月　　《共产党员》杂志第 10 期对党的十七大以来辽宁省党的建设成就进行重点报道。

11 月　　《共产党员》杂志第 11 期对辽宁省"十佳组织部门"和"十佳组工干部"进行重点报道。

12 月　　《共产党员》杂志第 12 期编辑出版学习党的十八大精神专刊。

2013 年

1 月　　辽宁党刊集团与人民网·中国共产党新闻网合作，将《共产党员》每期重点内容展示在《全国党建期刊博览》栏目；同时与中国知网、龙源期刊网、维普网、中华先锋网等合作，实现刊物内容特别是原创文章在更多网络媒体上传播。

《共产党员》杂志第 1 期下半月刊推出特别策划"中国梦·报国魂"，对罗阳同志的先进事迹作了重点报道。

3 月　　《共产党员》杂志第 3 期下半月刊推出特别策划"雷锋精神德耀辽宁"，对辽宁省开展学雷锋活动进行重点报道。

7 月　　《共产党员》杂志被国家新闻出版广电总局推荐为"百强报刊"。

在全党开展群众路线教育实践活动之际，《共产党员》杂志第 7 期上半月刊推出特别策划"根植于人民"，第 7 期下半月刊推出特别策划

"踏遍青山人未老"，对辽宁省 10 名离退休老领导、老同志的事迹作了重点报道。

8月　《共产党员》杂志第 8 期上半月刊推出特别策划"一切为了群众　一切依靠群众"，对辽宁省党的群众路线教育实践活动进行重点报道。

9月　《共产党员》杂志第 9 期上半月刊推出特别策划"众志成城　抗洪救灾"，对抚顺市抗洪救灾进行重点报道。

9月 14—16 日　主题为"期刊让生活更精彩"的中国期刊交易博览会在武汉国家博览中心举行，辽宁党刊集团参展。

2014 年

1月 3 日　《中国新闻出版报》以《锐意改革适应新时代》为题，较为全面地介绍了辽宁党刊集团所取得的成绩。

1月 4 日　由国家新闻出版广电总局举办的第三届中国出版政府奖在北京揭晓并颁奖。辽宁党刊集团等 50 家单位荣获先进出版单位奖。

3月　党建文汇杂志社与人民网·中国共产党新闻网、组织人事报社以及全国党建网站联盟部分省级党建网站组织开展了"党的群众路线工作法 100 例"征集宣传活动。

4月　《党支部书记》杂志推出百期纪念专题《100 期，我们的足迹》。全国党建研究会顾问、中央组织部原部长张全景，时任全国党建研究会会长虞云耀，中国期刊协会会长、原新闻出版总署副署长石峰为杂志题词。

6月　由辽宁省委组织部、辽宁党刊集团编写的《讲诚信　懂规矩　守纪律》一书正式出版发行。

6月 29 日　《共产党员》杂志在辽宁友谊宾馆举行深入学习贯彻习近平同志党的建设重要论述座谈会。全国和省内的党建理论工作者和实际工作者参加了会议。

8月　辽宁省党建研究所成立。辽宁省党建研究所是辽宁党刊集团所属事业单位，承担全省党建研究工作任务。

9月2日　省委党的群众路线教育实践活动领导小组办公室、辽宁省党建研究所、《共产党员》杂志共同举办的群众路线教育实践活动专题民主生活会研究会。

9月　《共产党员》杂志第9期下半月刊推出特别策划"一枝一叶总关情"，对辽宁省选派第一书记工作进行重点报道。

12月　党建文汇杂志社与人民网·中国共产党新闻网、组织人事报社联合举办"学习贯彻习近平总书记系列讲话精神暨党的群众路线工作法100例颁奖座谈会"。

2015 年

1月　《共产党员》杂志第1期下半月刊推出特别策划"贯彻从严治党新要求　推进组织工作新实践"，对辽宁省2014年组织工作进行重点报道。

4月　《共产党员》杂志第4期下半月刊推出特别策划"定要山村换新颜"，对辽宁省选派驻村工作队工作进行重点报道。

5月　辽宁省党建研究所编辑了《党员干部遵守政治规矩学习手册》，经省委批准，下发到全省副县（处）级以上领导干部。

6月　在全国上下开展"三严三实"专题教育之际，《共产党员》杂志第6期上半月刊推出特别策划"作风建设永远在路上"。

6月29日　省委组织部召开由辽宁党刊集团编写的《张鸣岐的故事》出版座谈会。

7月　《共产党员》杂志第7期下半月刊推出特别策划"以张鸣岐为镜　践行'三严三实'"，对张鸣岐同志的先进事迹作了重点报道。

9月　《共产党员》杂志被国家新闻出版广电总局推荐为"百强报刊"。

《刊授党校》杂志在中国期刊博览会、中国期刊年鉴等单位主办的"中国最美期刊"评选活动中入围候选期刊。

《共产党员》杂志第9期上半月刊推出特别策划"让历史昭示未来"，

纪念中国人民抗日战争暨世界反法西斯战争胜利 70 周年。

10 月　　经省编办批准，辽宁省党建研究所转为隶属辽宁省委组织部。

11 月　　《共产党员》杂志第 11 期上半月刊推出特别策划，对辽宁省学习贯彻习近平总书记在部分省区振兴东北地区等老工业基地和“十三五”时期经济社会发展座谈会上重要讲话精神的做法进行重点报道。

2016 年

1 月　　《共产党员》杂志第 1 期上半月刊推出特别策划“英雄血·民族魂·中国梦”，对东北抗联精神进行重点报道。

　　　　党支部书记杂志社为了更好地服务读者，开通“党支部书记”微信公众号。

2 月　　《共产党员》杂志第 2 期下半月刊推出特别策划“当代共产党人先进和优秀的光辉旗帜”，对毛丰美同志的先进事迹作了重点报道，并举办主题征文活动。

3 月　　全国党建研究会主办，辽宁党刊集团承办，开展了第十三届全国优秀党建读物评选活动。

4 月　　《共产党员》杂志第 4 期上半月刊，对毛丰美同志的先进事迹作了重点报道。

4 月 18 日　　国家新闻出版广电总局党组成员、副局长吴尚之等领导一行到辽宁党刊集团调研、指导工作，并对辽宁党刊集团工作给予充分肯定。

6 月 25 日　　由辽宁省直机关工委、辽宁广播电视台和辽宁党刊集团联合举办的“再唱山歌给党听”——辽宁省庆祝建党 95 周年主题歌会暨辽宁党刊十佳封面人物评选颁奖晚会，在辽宁凤城大梨树村“干”字广场隆重举行。

6—9 月　　《共产党员》杂志上半月刊连续 4 期推出特别策划，对“两学一做”学习教育进行重点报道。

7 月　　为纪念中国共产党成立 95 周年，《共产党员》杂志第 7 期下半月刊推出特别策划"不忘初心　继续前进"，对辽宁省优秀共产党员先进事迹作了重点报道。

中央网信办正式批准中华先锋网从事互联网新闻信息服务资质。

10月　　　为纪念长征胜利80周年，《共产党员》杂志第10期上半月刊推出特别策划"继续长征"。

10月25日　辽宁党刊集团与辽宁省委组织部、辽宁日报社联合召开了"学习毛丰美同志，做党和人民需要的好党员好干部"征文活动总结座谈会。

12月　　　《共产党员》杂志再次被国家新闻出版广电总局评为"全国百强社科期刊"。

党建文汇杂志社与中共中央组织部党员教育和干部测评中心、中国组织人事报社、党员电教与远程教育杂志社、中国知网、共产党员网共同举办"做合格党员"主题征文活动。

2017 年

1月16日　"共产党员微平台"微信公众号开通。

1月　　　《共产党员》杂志第1期上半月刊推出特别策划"奋进正当时"，对中国共产党辽宁省第十二次代表大会进行重点报道。下半月刊推出特别策划"肩负庄严的使命"，对19名辽宁省第十二次党代会代表先进事迹作了重点报道。

4月　　　党支部书记杂志社受辽宁省委组织部委托，编辑出版了全省国有企业党支部书记培训教材《国有企业党支部书记工作手册》。

6月　　　党支部书记杂志社受辽宁省直机关工委委托，编辑出版了省直机关"两学一做"学习教育知识竞答活动的学习材料《省直机关"两学一做"学习教育知识竞答1000题》。

10月　　　《共产党员》杂志第10期下半月刊推出《牢记嘱托　履行职责》专刊，对辽宁省党的十九大代表先进事迹作重点报道。

11月　　　党的十九大召开后，《共产党员》杂志上下半月刊推出学习宣传贯彻党的十九大精神专刊。

12 月　　《共产党员》杂志被国家新闻出版广电总局推荐为"百强报刊"。

2018 年

1 月　　辽宁党刊集团荣获第四届中国出版政府奖先进出版单位奖。

4 月　　《共产党员》杂志下半月刊推出特别策划"信心满怀乘势而上　扎实推进乡村振兴"，对辽宁省乡村振兴工作进行重点报道。

5 月　　《共产党员》杂志第 5 期上半月刊刊登对中组部原部长、全国党的建设研究会原会长张全景的专访《〈共产党宣言〉：从胜利走向胜利的指路明灯》。

6 月　　辽宁党刊集团与辽宁报业传媒集团（辽宁日报社）等单位组建成立辽宁报刊传媒集团（辽宁日报社）。

7 月　　《共产党员》杂志第 7 期下半月刊推出专刊，对辽宁省优秀共产党员、优秀党务工作者先进事迹作重点报道。

9 月　　《共产党员》杂志第 9 期下半月刊推出特别策划"广阔天地　大有可为"，对辽宁省选派 1.2 万余名干部到乡村工作进行重点报道。

10 月　　为庆祝改革开放 40 周年，《共产党员》杂志第 10 期上半月推出特别策划"砥砺奋进 40 年　璀璨夺目耀神州"，回顾国家改革开放 40 年来的光辉历程；第 10 期下半月推出特别策划"辽宁改革开放：情怀未减志更坚"，回顾改革开放 40 年来辽宁的奋斗过程、发展成就等。辽宁报刊传媒集团（辽宁日报社）党委作出《关于组建集团〈共产党员〉编辑中心（共产党员杂志社）的决定》。10 月 12 日，召开《共产党员》编辑中心成立大会，宣布编辑中心的班子成员名单以及各刊网负责同志名单。

11 月 7 日　　2019 年度全省党刊订学用工作会议召开，省委组织部、省委宣传部有关领导及处（室）负责同志，各市委组织部、宣传部有关领导及处（科）负责同志，省直机关工委、省委教育工委、省国资委党委组织部、宣传部负责同志，中国铁路沈阳局集团有限公司、鞍钢集团有限公司、中国石油辽河油田分公司、东北石油管道有限公司党委组织部、宣传部负责同志参加了会议。2019 年度党刊订阅数量保持了稳定，实现预期目标。

2018 年　　《刊授党校》杂志在"全国最美期刊"评选中再次入围候选期刊。

2019 年

8 月　　　《共产党员》杂志获得中国期刊协会授予的"致敬创刊 70 年"称号。
　　　　　《共产党员》杂志第 8 期下半月对全省高校党的建设与思想政治工作进行了系列报道，刊发了 6 所高校的经验做法、6 位优秀共产党员和党务工作者的先进事迹。

8 月 20 日　《共产党员》杂志主编范东雷参加了由中国期刊协会召开的"迎接新中国成立 70 周年期刊出版座谈会"，并代表获得"致敬创刊 70 年"荣誉的期刊发言。

8 月 26 日　辽宁报刊传媒集团（辽宁日报社）党委研究决定，成立共产党员杂志社党刊融媒体编辑部。

9 月　　　《党支部书记》杂志推出《"不忘初心、牢记使命"主题教育》专辑，为广大基层党组织书记参加第二批"不忘初心、牢记使命"主题教育提供学习参考。

10 月　　　《共产党员》杂志第 8 期下半月刊登的文章《宣示下一个 70 年》被《求是》杂志 2019 年第 19 期转载。

2020 年

2020 年　　共产党员杂志社与省委老干部局、省委党史研究室、省档案馆、省军区政治工作局、辽沈晚报社，共同开展了"抗美援朝老战士访谈"系列活动，对全省和驻军部队的部分志愿军老战士进行访谈，共产党员杂志社编采人员共撰写 33 篇人物报道，《党史纵横》出版了《鸭绿江畔的追忆——抗美援朝老战士访谈》专辑，共产党员杂志社与省委老干部局共同编辑了《鸭绿江畔的追忆——抗美援朝老战士访谈纪实》画册。

3月　《党支部书记》杂志推出《战"疫"》专辑，全景式展现了广大基层党组织和党员干部在打赢新冠肺炎疫情防控阻击战中发挥的中流砥柱作用。

4月　《共产党员》杂志评论员文章《心手相牵汇决胜之力》被《求是》杂志第 4 期上半月版转载。

5月　《共产党员》杂志与中央组织部党员教育中心合作开设《党员教育》专栏。
《共产党员》杂志与省委党史研究室推出"抗美援朝在辽宁"特别策划。

8月　《共产党员》杂志对锦州市抓党建促决战决胜脱贫攻坚工作进行了特别策划报道。刊发后，在锦州市广大党员干部群众中引发了强烈反响。

12月　省委组织部发函，对 2020 年《共产党员》杂志围绕中心、服务大局，在宣传抓党建促脱贫攻坚工作方面所做工作予以肯定。《共产党员》杂志从 4 月份至年底，围绕"决胜全面小康、决战脱贫攻坚"主题，推出 7 个大型策划，全方位宣传报道辽宁省脱贫攻坚、乡村振兴工作取得的喜人成就和经验，得到了全省各级党组织和广大党员群众的认可。

2021 年

从 3 月份开始　围绕庆祝中国共产党成立 100 周年、党史学习教育，按照省委宣传部要求，共产党员杂志社"五刊一网一微"组成联合宣传组，开展"红色印记——辽宁党史回眸"系列主题宣传，在刊、网、微平台刊发文章、推送视频合计 244 篇（个）。

| 4 月 13 日 | 辽宁报刊传媒集团（辽宁日报社）党委决定成立共产党员杂志社内参编辑部和党建读物编辑部。 |

从 5 月开始　为庆祝建党 100 周年，推进党史学习教育走深走实，共产党员杂志社与省委组织部相关处室共同策划了在全省基层党组织中开展"百名书记谈初心、百名先锋话使命、百个支部展风采、百堂精品党课、百集微视频教育片"的"五个一百"系列主题活动，后经省委党史学习教育领导小组同意，"五个一百"主题宣传纳入到了全省党史学习教育的重要内容，以共产党员杂志社刊、网、微为平台，开设专栏，持续进行宣传报道，扩大宣传声势。截至 2021 年 11 月，刊、网、微平台共刊发各类文章、推送视频 311 篇（个）。

5 月 27 日　时任辽宁省委书记、省人大常委会主任张国清到辽宁报刊传媒集团（辽宁日报社）调研，对辽宁党刊工作给予充分肯定。

7 月　为庆祝中国共产党成立 100 周年，《共产党员》杂志推出七一专刊——上半月《百年辉煌》、下半月《时代风采》。

第五届中国出版政府奖表彰大会在北京召开，共产党员杂志社荣获中国出版政府奖·先进出版单位奖。

《党支部书记》杂志推出《中国共产党支部建设 100 年》专辑，刊发稿件 30 余篇，10 万余字，全景展现了党的基层组织建设的历程，对党的支部建设史作了较为完整与清晰的解读。

7 月 12 日　时任省委常委、宣传部部长刘慧晏到共产党员杂志社调研并召开座谈会。

8 月　辽宁报刊传媒集团（辽宁日报社）党委研究决定，由共产党员杂志社代运营辽宁省委组织部"辽宁先锋"微信公众号。截至 2023 年底，辽宁先锋微信公众号用户总数 30.2 万。

11 月 15 日　时任省委书记、省人大常委会主任张国清对做好党刊工作作出重要指示。

12 月　辽宁报刊传媒集团（辽宁日报社）党委决定，成立共产党员杂志社融媒体运营中心。

12 月 　　　　共产党员杂志社荣获辽宁省首届出版政府奖·先进出版单位奖。

2022 年

1 月 　　　　省第十三次党代会召开后，《共产党员》杂志推出特别策划"蓝图已绘就　逐梦唯笃行"。

2 月 　　　　北京冬季奥运会举办期间，《共产党员》杂志推出专题"激发'冰雪'活力　助力振兴发展"。

3 月 　　　　《共产党员》杂志推出策划"以组织振兴全面推进乡村振兴"。

5 月 　　　　《共产党员》杂志推出特别策划"推动党史学习教育常态化长效化历史逻辑与现实路径"。

6 月 　　　　在中国共产主义青年团成立 100 周年之际，《共产党员》杂志在第 6 期上、下半月刊分别推出了两组策划——"百年党史中'六地'辽宁的青春之歌"和"展青春风采　做时代先锋"，得到了省委组织部的肯定。

7 月 1 日 　　由共产党员杂志社承办的北国客户端先锋频道正式开通，下设《关注》《专题》《亮点》《风采》《党课》《党务》6 个常规栏目和"五刊一网"6 个专项栏目，重点宣传党的理论、报道党的工作、推广党建经验、展示党员风采。先锋频道开通后，与共产党员杂志社所属《共产党员》《党建文汇》《党支部书记》《刊授党校》《党史纵横》杂志，中华先锋网、"共产党员微平台"微信公众号、"党支部书记"微信公众号等，共同组成全媒体宣传矩阵。

7 月 　　　　《共产党员》杂志与辽宁省委党史研究室合作，推出策划"彪炳史册光耀千秋——弘扬伟大的东北抗联精神"。

10 月 　　　《共产党员》杂志推出《辽宁省出席党的二十大生产和工作第一线代表风采》专刊。

11 月 　　　党的二十大召开后，《共产党员》杂志上下半月刊、《党建文汇》杂志上下半月刊和《党支部书记》杂志均推出学习宣传贯彻党的二十大精神专刊。

12 月 　《刊授党校》杂志入选北京国际图书博览会"2022 中国精品期刊展"。

2023 年

1 月以来 　共产党员杂志社开展了"沿着总书记的足迹·看辽宁"专题采访活动，组织 15 名记者，深入党的十八大以来习近平总书记到辽宁考察过的 13 个单位采访，回顾总书记的关怀、嘱托与期望，记录辽宁新面貌、新变化、新成绩，做到一次采集，全媒体报道，取得了良好的宣传效果。

1 月 　《共产党员》杂志推出特别策划"深入学习宣传贯彻党的二十大精神·书记访谈——以新气象新担当新作为实现全面振兴新突破"，对全省 14 个市市委书记和沈抚改革创新示范区党工委书记进行专访。

3 月 　《共产党员》杂志推出纪念毛泽东等老一辈无产阶级革命家为雷锋同志题词 60 周年专刊——《让雷锋精神在新时代绽放更加璀璨的光芒》。

4 月 　《共产党员》杂志第 4 期下半月刊登省委书记郝鹏的署名文章《以实施全面振兴新突破三年行动为引领　奋力谱写推进中国式现代化辽宁新篇章》。

7 月 　《共产党员》杂志推出特别策划"党群共同致富——绘出乡村好'丰'景"，对全省"党群共同致富"活动的亮点做法进行报道。

11 月 　在辽沈战役胜利、东北解放 75 周年之际，《共产党员》杂志推出特别策划"纪念辽沈战役胜利、东北解放 75 周年——红色江山来之不易　守好江山责任重大"。

12 月 　为深入学习贯彻习近平总书记在新时代推动东北全面振兴座谈会上的重要讲话精神及省委十三届六次全会精神，《共产党员》杂志推出专刊——《奋力谱写辽宁全面振兴新篇章》，刊登全省 14 个市市委书记和沈抚改革创新示范区党工委书记的署名文章。

12月 《共产党员》杂志第12期上半月刊登省委书记郝鹏《在中共辽宁省委十三届六次全会第二次全体会议上的讲话》。

《共产党员》编辑部牛泽群、郭玲参加2023年辽宁省职工职业技能大赛决赛，牛泽群获得期刊文字编辑赛项全省第一名，郭玲获得期刊排版设计赛项全省第二名。

在2023年全省期刊编校质量检查中，《共产党员》杂志以0.02/10000超低的差错率名列第一。